# 発刊にあたって

　平成23年に発生した大津いじめ事件を契機として、平成25年に「いじめ防止対策推進法」が成立、施行されました。日本でいじめが最初に社会問題になったのは、いわゆる「葬式ごっこ」事件前後の昭和60年頃です。その後、悲惨ないじめ事件が起きるたび、いじめは社会の注目を集めてきましたが、具体的に立法の形がとられたのは今回が初めてです。最初のいじめ注目期から数えておよそ30年。この法律が、多くの子どもたちの苦しみ、悲しみの上に生まれたものであることを、私たちは忘れてはなりません。

　いじめにどう対処すればよいのか、大人社会には戸惑いも見られます。この法律の成立により、国、自治体、教育現場等の方向性が示されたことは、今後のいじめ問題の対応に大きな影響を与えることでしょう。

　本書は、第二東京弁護士会の「子どもの権利に関する委員会」に所属する、いじめ問題に取り組む弁護士たちが、それぞれの知見を活かしながら、十分に議論を重ねて執筆したものです。そして、この法律についての、弁護士会による初めての解説書です。法律が現場に浸透していくにあたり、現場での様々な戸惑いが予想される中、経験と専門知識を備えた弁護士によって書かれた本書が出版されることは、まさに時宜を得たものと考えています。教育現場に携わる方々や、保護者、弁護士の多くが、本書を手に取り、「いじめ防止対策推進法」や、いじめ問題への対応についての理解を深め、ひいては、一人でも多くの子どもたちが、いじめの苦しみから救われることを、願ってやみません。

平成27年11月

第二東京弁護士会

会長　三宅　弘

子どもの権利に関する委員会

委員長　平尾　潔

# 目　次

## 第2章　いじめ防止基本方針等

## 第3章　基本施策

# 第4章　いじめの防止等に関する措置

# 第6章　雑則

# いじめ防止対策推進法制定の経緯

　平成23年10月11日、滋賀県大津市において、いじめ自殺事件（以下、「大津いじめ事件」という）が発生し、いじめ問題が大きな社会問題となった。そこで、第2次安倍内閣により立ち上げられた教育再生実行会議において、平成25年2月26日、「いじめの問題等への対応について（第一次提言）」が取りまとめられた。提言では、①いじめの定義を明らかにし、社会総がかりでいじめに対峙していく姿勢、②いじめを絶対に許さず、いじめられている子を全力で守る大人の責務、③いじめに向き合っていく体制の構築、④いじめへの迅速かつ毅然とした対応等の内容を含む「社会総がかりでいじめに対峙していくための法律の制定」が求められた。

　このような状況の中、「いじめ防止対策推進法（平成25年法律第71号）」（本書138〜145頁。以下、「本法律」という）が制定された。そして、本法律に基づき、平成25年10月11日、文部科学大臣決定によって「いじめ防止基本方針」（本書148〜185頁。以下、「基本方針」という。参考として「いじめ防止等推進法が定める組織図」及び「学校における『いじめ防止』『早期発見』『いじめに対する措置』のポイント」〔以下、「いじめ防止等ポイント」という〕が附属している）が策定された。なお、本法律には、衆議院文部科学委員会及び参議院文教科学委員会の附帯決議（本書146頁、147頁）が付されている。

　しかし、その後も基本方針等にそぐわない不適切な対応があり、児童生徒に深刻な被害を与えるなどする事案が発生していた。これらを受けて、文部科学省は「いじめ防止対策協議会」で、平成28年11月2日、「いじめ防止対策推進法の施行状況に関する議論のとりまとめ」において「重大事態の調査の進め方についてガイドラインを作成する」という方向性が提言された。これを踏まえて、文部科学省は平成29年3月、「いじめの重大事態の調査に関するガイドライン」（本書186〜197頁。以下、「ガイドライン」という）を発表した。

　なお、具体的な対応策としては、文部科学省初等中等教育局児童生徒課から「いじめの問題に対する取組事例集」及び「いじめ対策に係る事例集」が発表されているため、適宜参照されたい。

## 条文解説

# 第1章 総則

本章では、本法律に関する包括的な一般事項が規定されている。総則という性質上、本章では抽象的な規定にとどまり、具体的な内容については別途規定を設けているものがある。そのため本章では、それらの規定については包括的な説明にとどめるとともに、詳細について参照すべき関連条文を示す。

---

**第1条**（目的）
　この法律は、いじめが、いじめを受けた児童等の教育を受ける権利を著しく侵害し、その心身の健全な成長及び人格の形成に重大な影響を与えるのみならず、その生命又は身体に重大な危険を生じさせるおそれがあるものであることに鑑み、児童等の尊厳を保持するため、いじめの防止等（いじめの防止、いじめの早期発見及びいじめへの対処をいう。以下同じ。）のための対策に関し、基本理念を定め、国及び地方公共団体等の責務を明らかにし、並びにいじめの防止等のための対策に関する基本的な方針の策定について定めるとともに、いじめの防止等のための対策の基本となる事項を定めることにより、いじめの防止等のための対策を総合的かつ効果的に推進することを目的とする。

---

## 1　本条の趣旨

　本条は、本法律の立法目的を明らかにした条文である。いじめは、いじめを受けた者の教育を受ける権利を著しく侵害し、健全な成長や人格の形成に重大な影響を与えるばかりでなく、生命や身体にも重大な危険を生じさせるおそれがある重大な侵害行為である。そこで、本法律は、子どもの尊厳を守るため、いじめの防止、いじめの早期発見及びいじめへの対処（「いじめの防止等」）のための対策を総合的かつ効果的に推進するために制定された。

　本条は、いじめの防止等のための対策として、いじめの防止等の基本理念を定めること、国及び地方公共団体の責務を明らかにすること、いじめの防止等

のための対策に関し、基本的な方針の策定や、基本となる事項を定めることを掲げている。

## 2　本法律の目指すもの

　前記「いじめ防止対策推進法制定の経緯」で述べたように、本法律は、「社会総がかりでいじめに対峙していくための法律」として制定された。いじめの発生には種々の要因が影響しているため、画一的な解決方法は存在しないと理解されている。そのような理解に基づき、本法律は、学校関係者のみならず、国や地方公共団体、さらには保護者も含めた、いじめ問題と取り組む体制の構築を目的とする。また、本法律は、すでに生じたいじめへの対処だけではなく、いじめの防止や早期発見に向けた対策を講じることで、総合的ないじめ対策を社会全体で推進することを目指している。

---

**第2条**（定義）
① 　この法律において「いじめ」とは、児童等に対して、当該児童等が在籍する学校に在籍している等当該児童等と一定の人的関係にある他の児童等が行う心理的又は物理的な影響を与える行為（インターネットを通じて行われるものを含む。）であって、当該行為の対象となった児童等が心身の苦痛を感じているものをいう。
② 　この法律において「学校」とは、学校教育法（昭和22年法律第26号）第1条に規定する小学校、中学校、義務教育学校、高等学校、中等教育学校及び特別支援学校（幼稚部を除く。）をいう。
③ 　この法律において「児童等」とは、学校に在籍する児童又は生徒をいう。
④ 　この法律において「保護者」とは、親権を行う者（親権を行う者のないときは、未成年後見人）をいう。

---

## 1　本条の趣旨

　本条は、本法律に関する定義規定である。

　本条の定義規定に従い、本法律でいう「いじめ」「学校」「児童等」及び「保護者」の範囲が画定される。以下、これらについて順に説明を行う。

# 「いじめ」の定義の変遷

　本法律のいじめの定義を解釈するにあたっては、文部科学省（平成13年より前は文部省）が学校に対して毎年実施している「児童生徒の問題行動等生徒指導上の諸問題に関する調査」（以下、「問題行動等調査」という）におけるいじめの定義が参考になります。

　当初、問題行動等調査において「いじめ」は「①自分より弱いものに対して一方的に、②身体的・心理的な攻撃を継続的に加え、③相手が深刻な苦痛を感じているものであって、学校としてその事実（関係児童生徒、いじめの内容等）を確認しているもの。なお、起こった場所は学校の内外を問わない」と定義されていました（昭和60年度〜平成5年度）。

　しかし、学校の事実確認の有無はいじめとは無関係である等の批判から、平成6年以降は「学校としてその事実（関係児童生徒、いじめの内容等）を確認しているもの」という要件を削除し、「いじめ」の定義を「①自分より弱いものに対して一方的に、②身体的・心理的な攻撃を継続的に加え、③相手が深刻な苦痛を感じているもの。なお、起こった場所は学校の内外を問わない」と変更されました（平成6年度〜平成17年度）。また、調査にあたっては、「個々の行為がいじめに当たるか否かの判断を表面的・形式的に行うことなく、いじめられた児童生徒の立場に立って行うこと」とされています。

　さらに平成18年には、「当該児童生徒が、一定の人間関係のある者から、心理的、物理的な攻撃を受けたことにより、精神的な苦痛を感じているもの。なお起こった場所は学校の内外を問わない」と変更されました（平成18年度以降）。この変更の理由は、いじめが必ずしも「自分より弱い者に対して一方的に」行われるとは限らず、「強者」「弱者」という立場が流動的に変化しながら行われているものであることや、物を壊すなどの行為によるいじめもあること等によります。さらに、「継続的」「深刻な苦痛」という、基準が曖昧で、いじめの定義を厳格化するような要件が削除されています。

　このように、いじめの概念は徐々に変遷しています。そして、いじめの定義が変更される都度、その認知件数は大きく変動しています。そのような中、本法律は、平成18年度以降採用されているいじめの定義をベースとして上述のとおりの定義を採用しましたが、今後も実態に即して柔軟に定義を見直し、より実効的ないじめ対策を行うことが求められています。

## 2 本法律における「いじめ」の定義（1項）

　従前、文部科学省が、いじめの調査に関連していじめの定義づけを行っていたが、法律でいじめの定義を示したのは本法律が初めてである（前頁コラム「『いじめ』の定義の変遷」参照）。

　本条は、いじめを、①児童等に対して、②当該児童等と一定の人的関係にある他の児童等が行う、③心理的又は物理的な影響を与える行為であって、④当該行為の対象となった児童等が心身の苦痛を感じているもの、と定義している。「児童等」とは、本条2項に定められる学校に在籍する児童及び生徒である（「学校」の定義については、後記3のとおりである）。

　本法律における「いじめ」に該当するには、加害者側と被害者側の間に一定の人的関係が存在することが必要である。「一定の人的関係」とは、学校・学級や部活動が同じであるとか、学校以外でも塾やスポーツクラブが同じである等、何らかのつながりがあることをいう[1]。

　「いじめ」となる行為について、本法律は、「心理的又は物理的な影響を与える行為」としている。本法律成立以前の文科省の定義では、いじめを「心理的、物理的な攻撃」に限定する定義が採用されていた。しかし、本法律制定過程においては、いじめの態様としてまま見られる無視やからかいといった行為が「攻撃」に含まれるかという問題意識から、行為において広い定義を採用することとし、「攻撃」ではなく、「影響を与える行為」とされた。

　「物理的な影響を与える行為」とは、身体的な影響のほか、金品をたかられたり、隠されたり、嫌なことを無理やりさせられたりすることなどを意味する[2]。「心理的な影響を与える行為」としては、仲間はずれ、無視、陰口などが、「インターネットを通じて行われるもの」としては、学校裏サイト等の掲示板での誹謗中傷や、LINEのグループから外す行為、メールを用いた恐喝等が考えられる（次頁コラム「ネットいじめ──サイバーブリング」参照）。

　「いじめ」であるか否かは、あくまでいじめを受けた子どもの主観によって判断される。本法律制定段階では、このようにいじめを受けた子どもの主観を基準とした場合には「いじめ」の外縁が不明確になるとの意見もあり、いじめであるということが第三者から見て「客観的に認められるものに限る」とすべきであ

---

[1]　基本方針第1の5。
[2]　基本方針第1の5。

るとの考えもあった。しかし、第三者によって認められることを要件とした場合、判断主体及び判断基準に関連した問題が生じる。例えば、第三者がいない場で行われる密室型のいじめに対しては、第三者がいじめの認定を行うことは極めて難しい。また、一定の判断基準を設けた場合には、いじめを受けた子どもが心身の苦痛を感じていたとしても、基準に満たない行為については、本法律

## ネットいじめ──サイバーブリング

　「ネットいじめ」という言葉を耳にしたことがあると思います。これらは、インターネットを手段としたいじめの形態であり、例えば、掲示板上での誹謗中傷行為、LINEのグループから外す「LINEはずし」、集団で個人に一定の行為を強要し、かかる行為の様子を動画投稿サイトへ投稿するなど、様々な態様でのいじめがあります。ネットでのいじめの問題は、日本だけにとどまらず、海外でも「Cyberbullying」として問題になっています。

　ネットいじめは、もともと学校裏サイト（学校の公式掲示板ではなく、特定の学校用の非公式の掲示板）上での誹謗中傷行為などから問題が認識されるようになったもので、平成19年に起きた滝川高校いじめ事件も、学校裏サイトでの誹謗中傷行為が関係していたものです。

　文部科学省では、このようなネットいじめに対し、「子どもを守り育てる体制づくりのための有識者会議」の取りまとめ（第2次）の提言を受け、平成20年に『『ネット上のいじめ』に関する対応マニュアル・事例集（学校・教員向け）」を作成、発表しており\*1、同マニュアルによれば、「ネット上のいじめ」として次のような特徴があることが指摘されています。

・不特定多数の者から絶え間なく誹謗中傷が行われ、被害が短期間で極めて深刻となる。

・インターネットの持つ匿名性から、安易に誹謗中傷の書き込みがされ、子どもが簡単に被害者にも加害者にもなる。

・インターネット上に掲載された個人情報や画像は、情報の加工が容易であることから、誹謗中傷の対象として悪用され、また、いったん流出した情報は回収することが困難であるため、不特定多数からのアクセスの危険性がある。

・保護者や教師など身近な大人が、子どもの携帯電話の利用状況を把握しづ

のいじめに該当せず、本来は支援されるべき子どもが救済されないことが想定される。そこで本法律では、いじめを受けた子どもの主観を基準とする広い定義規定を設けることとされた[3]。ただし、心身の苦痛を感じているかどうかを確

---

[3]　第183回国会衆議院文部科学委員会会議録第7号（平成25年6月19日）4頁の浮島智子議員の発言。

---

らく、また、掲示板の詳細を確認することが困難なため、実態の把握が難しい[2]。

7年前の報告ですが、上記特徴は、現在でも同様に当てはまるものといえます。ただし、LINEなどの新しいコミュニケーション手段の台頭により、実際に問題となる事例はかなり異なってきています[3]。

ネットいじめの場合、加害者への対処とともに、すでに流出してしまった情報の削除などの対策も必要となるため、これらの対策の専門相談窓口などとも速やかに連携して対処することが重要です。これらの相談窓口については、例えば、法務省「子どもの人権110番」[4]東京都の子ども向けの「ネット・トラブル相談こたエール」[5]や、違法有害情報相談センター[6]などがあります。

なお、ネットいじめについては、従来型のリアルのいじめと重なるメンバーが受けているのではないかという指摘がなされています[7]。重なりがあるというものと、重なりはないというものと、両方の研究結果があり、結論は出ていません。いずれにしても、ネットいじめの関係者と、従来型のリアルのいじめの関係者との間に大きな重なりがあると結論づけるのはまだ早いようです[8]。

*1　www.mext.go.jp/a_menu/seisyounen/ijime/
*2　学校裏サイトはパスワードが設定されていることが多く、記載内容が容易に確認できないし、LINEのグループにしても、そのグループから外された場合には、やりとりの内容が確認できない。
*3　例えば、東京都教育庁が運用するポータルサイト「とうきょうの情報教育」では、様々な事例が掲載された平成28年3月に発行した「平成27年度インターネット等の適正な利用に関する指導事例集・活用の手引き」（https://infoedu.metro.tokyo.lg.jp/doc/h27_net_use.pdf）や、調査報告書等も掲載されており、参考になる。
*4　http://www.moj.go.jp/JINKEN/jinken112.html
*5　http://www.tokyohelpdesk.jp/index.html
*6　http://www.ihaho.jp/
*7　荻上チキ「いじめを生む教室―子どもを守るために知っておきたいデータと知識」（PHP新書、2018年）192頁。
*8　和久田学「学校を変えるいじめの科学」（日本評論社、2019年）73頁。

認する際には、行為の対象となった児童生徒の状況や周囲の様子を客観的に確認することを排除するものではない[4]。また、衆参両院の附帯決議によれば、「本法の対象となるいじめに該当するか否かを判断するに当たり、『心身の苦痛を感じているもの』との要件が限定して解釈されることのないよう努めること」とされている[5]。

ところで、本条のいじめの定義によると、いじめを受けた子どもの主観が判断基準とされるため、例えば、いじめを行ったとされる子どもが、悪気なく当該行為を行った場合、例えば、好意から行った場合等であっても、いじめと認定される場合がありうる。いじめと認定されると、学校は23条3項により、いじめを行った児童等に対し指導をすることとされているが、好意から行った行為が意図せずに相手に心身の苦痛を感じさせてしまったような場合や、軽い言葉で相手を傷つけたが、すぐに謝罪し教員の指導によらずに良好な関係を再び築くことができた場合等においては、学校は、「いじめ」という言葉を使わずに指導するなど、柔軟に対応する必要がある。一方、インターネット上で悪口を書かれたものの、悪口を書かれた子どもがそのことを知らずにいるような場合など、行為を向けられた子ども本人が心身の苦痛を感じるに至っていないケースは、心身の苦痛を感じているものという主観的要件を満たさないことから、本法律のいじめには該当しないこととなるが、当該行為を行った子どもに対する指導等については法の趣旨を踏まえた適切な対応が必要である[6]。

具体的ないじめの態様としては、「基本方針」に、以下のようなものが挙げられている[7]。

① 冷やかしやからかい、悪口や脅し文句、嫌なことを言われる

② 仲間はずれ、集団による無視をされる

③ 軽くぶつかられたり、遊ぶふりをして叩かれたり、蹴られたりする

④ ひどくぶつかられたり、叩かれたり、蹴られたりする

⑤ 金品をたかられる

⑥ 金品を隠されたり、盗まれたり、壊されたり、捨てられたりする

---

[4] 基本方針第1の5。
[5] 衆議院附帯決議1項、参議院附帯決議1項。
[6] 基本方針第1の5。
[7] 基本方針第1の5。

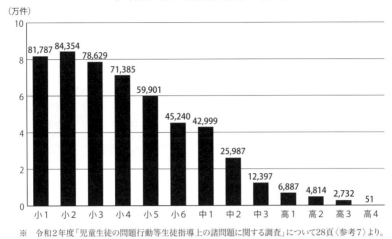

**学年別いじめの認知件数（国公私立）**

（万件）

※　令和2年度「児童生徒の問題行動等生徒指導上の諸問題に関する調査」について28頁〈参考7〉より。

⑦　嫌なことや恥ずかしいこと、危険なことをされたり、させられたりする

⑧　パソコンや携帯電話等で、誹謗中傷や嫌なことをされる　等

## 3　「学校」の定義（2項）

　本条は「学校」を、学校教育法1条が規定する学校のうち、小学校、中学校、義務教育学校、高等学校、中等教育学校及び特別支援学校（幼稚部を除く）を指すものとした。

　いじめ防止対策推進法が制定された平成25年度児童生徒の問題行動等生徒指導上の諸問題に関する調査では、学年別にいじめの認知件数を比較すると、小学校1年生から徐々に増加し、中学1年生をピークとして、高校1年生でピーク時の約21％、高校3年生ではピーク時の7％程度にまで減少している[8]。そのような実態を考慮すると、本法律が幼稚園及び大学を対象から除外したことは実態に即したものと評価できる。ただし、令和2年度児童生徒の問題行動等生徒指導上の諸問題に関する調査では、高等学校で小学校・中学校よりもいじめの認知件数が減少していることは変わらないものの、いじめの認知件数は小学2年生がピークとなっている点については留意する必要がある。

---

[8]　文部科学省初等中等教育局児童生徒課「平成25年度『児童生徒の問題行動等生徒指導上の諸問題に関する調査』について」（平成26年10月16日）。

　なお、本法律は幼稚園及び大学について何ら規定していないが、高等学校と同年代の学生が多く通う高等専門学校については35条に規定があり、高等専門学校の設置者及び高等専門学校に対し、実情に応じたいじめに相当する行為の防止等に必要な措置を講ずるよう努めることが義務づけられている。

> **学校教育法1条**
>
> 　この法律で、学校とは、幼稚園、小学校、中学校、義務教育学校、高等学校、中等教育学校、特別支援学校、大学及び高等専門学校とする。

## 4　「児童等」の定義（3項）

　児童等とは、本条2項に定められる学校に在籍する児童及び生徒である。なお、学校教育法においては、小学校、義務教育学校の前期課程又は特別支援学校小学部に在籍する子を「児童」、中学校、義務教育学校の後期課程、中等教育学校、特別支援学校中学部、特別支援学校高等学部又は高等学校に在籍する子を「生徒」としている。

## 5　「保護者」の定義（4項）

　原則として親権者とし、親権者がいない場合には未成年後見人とした。未成年後見人とは、親権者がいない場合などに、子の監護養育などのために家庭裁判所で選任される者である（民法838条ないし841条）。

---

**第3条**（基本理念）

① 　いじめの防止等のための対策は、いじめが全ての児童等に関係する問題であることに鑑み、児童等が安心して学習その他の活動に取り組むことができるよう、学校の内外を問わずいじめが行われなくなるようにすることを旨として行われなければならない。

② 　いじめの防止等のための対策は、全ての児童等がいじめを行わず、及び他の児童等に対して行われるいじめを認識しながらこれを放置することがないようにするため、いじめが児童等の心身に及ぼす影響その他のいじめの問題に関する児童等の理解を深めることを旨として行われなければならない。

> ③　いじめの防止等のための対策は、いじめを受けた児童等の生命及び心身を保護することが特に重要であることを認識しつつ、国、地方公共団体、学校、地域住民、家庭その他の関係者の連携の下、いじめの問題を克服することを目指して行われなければならない。

　いじめの防止等のための対策に関する基本理念を定めた条文である。

　1項は、いじめが全ての児童等に関係する問題であることを指摘し、学校の内外を問わずいじめが行われなくなるような対策を行うことを求めている。

　2項は、児童等が①いじめを行わないのみならず、②いじめの存在を認識しながら放置しないようにすることを目的として、いじめの問題に関する児童等の理解を深めるような対策を行うことを求めている。いじめは、「加害者」「被害者」という二者関係だけでなく、いじめをはやし立てたり面白がったりする「観衆」や、周辺で暗黙の了解を与えている「傍観者」を含めた四層構造といわれており、「基本方針」は、この「観衆」や「傍観者」の存在にも注意を払うことが必要であることや、集団全体にいじめを許容しない雰囲気を形成する必要性が強調されている。このように、従来重要視されてきたいじめの「早期発見・早期対応」に加えて、「未然防止」という観点を取り入れ、いじめ問題のより根本的な克服に取り組む姿勢が現れている。

　3項は、いじめ防止等のための対策を、国、地方公共団体、学校、地域住民、家庭その他の関係者が連携して行うことを求めている。この規定を受け、5条ないし9条において、国・地方公共団体・学校設置者・学校及びその教職員並びに保護者の責務が定められている。詳細については、各条文の項において後述する。

---

**第4条**（いじめの禁止）
　児童等は、いじめを行ってはならない。

## 1　本条の趣旨

　児童等によるいじめの禁止を明言した条文である。本法律が、2条でいじめについて広範な定義を採用した結果、害意を伴わずに行った行為であっても、

当該行為の対象となった児童等が心身に苦痛を感じる場合には、いじめに該当する。そのため、そのような行為であっても本条によって禁止されることになる。

　もっとも、好意から行った行為が意図せず相手に心身の苦痛を感じさせてしまった場合などは、柔軟な対応も可能とされている[9]。

## 2　法律をもっていじめを禁止することの当否

　本条に関しては、本法律制定段階において、法律をもっていじめを禁止することへの疑問が繰り返し指摘されていた。具体的には、「いじめはどの学校でもどの子にも起こりうる成長途上での過ちであり、法律で禁止すれば解決できるものではない」、「過ちをしながら、それを周りから正され成長することが大切な子どもに、一切過ちをするなというのが大人のとるべき態度ではないのではないか」といった指摘がなされている[10]。

　この点、衆議院の文部科学委員会では、これに対する直接的な回答はされないまま、「この法案第4条は、いわゆる訓示規定であります」、「善悪とかよし悪しとかいうことについて、まだ人格未成熟な子供に対して一定の、これはしてはいけないことだと明示するということは、何ら問題がないものと考えております」との答弁が行われ、「いじめの問題における子供への指導において、児童生徒一人一人の悩みを理解し、共感的に受けとめ、応えていくことが重要」である旨が述べられている[11]。

　しかし、加害意図がない場合のみならず、好意から行った行為であっても、児童等が心身の苦痛を感じれば本法律のいじめに該当する（2条1項参照）。そのような広範ないじめ概念に鑑みれば、本条が明示する「善悪」とは、「他者が心身の苦痛を感じることはしてはならない」という純然たる道徳的規範に過ぎない。そのような道徳的規範について、法律で定めるべき特別な理由は見当たらない。

　加えて、本条の名宛人となる児童等は可塑性に富む成長途上の存在であって、いじめの防止等のために行われる対策は、被害児童等のみならず、加害児童等の尊厳も保持し、その発達成長に資するものでなければならない。しかし、本条のように法律で一律に禁止することにより、教職員らが法律の規定に従っ

---

[9]　基本方針第1の5。
[10]　第183回国会衆議院文部科学委員会会議録第7号10頁の宮本岳志委員の発言。
[11]　第183回国会衆議院文部科学委員会会議録第7号10頁の土屋正忠議員の発言。

た指導を行うことで十分な内省の機会が与えられず、道徳面における成長の機会が奪われるおそれすらある。

このように本条は意義に乏しく、今後も引き続きその要否が議論されるべきであり、ましてや、いじめを行った児童等に対する制裁を主とするいじめ対策や厳罰化を許容する趣旨と解されてはならない。

## 3　罰則について

本法律には、罰則が設けられていないため、本条に違反した児童等に特別に罰則が科されることはない。

もっとも、当該行為が他の法律の刑罰法規に触れる場合には、その刑罰法規が適用されることはありうる。例えば、直接身体に向けて殴る蹴る等の物理的攻撃を加えた場合は暴行罪（刑法208条）や傷害罪（刑法204条）が、金品を盗んだり要求した場合には窃盗罪（刑法235条）や恐喝罪（刑法249条）が、適用されうる。また、特に最近問題となっているインターネット上の悪質な書き込みについても、名誉棄損罪（刑法230条）が適用される場合がある。

---

**第5条**（国の責務）
　国は、第3条の基本理念（以下「基本理念」という。）にのっとり、いじめの防止等のための対策を総合的に策定し、及び実施する責務を有する。

---

## 1　本条の趣旨

国の責務について定めた規定である。いじめ防止等のための対策の策定及び実施を義務づけている。

## 2　国が実施すべき事項

具体的責務としては、以下の7項目を定めている。
① いじめの防止等のための対策を推進するために必要な財政上の措置等を講ずるよう努めること（10条）
② いじめに関する通報及び相談を受け付けるための体制の整備に必要な施策を講ずること（16条2項）

③　関係機関の連携の強化、民間団体の支援その他必要な体制の整備に努めること（17条）

④　いじめの防止等のための対策に従事する人材の確保及び資質の向上に必要な措置を講ずること（18条1項）

⑤　インターネットを通じて行われるいじめに関する事案に対処する体制の整備に努めること（19条2項）

⑥　いじめの防止等のために必要な事項と対策の実施状況に関する調査研究及び検証を行いその成果を普及すること（20条）

⑦　いじめが児童生徒の心身に及ぼす影響、いじめを防止することの重要性、相談制度や救済制度等について、普及啓発を行うこと（21条）

なお、文部科学大臣の責務としては、「いじめ防止基本方針の策定」（11条）及び「教育委員会の指導、助言及び援助」（33条）が定められている。

---

**第6条**（地方公共団体の責務）
　地方公共団体は、基本理念にのっとり、いじめの防止等のための対策について、国と協力しつつ、当該地域の状況に応じた施策を策定し、及び実施する責務を有する。

---

## 1　本条の趣旨

地方公共団体の責務について定めた規定である。当該地域の状況に応じた施策の策定及び実施を義務づけている。

## 2　地方公共団体が実施すべき事項

具体的責務としては、以下の10項目を定めている。

①　いじめの防止等のための対策を推進するために必要な財政上の措置等を講ずるよう努めること（10条）

②　地方いじめ防止基本方針を定めるよう努めること（12条）

③　いじめ問題対策連絡協議会の設置ができ、設置する場合には、教育委員会との連携を図るために必要な措置を講ずること（14条）

④　いじめに関する通報及び相談を受け付けるための体制の整備に必要な施

策を講ずること（16条2項）

⑤　関係機関の連携の強化、民間団体の支援その他必要な体制の整備に努めること（17条）

⑥　いじめの防止等のための対策に従事する人材の確保及び資質の向上に必要な措置を講ずること（18条1項）

⑦　インターネットを通じて行われるいじめに関する事案に対処する体制の整備に努めること（19条2項）

⑧　いじめの防止等のために必要な事項と対策の実施状況に関する調査研究及び検証を行いその成果を普及すること（20条）

⑨　いじめが児童生徒の心身に及ぼす影響、いじめを防止することの重要性、相談制度や救済制度等について、普及啓発を行うこと（21条）

⑩　学校相互間の連携協力体制を整備すること（27条）

**第7条**（学校の設置者の責務）
　学校の設置者は、基本理念にのっとり、その設置する学校におけるいじめの防止等のために必要な措置を講ずる責務を有する。

## 1　本条の趣旨

　学校の設置者の責務について定めた規定である。学校の設置者とは、文字どおり学校を設置した者であり、いわゆる公立学校の場合は地方公共団体（実質的な管理は教育委員会）であり、私立学校の場合は学校法人である。現行法では、国（国立大学法人、独立行政法人国立高等専門学校機構を含む）、地方公共団体（公立大学法人を含む）、私立学校法3条に規定する学校法人（以上について、学校教育法2条）、学校設置会社、学校設置非営利法人（構造改革特別区域法12条、13条）が学校を設置することが認められている。

　本条は、設置する学校におけるいじめの防止等のために必要な措置を講ずることを義務づけている。

## 2　学校の設置者が実施すべき事項

　具体的責務としては、以下の6項目を定めている。

① 学校におけるいじめの防止（15条）

② いじめの早期発見のための措置（16条1項）

③ いじめの防止等のための対策に従事する人材の確保及び資質の向上に必要な措置を計画的に行うこと（18条2項）

④ インターネットを通じて行われるいじめを防止し、及び効果的に対処することができるよう、必要な啓発活動を行うこと（19条1項）

⑤ いじめに関する報告を受けた場合に、学校に対し必要な支援等を行うこと（24条）

⑥ 重大事態への対処（28条）

---

**第8条**（学校及び学校の教職員の責務）
　学校及び学校の教職員は、基本理念にのっとり、当該学校に在籍する児童等の保護者、地域住民、児童相談所その他の関係者との連携を図りつつ、学校全体でいじめの防止及び早期発見に取り組むとともに、当該学校に在籍する児童等がいじめを受けていると思われるときは、適切かつ迅速にこれに対処する責務を有する。

---

## 1　本条の趣旨

　学校及び学校の教職員の責務について定めた規定である。①児童等の保護者、地域住民、児童相談所その他の関係者との連携を図りつつ、学校全体でいじめの防止及び早期発見に取り組むこと、及び②在籍する児童等がいじめを受けていると思われるときは、適切かつ迅速にこれに対処することを義務づけている。

## 2　学校及び学校の教職員の責務

　学校が行うべき具体的責務としては、以下の8項目を定めている。

① 学校いじめ防止基本方針を定めること（13条）

② 学校におけるいじめの防止（15条）

③ いじめの早期発見のための措置（16条）

④ いじめの防止等のための対策に従事する人材の確保及び資質の向上に必要な措置を計画的に行うこと（18条2項）

⑤ インターネットを通じて行われるいじめを防止し、及び効果的に対処するこ

とができるよう、必要な啓発活動を行うこと（19条1項）

⑥　学校におけるいじめの防止等の対策のための組織を置くこと（22条）

⑦　いじめに対する適切な措置を行うこと（23条）

⑧　重大事態への対処（28条）

　また、学校の教職員については、25条において、学校教育法11条の規定に基づいた適切な懲戒を加えることが定められている。

---

**第9条**（保護者の責務等）

①　保護者は、子の教育について第一義的責任を有するものであって、その保護する児童等がいじめを行うことのないよう、当該児童等に対し、規範意識を養うための指導その他の必要な指導を行うよう努めるものとする。

②　保護者は、その保護する児童等がいじめを受けた場合には、適切に当該児童等をいじめから保護するものとする。

③　保護者は、国、地方公共団体、学校の設置者及びその設置する学校が講ずるいじめの防止等のための措置に協力するよう努めるものとする。

④　第1項の規定は、家庭教育の自主性が尊重されるべきことに変更を加えるものと解してはならず、また、前3項の規定は、いじめの防止等に関する学校の設置者及びその設置する学校の責任を軽減するものと解してはならない。

---

## 1　本条の趣旨

　保護者の責務について定めた規定である。保護する児童等がいじめを行わないよう、規範意識を養うための指導その他の必要な指導を行うこと（1項）、保護する児童等がいじめを受けた場合には、適切にいじめから保護すること（2項）及び国、地方公共団体、学校の設置者及び学校が講ずるいじめの防止等のための措置に協力すること（3項）を規定している。2項は監護義務（民法820条）の確認規定であるが、本条2項の適切な保護としては、学校への通報（23条1項）や児童相談所への相談等が考えられる。1項及び3項は、努力義務である。

## 2　保護者の責務

### (1)　教育基本法10条との関係

　教育基本法10条は、保護者が子の教育について第一義的責任を持つとし、

国及び地方公共団体は、家庭教育の自主性を尊重すべきことが規定されている。そこで、本条の保護者の責務については、教育基本法10条の趣旨との関係が問題とされた。

この点については、与野党実務者協議において、教育基本法10条1項の範囲内において、保護者がその保護する児童等に対して規範意識を養うための指導を行うよう努める責務があることを確認した規定であって、家庭教育の内容を具体的に規定したものではないことが確認され、「家庭教育の自主性については尊重されている」ことが共通の理解となっている。なお、同協議において、本条4項の「第1項の規定は、家庭教育の自主性が尊重されるべきことに変更を加えるものと解してはならない」との文言は、上記解釈を「入念的に」規定したものであると説明されている[12]。

### (2) 学校の責務との関係

保護者の責務を規定することについては、この規定の存在により、学校等と保護者の間で責任の押し付け合いが発生するのではないかが問題となった。すなわち、保護者の責務が過度に強調されると、学校側が「いじめの責任は保護者にもある」と考えて、十分ないじめ対策を講じないのではないかという懸念や、保護者が学校側の責任を追及する訴訟(損害賠償請求訴訟等)を提起した場合に、学校側が、保護者もその責務を果たしていないと主張し、その結果賠償金額が減額される可能性もあるのではないかとの懸念が示されていた。

このような懸念をなくすために、本条4項が加えられた。なお、与党案取りまとめの際に、上記懸念に対し、9条4項に「前3項の規定は、いじめの防止等に関する学校の設置者及びその設置する学校の責任を軽減するものと解してはならない」という規定を設けることによって対応した旨の答弁がされている[13]。ただし、実際には、いじめ防止対策推進法施行後も、監護養育義務を負っていた保護者が、生徒がいじめの被害を受けている兆候を的確に捉えられず、注意監督を怠ったとして、過失相殺の規定の適用又は類推適用がされた裁判例もある(福岡地裁令3・1・22判決・裁判所ウェブ)。

---

[12] 第183回国会衆議院文部科学委員会会議録第7号7頁及び第183回国会参議院文教科学委員会会議録第8号4頁の笠浩史衆議院議員の発言。
[13] 第183回国会衆議院文部科学委員会会議録第7号4頁の浮島智子議員の発言。

## 大津いじめ事件及びその社会的影響

　本書冒頭で述べたように、本法律は、大津いじめ事件に代表されるいじめ事件によって得られた知見に基づいて、いじめ問題に対して社会総がかりで取り組む体制を構築するために制定されたものです。大津いじめ事件の詳細については、共同通信大阪社会部『大津中2いじめ自殺──学校はなぜ目を背けたのか』(PHP新書、2013年)等の文献を参照してください。また、大津いじめ事件は民事裁判でも争われ、大阪高裁令2・2・27判決・判例時報2474号54頁が出て、確定しています。ここでは、後述する第三者委員会の調査報告書にしたがって大まかな概要を説明します。

　平成23年10月11日、大津市内の中学2年生が、自宅マンションで飛び降り自殺をしました。当該自殺の背景にいじめの存在が疑われたので、学校はアンケート調査や一部の生徒に対する聴き取り調査を行いましたが、十分な調査を行わないまま、いじめと自殺の関係は不明であると結論づけました。大津市教育委員会は、必要な調査の指導等を学校に指示することなく、県教育委員会への報告も行っていませんでした。このような学校及び市教育委員会の対応に対し、隠蔽体質である等の批判がなされ、広く社会的問題となりました。

　このような経緯を経て、平成24年8月25日、大津市は、いじめの事実関係を調査し、自殺の原因、学校の対応等を審議するべく、有識者からなる第三者委員会を設置しました。同委員会は、詳細な調査の結果、一部の生徒が自殺した生徒に対して暴行を加える等のいじめを継続的に行っていたこと、いじめが自殺の直接的要因となったことを認定しました。同委員会は、調査報告書において、当該生徒等の担任が一方的な暴力を現認する等いじめを認知するきっかけはあったにもかかわらず、本件中学校がいじめの認知を殊更に回避していたように感じられること、いじめの事実を知らせる情報が学校全体において共有されておらず、学校組織が有効に機能してなかったこと等、重要な問題点を複数指摘しています。また、同委員会は、今後の再発防止のために、教員、学校、教育委員会、スクールカウンセラー、危機対応、将来に向けての課題、の6項目についての提言を行っています。今後、本法律を運用する中で、これらの提言が十分に活用され、より十分ないじめ問題へ取り組む体制を構築することが強く望まれているのです。

*教育基本法10条*

① *父母その他の保護者は、子の教育について第一義的責任を有するものであって、生活のために必要な習慣を身に付けさせるとともに、自立心を育成し、心身の調和のとれた発達を図るよう努めるものとする。*

② *国及び地方公共団体は、家庭教育の自主性を尊重しつつ、保護者に対する学習の機会及び情報の提供その他の家庭教育を支援するために必要な施策を講ずるよう努めなければならない。*

---

**第10条**（財政上の措置等）
　国及び地方公共団体は、いじめの防止等のための対策を推進するために必要な財政上の措置その他の必要な措置を講ずるよう努めるものとする。

---

　いじめ防止等の対策を推進するために必要な財政上の措置その他の必要な措置を講ずることを国及び地方公共団体に求める規定である。

　いじめ防止等の対策のための組織を設置し教職員の研修を行う等、いじめ問題に効果的に対処するためには、予算措置が必要不可欠である。また、予算がなければ、各学校が自主的ないじめ問題への取組を行うことは困難である。

　そのため、本法律の求めるところを実現するために、国や地方公共団体に対し、予算措置を講ずる義務を定めたものである。本条の文言は極めて抽象的であり、どのような予算措置が「必要な財政上の措置」に該当するかは何ら示されていないことから、実効性の観点から不十分と言わざるをえないが、国や地方公共団体は、積極的に予算措置を講ずるべきである。

# 第2章　いじめ防止基本方針等

　本章では、国及び学校に「いじめ防止基本方針」の策定を義務づけるとともに、地方公共団体についても策定の努力義務を課している。また、地方公共団体は、関係機関・団体の連携を図るため、学校、教育委員会、児童相談所、法務局、警察その他の関係者により構成される「いじめ問題対策連絡協議会」を

設置できることとされた。さらに、地方公共団体は、必要があれば教育委員会に「附属機関」を設置できることとされた。

---

**第11条**（いじめ防止基本方針）

① 文部科学大臣は、関係行政機関の長と連携協力して、いじめの防止等のための対策を総合的かつ効果的に推進するための基本的な方針（以下「いじめ防止基本方針」という。）を定めるものとする。

② いじめ防止基本方針においては、次に掲げる事項を定めるものとする。

（1） いじめの防止等のための対策の基本的な方向に関する事項

（2） いじめの防止等のための対策の内容に関する事項

（3） その他いじめの防止等のための対策に関する重要事項

---

## 1 いじめ防止基本方針とは

いじめの防止等のための基本的な方針（本章では、以下「国の基本方針」又は単に「基本方針」という）は、本条に基づいて、平成25年10月11日文部科学大臣決定により策定された、いじめの防止、いじめの早期発見及びいじめへの対処のための対策を総合的かつ効果的に推進するための基本的な方針[14]である。

国が策定した基本方針は、いじめの問題への対策を学校現場だけの取組にまかせず、国、地方公共団体、学校、地域住民及び家庭その他の関係者の連携の下、社会総がかり[15]で取り組むことを基本にしている。そして、法整備により社会全体がいじめに関心を持つようになることによって、いじめを抑制する効果が生まれることが期待されている。

国の基本方針は、「いじめの防止」「早期発見」「いじめに対する措置」及び「地域や家庭・関係機関間の連携等」をより実効的なものにするための指針である。これによって、いじめへの組織的な対応、重大事態への対処等に関する具体的な内容や運用を明らかにするとともに、これまでのいじめ対策の蓄積を生かして、いじめ防止等のための取組を定め、地方公共団体や学校が基本方針を策定す

---

[14] 25文科初第814号文部科学省初等中等教育局長・高等教育局長通知（平成25年10月11日）。

[15] 第7回いじめ防止基本方針策定協議会（平成25年10月11日）の座長森田洋司大阪市立大学名誉教授の発言。

る際の根幹となる方針である。また、実際に本法律を運用する際に参考されるべき指標としての性格も期待されている。

国の基本方針の策定にあたっては、参議院文教科学委員会において「いじめ防止等の対策を実効的に行うようにするため、専門家等の意見を反映するよう留意するとともに、本法の施行状況について評価を行い、その結果及びいじめの情勢の推移等を踏まえ、適時適切の見直しその他必要な措置を講じること」について、特段の配慮を求める附帯決議がなされている[16]。また国の基本方針においても、「基本方針の策定から3年の経過を目途として、法の施行状況等を勘案して、国の基本方針の見直しを検討し、必要があると認められるときは、その結果に基づいて必要な措置を講じる」とされている[17]。したがって、本基本方針策定後においても、本法律の施行状況についての評価及び国の基本方針の適時適切の見直し等が期待されることになる。

## 2　本法律と国の基本方針の関係

国会で成立した本法律には、道徳教育等の充実を図る部分（15条1項）と、いわゆる別室学習、警察との連携、出席停止命令等いじめた子どもに対する厳罰主義を取り入れたと解釈されうる部分（23条4項・6項、26条等）とがあり、立法過程で懸念があった。しかし、国の基本方針作成にいじめ問題に取り組む有識者が加わったこともあって、それらの懸念されていた部分について、「いじめた児童生徒が抱える問題など、いじめの背景にも目を向け、当該児童生徒の安心・安全、健全な人格の発達に配慮する」等いじめた子どもに対するケアも行うなど、子どもの権利に寄り添っていこうとする解釈が明確にされた[18]。

また、学校におけるいじめの防止として、15条は道徳教育を重視した上、学校の設置者等は、「全ての教育活動を通じた道徳教育及び体験活動等の充実を図らなければならない」と抽象的に定めていたにすぎなかったが、基本方針では、いじめの防止の大前提として、まず、「いじめは、どの子供にも、どの学校でも起こりうることを踏まえ、……いじめを生まない土壌をつくるために、関係者が一体となった継続的な取組」の必要性を説いた上、「学校の教育活動全体

---

[16]　参議院附帯決議4項。
[17]　基本方針第3。
[18]　いじめ防止等ポイント(3)④。

を通じ、全ての児童生徒に『いじめは決して許されない』ことの理解を促し、児童生徒の豊かな情操や道徳心、自分の存在と他人の存在を等しく認め、お互いの人格を尊重し合える態度など、心の通う人間関係を構築する能力の素地を養うこと」の必要性を強調している[19]。その上で、いじめの早期発見、いじめへの対処及び地域・家庭等との連携を具体的に定める形をとっているのである。学校からいじめをなくしていくためには、道徳教育やいじめ加害者に対する厳罰主義的な流れだけではなく、いじめに対する正しい理解から始める必要が強調されており、実践的で人権教育的な解釈が施されている。

　いじめ防止等のポイント（改訂）では、特に、発達障害を含む障害がある児童生徒、外国につながる児童生徒、性同一性障害や性的志向・性自認に係る児童生徒、東日本大震災により被災した生徒児童等、人権上の配慮が必要な児童生徒については、日常的に、当該児童生徒の特性を踏まえた適切な支援を行うとともに、保護者との連携、周囲の児童生徒に対する必要な指導を組織的に行うことが求められている[20]。

　さらに、基本方針は、いじめを「加害者」「被害者」といった二項対立構造として捉えるのではなく、「観衆」「傍観者」といった存在にも注意を払うよう集団全体にいじめを許容しない雰囲気を形成することが必要だとしており[21]、いわゆるいじめの四層構造を根底にした考え方をもとに、子どもの権利保障の観点から、教育現場で実際に生起する問題に柔軟に対処できる内容となっている。

**第12条**（地方いじめ防止基本方針）
　地方公共団体は、いじめ防止基本方針を参酌し、その地域の実情に応じ、当該地方公共団体におけるいじめの防止等のための対策を総合的かつ効果的に推進するための基本的な方針（以下「地方いじめ防止基本方針」という。）を定めるよう努めるものとする。

[19]　基本方針第1の7(1)。
[20]　いじめ防止等ポイント(1)②。
[21]　基本方針第1の6。

# 1　地方いじめ防止基本方針とは

　地方いじめ防止基本方針 (以下、「地方基本方針」という) は、各地方公共団体の地域の実情を反映して、当該地方公共団体におけるいじめの防止等のための対策を総合的かつ効果的に推進するための基本的な方針であり、国が策定した基本方針を参酌して策定されなければならない。また、策定された場合、当該地方公共団体の区域内にある学校が、学校いじめ防止基本方針を策定する際に参酌される指針となる。そのため、地方基本方針は国の基本方針と学校いじめ防止基本方針の結節点となるものであって、各学校のいじめの防止等の取組の基礎となるものである[22]。

　地方基本方針の策定は、国の基本方針 (11条) 及び学校いじめ防止基本方針 (13条) の策定が義務規定であることと異なり、努力義務規定となっている[23]。この点について、いじめ防止基本方針策定協議会において、担当部局は「絶対に条例で策定せよというものではない。具体的な対策についても必ずしも条例の文中に定めなければならないものではない」と説明している[24]。

　つまり、地方基本方針は、必ずしも策定が義務づけられているわけではないが、国の基本方針だけでは網羅することのできない各地方公共団体特有の地域の実情に応じた方針を打ち出すことにより、地方公共団体として地域のいじめ問題へ取り組む姿勢をアピールするとともに、当該地方公共団体内の学校が策定する学校いじめ防止基本方針の根幹となる指針づくりをすることができる点に意義があるといえる。地方自治の観点からも、各地方公共団体が知恵を絞って、独自の地方基本方針を打ち出すことが望まれる。

　なお、地域内の対策の格差を生じさせない観点からも、特に、教育委員会にあっては特段の理由がある場合を除き、地方基本方針を策定することが望ましい[25]。

---

[22]　基本方針第2の2(2)。

[23]　基本方針第2の2(2)。

[24]　第7回いじめ防止基本方針策定協議会における委員からの「国の基本方針全てを条例化することは難しい。基本方針骨格の部分や非常に重要な部分について条例化して、具体的なプログラムや検証方法等は運用指針で定めるといった形も考えられるのではないか」との質問に対する文科省担当者の説明。

[25]　基本方針第2の2(2)。

## 2　地方基本方針の内容

　国の基本方針では、地方基本方針について、当該地方公共団体の実情に応じ、いじめの防止等の対策の基本的な方向を示すとともに、いじめの防止や早期発見、いじめへの対処が、当該地域において体系的かつ計画的に行われるよう、講じるべき対策の内容を具体的に記載することが想定されている[26]。例えば、いじめの防止等に係る日常的な取組の検証・見直しを図る仕組を定めたり、当該地域におけるいじめの防止に資する啓発活動や教育的取組を具体的に定めたりするなど、より実効的な地方基本方針とするため、地域の実情に応じた工夫が期待される。

　さらに、より実効性の高い取組を実施するため、地方基本方針が、当該地域の実情に即してきちんと機能しているかを点検し、必要に応じて見直すというPDCAサイクル[27]を地方基本方針に盛り込んでおくことが望ましいとされている。なお、地方基本方針は、当該地方公共団体におけるいじめの防止等のための対策を総合的かつ効果的に推進するためのものなので、都道府県が地方基本方針を策定する場合には、私立学校も対象に含めて作成する必要がある。また、国立大学に附属して設置される学校や、市町村が私立学校をどう扱うかについては、それぞれの地方公共団体において、地域の実情に応じて判断されることになる[28]。

---

**第13条**（学校いじめ防止基本方針）
　学校は、いじめ防止基本方針又は地方いじめ防止基本方針を参酌し、その学校の実情に応じ、当該学校におけるいじめの防止等のための対策に関する基本的な方針を定めるものとする。

---

## 1　学校いじめ防止基本方針とは

　学校いじめ防止基本方針（以下、「学校基本方針」という）は、全ての学校（国公

---

[26]　基本方針第2の2(2)。
[27]　Plan（立案・計画）→Do（実行）→Check（検証・評価）→Act（改善）の頭文字をとった言葉。計画から見直しまでを一貫して行い、次の計画に活かそうとする考え方。
[28]　基本方針第2の2(2)。

立及び私立を問わない)に策定が義務づけられており、国が策定した基本方針(及び当該学校を区域内に有する地方公共団体によって策定されていれば地方基本方針)を参酌し、個々の学校の実情に応じて策定される、いじめの防止等のための対策に関する基本的な方針である。地方公共団体による基本方針の策定が努力義務規定とされたのに対し、学校による基本方針の策定が義務規定とされたのは、子どもたちの生活の場であって、いじめの現場となることの多い学校こそがいじめの防止等のための対策を効果的に行う主体となるべきだからである。

学校基本方針は、「いじめの防止」「早期発見」「いじめに対する措置」について、学校がどのような実効性のある組織をつくり、学校がどのように取り組んでいくのか具体的に策定される必要がある。学校は、国の基本方針によって、いじめの防止等のために組織的な対応を行うための中核となる常設の組織(22条)を設置すること及び重大事態が生じた場合に対処する組織(28条)を設置することが求められており、それらの組織と相まって、大人たちがいじめの問題に真剣に取り組む姿勢を子どもたちに示すことによって、子どもたちに安心感及び信頼感が醸成されていくことが期待される。また、学校全体として、「いじめの防止」「早期発見」「いじめに対する措置」を効率的に行うための組織づくりを策定することによって、いじめに関して学校全体での情報の共有化が進み、必然的にいじめの隠蔽を防ぐことも期待される。

さらに学校基本方針では、各学校のホームページへの掲載その他の方法により、保護者や地域住民が学校いじめ防止基本方針の内容を容易に確認できるような措置を講ずるとともに、その内容を、必ず入学時・各年度の開始時に児童生徒、保護者、関係機関等に説明することとされているが[29]、これが十分に実行されているのかを確認することは現状では困難である。

学校基本方針の策定にあたっては、アンケート、いじめの通報、情報共有、適切な対処等の在り方についてのマニュアルを定め(「早期発見・事案対処のマニュアル」の策定等)、それを徹底するため、「チェックリストを作成・共有して全教職員で実施する」などといったような具体的な取組を盛り込む必要がある。これらの学校基本方針の中核的な策定事項は、事案対処に関する教職員の資質能力向上を図る校内研修の取組も含めた、年間を通じた学校いじめ対策組織の

---

[29] 基本方針第2の3(2)。

活動が具体的に記載されることが期待される。また、いじめの加害児童生徒に対する成長支援の観点から、加害児童生徒が抱える問題を解決するための具体的な対応方針を定めることも望ましい[30]。

　学校基本方針の策定・見直しに際し、検討段階から保護者、地域住民、関係機構等関係者と協議を重ねながら具体的ないじめ防止等の対策に係る連携について定めることが望ましい。

## 2　学校基本方針の内容[31]

### (1)　いじめの防止

　いじめの防止に対する基本的考え方として、いじめは、どの子どもにも起こりうるし、どの子どもも被害者にも加害者にもなりうるという事実を前提として、全ての子どもたちをいじめに向かわせないようにするための未然防止に、全ての教職員が取り組むことから始める必要があるとされる。そして、①いじめについての共通理解、②いじめに向かわない態度・能力の育成、③いじめが生まれる背景と指導上の注意、④自己有用感や自己肯定感を育む、⑤児童生徒自らがいじめについて学び取り組むこと、の5つの項目を立てて、子どもたちが心の通じ合うコミュニケーション能力を育み、いたずらにストレスにとらわれることなく、お互いを認め合える人間関係及び学校風土を醸成することの大切さを強調している。いじめの防止の観点からすると、学校基本方針は、まず子どもたちの人間性を育むこと、そしていじめが、いじめられた子どもの人間性を傷つけ、心身に深刻な影響を及ぼす許されない行いだということを全ての子どもたちに十分に理解させることを軸にして定められなければならない。

　中核的な内容としては、いじめに向かわない態度・能力の育成等のいじめが起きにくい・いじめを許さない環境づくりのために、年間の学校教育活動全体を通じて、いじめの防止に資する多様な取組が体系的・計画的に行われるよう包括的な取組の方針を定めたり、より具体的な指導内容のプログラム化を図ること（「学校いじめ防止プログラムの策定等」）が必要である[32]。さらに、教職員の不注意な言動が、意図せずして、子どもを傷つけたり、他の子どもによるいじめを

---

[30]　基本方針第2の3(2)。

[31]　この項について、基本方針第2の3。

[32]　基本方針第2の3(2)。

助長したりする場合のあることに鑑み、指導の在り方についても細心の注意を払うよう、教職員の資質向上のためのプログラムを盛り込むことも有効である。

　また、いじめの防止等のための取組をより実効性の高いものにするために、学校基本方針が学校の実情に即して適切に機能しているかどうかについて、学校いじめ対策組織を中心に点検し、必要に応じて見直すというPDCAサイクル等を、学校基本方針に盛り込んでおく必要がある。その際、学校の従来の取組を一から見直し、新たに子どもたちの意見を取り入れて、いじめの防止等について子どもたちの主体的かつ積極的な参加を促すとともに、保護者、地域社会及び関係機関との連携を図りながら策定を進めていくべきである。

## (2)　早期発見

　いじめの早期発見に対する基本的考え方として、いじめは大人の目につきにくい時間や場所で行われたり、遊びやふざけ合いを装って行われたりするなど、大人が気づきにくく、判断しにくい形で行われることが多い。これらのことを肝に銘じた上で、ささいな兆候であっても、いじめではないかとの疑いを持って、早い段階から複数の教職員で対応し、いじめを隠したり軽視したりすることなく、いじめを積極的に認知することが必要とされる。いじめの早期発見のためには、まず全教職員に、いじめに対する正しい理解を徹底し、いじめを発見した教職員が一人で抱え込むのではなく、まず学校に報告できる体制を整えて、当該いじめを学校全体の共通理解とすることこそが肝要であり、学校が一丸となって組織的に対応することが必要である。また、子どもたちが示す変化や危険信号を見逃さないようアンテナを高く保つとともに、教職員相互が積極的に子どもたちの情報交換を行い、情報を共有することの大切さが強調されている。

　その上で、いじめの早期発見のための措置として、学校が、子どもたち、保護者及び地域社会から情報を集める具体的な方策を策定していく必要がある。学校は、定期的なアンケート調査や教育相談を実施することにより、子どもがいじめを訴えやすい体制を整え、いじめの実態把握に取り組む姿勢が必要である。ほかにも、休み時間や放課後の雑談の中などで子どもの様子に目を配ったり、教職員と子どもの間で日常やりとりされている生活ノートや日記等も活用し、交友関係や悩みを把握したり、個人面談や家庭訪問の機会を活用するなど知恵を絞ることとされている。

　また、保護者用のいじめチェックシートなどを活用し、家庭と連携することも

有効であるとされる。さらに、子どもたち及び保護者、教職員が抵抗なくいじめに関して相談できる体制が整備されているか定期的に点検するとともに、保健室や相談室の利用、電話相談窓口について広く周知することが必要である。

## ⑶　いじめに対する措置

### ア　基本的考え方

　いじめの発見・通報を受けた場合には、教育的配慮の下、毅然とした態度でいじめたとされる子どもを指導することとされる。その際、謝罪や責任を形式的に問うことに主眼を置くのではなく、子どもの人格の成長に主眼を置いた指導を行うことが大切とされる。これらの対応について、教職員全員の共通理解、保護者の協力、関係機関・専門機関との連携の下で取り組む。

　いじめは、単に謝罪をもって安易に解消とすることはできない。いじめが「解消している」状態とは、少なくとも次の2つの要件が満たされている必要がある。ただし、これらの要件が満たされている場合であっても、必要に応じ、他の事情も勘案して判断するものとする[33]。

### ①　いじめに係る行為が止んでいること

　被害者に対する心理的又は物理的な影響を与える行為（インターネットを通じて行われるものを含む）が止んでいる状態が相当の期間継続していること。この相当の期間とは、少なくとも3か月を目安とする。ただし、いじめの被害の重大性等からさらに長期の期間が必要であると判断される場合は、この目安にかかわらず、学校の設置者又は学校いじめ対策組織の判断により、より長期の期間を設定するものとする。学校の教職員は、相当の期間が経過するまでは、被害・加害児童生徒の様子を含め状況を注視し、期間が経過した段階で判断を行う。行為が止んでいない場合は、あらためて相当の期間を設定して状況を注視する。

### ②　被害児童生徒が心身の苦痛を感じていないこと

　いじめに係る行為が止んでいるかどうかを判断する時点において、被害児童生徒がいじめの行為により心身の苦痛を感じていないと認められること。被害児童生徒本人及びその保護者に対し、心身の苦痛を感じていないかどうかを面談等により確認する。

　学校は、いじめが解消に至っていない段階では、被害児童生徒を徹底的に

---

[33]　基本方針第2の3⑷ⅲ。

守り通し、その安全・安心を確保する責任を有する。学校いじめ対策組織においては、いじめが解消に至るまで被害児童生徒の支援を継続するため、支援内容、情報共有、教職員の役割分担を含む対処プランを策定し、確実に実行する。

　上記のいじめが「解消している」状態とは、あくまで、一つの段階に過ぎず、「解消している」状態に至った場合でも、いじめが再発する可能性が十分にありうることを踏まえ、学校の教職員は、当該いじめの被害児童生徒及び加害児童生徒については、日常的に注意深く観察する必要がある[34]。

イ　いじめの発見・通報を受けたときの対応

　遊びや悪ふざけなどでいじめと疑われる行為を発見した場合、その場でその行為を止めさせ、子どもや保護者から「いじめではないか」との相談や訴えがあった場合には真摯に傾聴することとされる。ささいな兆候であっても、いじめの疑いがある場合には、早い段階から的確に関わりを持つことが必要とされ、その際、いじめられたと訴える子どもやいじめを知らせてきた子どもの安全を確保することとされる。そして、発見・通報を受けた教職員は、一人で抱え込まず、学校における「いじめの防止等の対策のための組織」と直ちに情報を共有することとされる。

ウ　いじめられたとされる子ども等への支援

　いじめられたとされる子どもから事実関係を聴取する際、いじめられている子どもにも責任があるという考え方をとってはならず、「あなたが悪いのではない」ことをはっきりと伝えることが必要とされる。そして、家庭訪問等の方法により、その日のうちに迅速に保護者に事実関係を伝え、徹底して守り通すことや秘密を守ることを伝え、できる限り不安を除去するとともに、複数の教職員の協力の下、いじめられたとされる子どもの見守りを行うなど安全を確保することとされる。

エ　いじめた子どもへの指導等

　いじめがあったことが確認された場合、いじめた子どもに対しては、いじめは人格を傷つけ、生命、身体又は財産を脅かす行為であることを理解させ、自らの行為の責任を自覚させるほか、いじめた子どもが抱える問題など、いじめの背景にも目を向け、いじめた子どもの安心・安全、健全な人格の発達に配慮することとされる。

---

[34] 基本方針第2の3(4)iii。

オ　いじめが起きた集団への働きかけ

　さらに、いじめを見ていた子どもたちに対しても、自分の問題として捉えさせることが必要とされる。たとえ、いじめを止めさせることはできなくても、誰かに知らせる勇気を持つよう伝えるとともに、囃し立てるなどいじめに同調していた子どもに対しては、いじめに加担する行為であることを理解させる。そして、学級全体で話し合うなどして、いじめは絶対に許されない行為であり、根絶しようという態度を行き渡らせるようにするとされる。

カ　ネット上のいじめへの対応

　ネット上の不適切な書き込み等については、被害の拡大を避けるため、プロバイダ責任制限法に基づいて、プロバイダに対して速やかに削除を求めるなど必要な措置を講じることとされる。また、子どもの生命、身体又は財産に重大な被害を生じるおそれがあるときは、直ちに警察署に通報し、適切に援助を求めることとされる。

　ネット上でのいじめの早期発見の観点からは、学校ネットパトロールを実施したり、法務局等関係機関の取組についても周知する。パスワードつきサイト（学校裏サイト等）やSNS、携帯電話のメールを利用したいじめについては、より大人の目が届きにくいため、学校における情報モラル教育を進めるとともに、保護者においてもこれらについての理解を求めていくことが必要とされる。

　特に子どもたちの間でよく使われているLINEでは、特定の子どもを仲間はずれにする「LINEはずし」や特定の子どもを対象にして集中的に悪口や陰口を書き込むいじめが行われやすく、スマートフォンの使い方等に対する学校や保護者による指導を深めていく必要がある。

　また、ネット上のいじめは、実際に学校でいじめられている子どもが対象になりやすいという傾向が見受けられるとの指摘もある（12頁コラム「ネットいじめ——サイバーブリング」参照）。

(4)　重大事態への対処

　後記28条の項で説明する。

(5)　その他

　国立学校及び私立学校におけるいじめの問題への対応について、必要に応じて、教育委員会からのスクールカウンセラー・スクールソーシャルワーカー、弁護士等の専門家・関係機関の紹介や研修機会の提供等の支援が受けられる

## 弁護士会からの提案

　学校基本方針は、いじめの防止等のための中核を担う基本方針なので、実際にいじめの現場となることの多い学校が、子どもたちや保護者等の意見を十分に聴いた上で策定すべきものですが、従来の教育行政においては、いじめの早期発見・早期対応ばかりに注目が集まり、いじめを防止するという観点からのアプローチが弱かったと感じます。そもそもいじめがなぜ悪いことなのか子どもたちに本当に理解させることなしに、いじめを防止することなどできないのではないでしょうか。

　この点、第二東京弁護士会では、子どもの権利に関する委員会と法教育の普及・推進に関する委員会のメンバー有志で、全校型いじめ予防対策プロジェクトチーム（以下、「いじめ予防対策PT」といいます）を結成し、弁護士によるいじめ予防授業と連携する形で、いじめを予防するための全校型いじめ対策プログラムづくりを行っています。

　いじめ予防対策PTでは、いじめを予防するためには全校で取り組む必要があると考え、いじめは相手の人権を侵害し、最悪の場合、相手を自殺にまで追い込んでしまう卑劣な行為であることを子どもたちに教えるとともに、①「いじめられる側も悪い」との俗説は誤りであること、②いじめが起きた場合に先生たちに相談することは悪いことではない（いわゆる「告げ口」「チクリ」として非難されるべきではない）こと、③いじめられている子どもに対しては、まわりにいる子どもたちが声をかけてあげることがとても大事なこと、などを学校のルールとして明らかにすることが有用であると説明してきました。そして、このルールを定めるにあたっては、学校の教職員全員、子どもたち自身及び保護者が関与することが非常に重要であると考え、これら三者の意見をよく聴いて学校のルールを作成すべきとの結論を出していました。今回喜ばしいことに、ようやく基本方針においても同様のことが指摘されるに至りました。

　いじめ予防対策PTでは、上述のことを前提とした上で、各学年において弁護士によるいじめ予防授業を実施し、各クラスや学年ごとに子どもたち自身が話し合って、自分たちが学校からいじめをなくすためのルールづくり（例えば、みんなで決めた〇年〇組のきまりごと、いじめ防止5か条等の策定）を行うことを提案しています*1。

　ところで、教職員ではない弁護士が、いじめ予防の授業やルールづくりに関

与することになった経緯についてお話ししておきます。弁護士は、基本的人権を擁護する使命を帯びており（弁護士法1条）、また中立公正な第三者として振る舞うことのできる客観的な立場にいる紛争解決のプロですから、子ども間の紛争であるいじめの問題を扱うことはいわば弁護士の本来的な業務そのものだといえると思います。学校の外側から客観的に見て、適切な指導・助言を行うこともできますし、中立な第三者*2が関わること自体が子どもたちに公平感や安心感を抱かせることになると思います。上記いじめ予防対策PTや子どもの権利に関する委員会に所属する弁護士たちは、子ども本人や保護者からの依頼を受けて、学校や相手方と交渉する等いじめ問題に取り組む業務を積極的に行っています。

　私たち弁護士が擁護する「人権」という言葉の意味を低学年の子どもに向けて説明することはなかなか難しいのですが、「だれでもみんなが幸せになることができて、みんな一人ひとりが大切だってこと。言い換えれば、大切じゃない子どもなんて一人もいないし、幸せになれない子どもなんて、いちゃいけないってこと」という感じでしょうか。そんなことも伝えたくて、いじめ予防授業を行っています。

　もちろん、いじめが、子どもの自殺という過酷な結果を引き起こす場合さえあって、子どもに大きなトラウマを残すものであること、だからこそ、「いじめは絶対にしてはいけないよ」ということを一人ひとりに伝えたくて授業を行っていることは言うまでもありません。

*1　子どもたちのつくるルール→それをもとに学校基本方針を策定。本書198頁「○○小学校のいじめについての考え方」参照。
*2　衆議院附帯決議は3項において、参議院附帯決議は6項において「専門的な知識及び経験を有する第三者等の参加を図り、公平性・中立性が確保されるように努めること」としており、これに合致する。

よう、日常的に国立学校の設置者は国及び教育委員会との連携確保、都道府県私立学校主管部局は教育委員会との連携確保に努めることが求められる[35]。

---

**第14条**（いじめ問題対策連絡協議会）
① 　地方公共団体は、いじめの防止等に関係する機関及び団体の連携を図るため、条例の定めるところにより、学校、教育委員会、児童相談所、法務局又は地方法務局、都道府県警察その他の関係者により構成されるいじめ問題対策連絡協議会を置くことができる。
② 　都道府県は、前項のいじめ問題対策連絡協議会を置いた場合には、当該いじめ問題対策連絡協議会におけるいじめの防止等に関係する機関及び団体の連携が当該都道府県の区域内の市町村が設置する学校におけるいじめの防止等に活用されるよう、当該いじめ問題対策連絡協議会と当該市町村の教育委員会との連携を図るために必要な措置を講ずるものとする。
③ 　前2項の規定を踏まえ、教育委員会といじめ問題対策連絡協議会との円滑な連携の下に、地方いじめ防止基本方針に基づく地域におけるいじめの防止等のための対策を実効的に行うようにするため必要があるときは、教育委員会に附属機関として必要な組織を置くことができるものとする。

---

## 1　いじめ問題対策連絡協議会とは（1項）

　いじめ問題対策連絡協議会は、地方公共団体が条例に基づき任意に設置することのできる連絡協議会であり、いじめの防止等のために連携すべき関係機関及び団体を構成員とする組織である。いじめ問題への対処は各学校だけでできるものではないとの現状認識から、関係機関・団体との連携を図るために設置できることとされた。実際に設置する協議会の名称は、いじめ問題対策連絡協議会に限定されない。

　いじめ問題対策連絡協議会の構成員として第1項に挙げられた「学校、教育委員会、児童相談所、法務局又は地方法務局、都道府県警察」は例示であり、心理や福祉の専門家であるスクールカウンセラー・スクールソーシャルワーカーや医師とともに、いじめ問題に取り組む弁護士等も「その他の関係者」として

---

[35]　基本方針第2の3(4)。

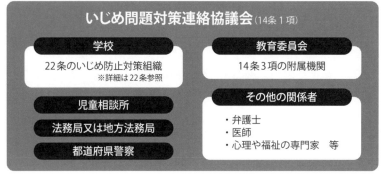

**地方公共団体の組織関係**

いじめ問題対策連絡協議会 (14条1項)

| 学校 | 教育委員会 |
|---|---|
| 22条のいじめ防止対策組織<br>※詳細は22条参照 | 14条3項の附属機関 |

| 児童相談所 | その他の関係者 |
|---|---|
| 法務局又は地方法務局 | ・弁護士<br>・医師 |
| 都道府県警察 | ・心理や福祉の専門家　等 |

※重大事態については28条以下参照

構成員になることが期待される。

　いじめ問題対策連絡協議会の設置は任意とされているが、学校と地域の関係機関等とのいじめの問題の対応に係る連携を確保するため、同連絡協議会は日頃から各関係機関の連携を図り情報を共有しておくことに大きな意義があるので、各地方公共団体は、その地域のいじめが顕在化する前の段階からできるだけ設置しておくべきである。教育委員会をはじめとする学校の設置者及び都道府県私立学校主管部局は、平素より、いじめ問題対策連絡協議会における地域の関係機関等との連携を通じ、いじめの重大事態の調査を行うための組織（第三者調査委員会等）の委員を確保しておくことも重要である。

## 2　連携を図るために必要な措置（2項）

　市町村がいじめ問題対策連絡協議会を設置した場合とは異なり、都道府県がいじめ問題対策連絡協議会を設置した場合には、連絡協議会におけるいじめの防止等に関係する機関・団体の連携が、都道府県立学校だけではなく、当該都道府県内の市町村が設置した市町村立学校においてもいじめの防止等に活用されるよう、協議会と当該市町村教委との連携を図るために必要な措置を講ずる義務が都道府県に生じることとされた。

　これは、市町村によっては、予算や地域の人材の点などから、現実問題として連絡協議会を設置することが難しい自治体があると考えられるし、市町村により連絡協議会が設置されている場合でも、都道府県の方が市町村よりも規模が大きく予算及び人材の両面において豊富であるため、都道府県が果たす

べき役割を定めたものと考えられる。

## 3　附属機関（3項）

　本項にいう附属機関は、教育委員会に設置される附属機関であり、地方自治法上の「執行機関の附属機関」（地方自治法138条の4第3項）にあたるので、法律又は条例に基づき設置されなければならない。本法律に基づき附属機関を設置する場合でも、別に設置根拠となる条例が必要になる。附属機関の構成員は非常勤となる（地方自治法202条の3第2項）。また、教育委員会に置かれる附属機関であるため、地方公共団体が自ら設置する公立学校がその対象となる。附属機関の機能は、各地方公共団体が定める地域基本方針における対策の内容に応じて異なる。

　附属機関については、衆参両委員会において「専門的な知識及び経験を有する第三者等の参加を図り、公平性・中立性が確保されるよう努めること」とする附帯決議が付けられているとおり[36]、専門的な第三者が構成員として参加し、附属機関の公平性・中立性が保たれてこそ、法の趣旨に合致した、いじめの防止等の対策を実効的に行う機能を発揮できることになる。この点、参議院文教科学委員会の審議においても、同様の指摘が委員からなされている[37]。

　附属機関の機能について、国の基本方針では、①教育委員会の諮問に応じ、地域基本方針に基づくいじめの防止等のための調査研究等、有効な対策を検討するため専門的知見からの審議を行うこと、②当該地方公共団体が設置する公立学校におけるいじめに関する通報や相談を受け、第三者機関として当事者間の関係を調整するなどして問題の解決を図ること、③当該地方公共団体が設置する公立学校におけるいじめの事案について、設置者である地方公共団体の教育委員会が、設置する学校からいじめの報告を受け、24条に基づき自ら調査を行う必要がある場合に当該組織を活用すること、が想定例として示されている。

　なお、小規模の自治体など附属機関を設置することが困難な地域も想定されるので、都道府県教育委員会において、これらの地域を支援するため、職能団体や大学、学会等の協力を得られる体制を平素から整えておくことなどが期待

---

[36]　衆議院附帯決議3項、参議院附帯決議6項。
[37]　第183回国会参議院文教科学委員会会議録第8号7頁の小西洋之委員の発言。

される。

### 地方自治法138条の4第3項

　普通地方公共団体は、法律又は条例の定めるところにより、執行機関の附属機関として自治紛争処理委員、審査会、審議会、調査会その他の調停、審査、諮問又は調査のための機関を置くことができる。ただし、政令で定める執行機関については、この限りでない。

### 地方自治法202条の3第2項

　附属機関を組織する委員その他の構成員は、非常勤とする。

# 第3章　基本施策

　本章では、学校設置者及び学校並びに国及び地方公共団体が実施すべき基本的施策について、規定されている。

　学校設置者及び学校が講ずべき基本的施策として、①道徳教育等の充実（15条）、②早期発見のための定期的調査の措置（16条1項）、③相談体制の整備（16条3項）、④インターネットを通じたいじめに対する対策の推進（19条1項）が定められている。

　また、国及び地方公共団体が講ずべき基本的施策として、⑤通報及び相談体制の整備（16条2項）、⑥関係機関等との連携（17条）、⑦いじめの防止等の対策に従事する人材の確保及び研修（18条）、⑧調査研究の推進（20条）、⑨啓発活動（21条）が定められている。

---

**第15条**（学校におけるいじめの防止）
① 　学校の設置者及びその設置する学校は、児童等の豊かな情操と道徳心を培い、心の通う対人交流の能力の素地を養うことがいじめの防止に資することを踏まえ、全ての教育活動を通じた道徳教育及び体験活動等の充実を図らなければならない。

> ②　学校の設置者及びその設置する学校は、当該学校におけるいじめを防止する
> ため、当該学校に在籍する児童等の保護者、地域住民その他の関係者との連携
> を図りつつ、いじめの防止に資する活動であって当該学校に在籍する児童等が
> 自主的に行うものに対する支援、当該学校に在籍する児童等及びその保護者並
> びに当該学校の教職員に対するいじめを防止することの重要性に関する理解を
> 深めるための啓発その他必要な措置を講ずるものとする。

## 1　本条の趣旨

　本条は、学校設置者及び学校に対し、学校におけるいじめ防止という目的の達成のための教育活動等の具体的な措置を定めた規定である。なお、「学校の設置者」の意義については、7条の解説を参照のこと。

## 2　道徳教育及び体験活動等の充実（1項）

　本項は、児童等の豊かな情操と道徳心を培い、心の通う対人交流の能力を養うことがいじめの防止に資するという考えの下、全ての教育活動を通じた道徳教育及び体験活動等の充実を図ることを義務づけた規定である。

### ⑴　道徳教育

　道徳教育に関しては、文部科学省において道徳教育の充実に関する懇談会が設置され、道徳教育の改善方法について検討がなされた結果、平成25年12月26日「今後の道徳教育の改善・充実方策について（報告）──新しい時代を、人としてより良く生きる力を育てるために」（以下、「報告書」という）がまとめられた。報告書では、「いじめ防止の観点から」道徳教育の重要性が述べられており（第1章2）、道徳教育の内容に関して、「いじめの防止や生命の尊重」が掲げられている（第2章2⑵①）。

　また、道徳教育の指導方法についても、以下のような改善策の提言がなされている（第2章2⑵②）。

① 　児童生徒の発達の段階をより重視した指導方法の確立・普及

　学年が上がってゆくにつれ、道徳の時間において、一定の道徳的価値を理解させるための読み物の主人公の心情などを理解させるような授業だけでなく、例えば、善悪の問題も立場によって見方が異なる場合もあることや、自分の思うようにならない複雑で困難な状況に遭遇したときにどのように対応すべきか

などについて、多角的・批判的に考えさせたり、議論・討論させたりする授業を
重視することが必要とされている。

② 道徳的実践力を育成するための具体的な動作等を取り入れた指導や問題
　解決的な指導等の充実

　　例えば、児童生徒に特定の役割を与えて即興的に演技する役割演技（ロール
プレイ）や、実生活の中でのコミュニケーションに係る具体的な動作や所作の在
り方等に関する学習、問題解決的な学習などの動的な活動がバランスよく取り
入れられるべきとされている。

③ 各学校における「道徳教育の全体計画」「道徳の時間の年間指導計画」の
　実質化、道徳の時間と各教科等との関連づけの強化

　　各学校において、学校の教育目標を踏まえ、校長をはじめとする管理職、道
徳教育推進教師のリーダーシップの下に、全教職員の参画によって実質のある
「道徳教育の全体計画」を作成し、「道徳の時間の年間指導計画」等と有機的
に関連づけながら授業を実施することが求められている。

　　また、学校における指導体制として、「道徳教育推進教師」を中心とした指導
体制が構築されるよう校長がリーダーシップを発揮する必要性や、「道徳教育
推進リーダー教師（仮称）」を加配することなどが謳われている（第3章2(2)）。い
じめ防止体制においても、校長のリーダーシップの下、従来の組織を利用しつつ、
「道徳教育推進教師」や「道徳教育推進リーダー教師（仮称）」が中心となって、
いじめ防止のための指導をすることが期待される。

　　もっとも、本法律の審議過程においては、「道徳教育」を義務づけるべきか意
見の対立が見られ、一方では、「道徳教育を余りにも強調し過ぎているのでは
ないか」、あるいは「法令で上から押しつけるやり方ではかえって逆効果になり
かねない」との指摘もなされていた[38][39]。このような議論の中で、「いじめを許さ
ない環境づくりをしっかりと学校の中で行っていくことが重要である」ことが確
認され[40]、道徳教育や体験活動を充実させ、あるいは子どもが自主的に取り組

[38] 第183回国会衆議院文部科学委員会会議録第7号10頁の宮本岳志委員の発言。
[39] 日本弁護士連合会は、『いじめ防止対策推進法案』に対する意見書」（平成25年6月20日）において
「『道徳教育及び体験活動等の充実』については、道徳を教え込むようなものではなく、法律案自体も認め
る『いじめの防止に資する活動であって当該学校に在籍する児童等が自主的に行うもの』を中心とするもの
にすべきである」と述べている（http://www.nichibenren.or.jp/library/ja/opinion/report/data/2013/
opinion_130620.pdf）。
[40] 第183回国会衆議院文部科学委員会会議録第7号5頁の浮島智子議員の発言。

むいじめ対策を支援していくことなどが規定された。

　「道徳教育」はあくまでも例示であり、「体験活動」その他、いじめの防止に資する様々な措置を講ずることが学校設置者及び学校には許容されており、同時に義務でもあると考えられる。また、道徳教育と体験活動その他の措置との優劣関係については、本法律の審議過程において、「道徳ばかりではなく、情操やコミュニケーション力を養うというようなことも重要であって、それらについては優劣関係や優先順位はない」ことも確認されている[41]。

　特に道徳教育の教科化に対しては、子どもの権利を保障する立場から反対する意見も多いことに留意すべきである。例えば、日本弁護士連合会は、文部科学省中央教育審議会による「道徳に係る教育課程の改善等について（答申）」に対する意見書[42]の中で、文部科学省の答申が、道徳教育の役割につき、価値観の多様性を認めた上で、「他者と対話し協働しながら、よりよい方向を目指す資質・能力」を育成することにあるとした部分は評価しつつも、「改善の方向性」として示された、道徳の教科化、検定教科書・評価の導入、教員研修の充実などに対しては、「日本国憲法の下での学校教育において是認される道徳教育の範囲を逸脱するおそれが極めて高」い、と反対の立場を明確にしている。

　民主的な教育を実践するにあたって、特定の価値観を子どもたちに「押しつけ」ることがあってはならないのは当然である。本法律における「道徳教育」との関係でも、道徳の「押しつけ」は、かえって自分と価値観の異なる他者に対する偏見や排除の論理を生みかねない。子どもの多様な価値観を尊重する教育の一環として、いじめを防止する取組を行うべきである。

## ⑵　体験活動等

　道徳教育以外の「体験活動等」として、どのような措置が学校設置者及び学校に求められるかという点も重要である。

　基本方針には、以下のような内容が掲げられている[43]。

① 　学校において、児童生徒の発達段階に応じ、自分の大切さとともに他の人の大切さを認めることができるようになり、それが様々な場面で具体的な態

---

[41]　第183回国会参議院文教科学委員会会議録第8号9頁の笠浩史衆議院議員の発言。
[42]　日本弁護士連合会「文部科学省中央教育審議会『道徳に係る教育課程の改善等について（答申）』に対する意見書」（平成26年12月18日）。
[43]　基本方針第2の1⑶。

## ピア・サポート

　ピア・サポートは、同じような立場の人が仲間を支援する制度、という意味で用いられることが多い用語です。例えば、学校では、支援役の「ピア・サポーター」が、下級生などを支援したり、学校全体の雰囲気づくりに参加するという場合が、これにあたります。支援役の生徒は、一定期間、専門家や教師から、支援に必要なスキルについて研修を受けることもあります。

　いじめに関しては、いじめられている子どもから悩みを聞いたりするほか、演劇や、ポスター、標語などを通して、いじめを許さないという意識を啓発するような活動を行うこともあります。このような活動は、生徒が主体的にいじめなど人間関係の悩みの解決に関与する活動として、注目を集めています。

度や行動に現れるようにするために行われる取組

② 児童生徒の豊かな情操や他人とのコミュニケーション能力、読解力、思考力、判断力、表現力等を育むため、読書活動や対話・創作・表現活動等を取り入れた教育活動

③ 生命や自然を大切にする心や他人を思いやる優しさ、社会性、規範意識などを育てるため、学校における自然体験活動や集団宿泊体験等の様々な体験活動

　また、いじめ防止等のポイントでは、いじめ防止の観点から、いじめに向かわない態度・能力の育成が掲げられており[44]、児童生徒の社会性の構築に向けた取組例として、「ソーシャルスキル・トレーニング」[45]や「ピア(仲間)・サポート」[46]が挙げられている。これらは、「体験活動等」の具体的な取組例といえる。

---

[44] いじめ防止等ポイント(1)②イ。
[45] 「人間関係についての基本的な知識」「相手の表情などから隠された意図や感情を読み取る方法」「自分の意思を状況や雰囲気に合わせて相手に伝えること」などについて説明を行い、また、ロールプレイング(役割演技)を通じて、グループの間で練習を行う取組。
[46] 異学年等の交流を通じ、「お世話される体験」と成長したあとに「お世話する体験」の両方を経験し、自己有用感や自ら進んで他者と関わろうとする意欲などを培う取組。

### 3 児童等が自主的に行うものに対する支援、啓発その他必要な措置（2項）

2項は、学校設置者及び学校に対し、①児童等が自主的に行うものに対する支援、②児童等及びその保護者並びに教職員に対するいじめを防止することの重要性に関する理解を深めるための啓発、③その他必要な措置を講ずることを求めた規定である。

#### ⑴ 関係者との連携

本項のポイントとしては、学校設置者及び学校が、上記①から③のいずれについても、児童等の保護者、地域住民その他の関係者との連携をとって実施することが求められていることである。

基本方針においても、「社会全体で児童生徒を見守り、健やかな成長を促すため、学校関係者と地域、家庭との連携が必要である」とされている。具体的には、①PTAや地域の関係団体等と学校関係者が、いじめの問題について協議する機会を設けること、②学校運営協議会制度（コミュニティ・スクール）を活用すること、③より多くの大人が子どもの悩みや相談を受け止めることができるようにするため、学校と地域、家庭が組織的に連携・協働する体制を構築することなどが挙げられている[47]。

#### ⑵ 自主的な取組に対する支援

もう一つ特筆すべきこととして、「児童等が自主的に行うものに対する支援」が必要な措置として掲げられている。

本法律の審議過程においても、「体験活動を充実させることとか、あるいは子供が自主的に取り組むいじめ対策などを支援していく等、いじめを許さない環境づくりをしっかりと学校の中で行っていくことが重要である」と指摘されており、「いじめを許さない環境づくり」において、児童等により自主的な取組の重要性が強調されているところである[48]。また、「全国各地で取り組まれている好事例を収集・周知することの重要性」が指摘され、文部科学大臣からは、模範となる学校の取組を支援するなどの方策が示されている[49]。これを受けて、本法律の参議院の附帯決議においても、「本法の運用に当たっては、いじめの被害者に寄り添った対策が講ぜられるよう留意するとともに、いじめ防止等につい

---

[47] 基本方針第1の7⑷。
[48] 第183回国会衆議院文部科学委員会会議録第7号5頁の浮島智子議員の発言。
[49] 第183回国会参議院文教科学委員会会議録第8号11頁の文部科学大臣の発言。

て児童等の主体的かつ積極的な参加が確保できるよう留意すること」が定められている[50]。

　このように、本法律においては、児童等は、いじめから保護する対象（＝客体）であるのと同時に（3条の基本理念）、自らいじめを防止する主体でもあるべきと位置づけている点に留意すべきである。具体的には、①児童会・生徒会において、校内でいじめ撲滅や命の大切さを呼びかける活動や、②相談箱を置くなどして子ども同士で悩みを聞き合う活動[51]、③いじめのパトロール活動[52]などが考えられるが、これ以外にも独自の取組を行っているケースもある。

　例えば、愛知県西尾市立東部中学校では、在籍生徒の「いじめ」による自殺事件が起こった歴史から、「ハートコンタクト」という生徒の自主組織が組織されている。そこでは、学期ごとにクラスや学年の様子について情報交換を行ったり、被害者遺族も協力して、「相手の気持を考える」ことや、生活上意識すべき点は何か、インターネットを通じた「いじめ」の防止をいかにすべきかについて、生徒同士で議論する集会を開いたりする活動をしている。

　ただし、児童会・生徒会がいじめの防止に取り組むことは推奨されることであるが、熱心さのあまり教職員主導で児童生徒が「やらされている」だけの活動に陥ったり、一部の役員等だけが行う活動に陥ったりする例もある。教職員は、全ての児童生徒がその意義を理解し、主体的に参加できる活動になっているかどうかをチェックするとともに、教職員は陰で支える役割に徹するよう心がけるべきであるとされている[53]ことにも留意すべきである。

### ⑶　啓発

　「児童等が自主的に行うものに対する支援、……啓発その他必要な措置」と規定されていることから、「啓発」は例示であり、前項と同様、いじめを防止する目的のために必要な他の措置を排除するものではなく、むしろ、いじめ防止に資する措置は、積極的に講じられることが望ましい。啓発としては、児童等に対するいじめに関する授業、保護者会におけるいじめに関する講演や話し合い、あるいは、いじめに関する授業を公開授業とするなどが考えられる。いじめ防止

---

[50]　参議院附帯決議3項。

[51]　基本方針第2の1⑶①。

[52]　第183回国会衆議院文部科学委員会会議録第7号5頁の浮島智子議員の発言。

[53]　いじめ防止等ポイント⑴②オ。

等ポイントでは、発達の段階に応じて、児童生徒がいじめの問題を自分のこととして捉え、正面から向き合うことができるよう、実例（裁判例等）を示しながら、人権を守ることの重要性やいじめの法律上の扱いを学ぶ等、実践的な取組を行うことを推奨している[54]。

　地方自治体の一例であるが、東京都教育委員会の専門家会議が策定した「いじめ総合対策」（平成25年11月28日）には、以下の内容が盛り込まれている（下線は原文による）。

　　　学校は、定期的に子供がいじめについて深く考え、いじめは絶対に許されないことを自覚するようにするため、道徳の時間や特別活動において、年に最低3回（学期始め）は、「いじめに関する授業」を実施。

　　　学校は、いじめは刑事罰や損害賠償請求の対象になり得ることなど、法的観点から実社会と「いじめ」との関係について子供に学ばせるため、社会科の授業などで、いじめと関連した法教育を実施。

　　　都教委は、日弁連等との協力の下、弁護士等の派遣支援を実施。

　このような弁護士による法教育等の専門家による授業も、本条の趣旨に合致する措置であると考えられる。例えば、平成20年より東京の三弁護士会が主催して「いじめ予防授業」が行われており、「いじめ」に対する法的観点の指摘にとどまらず、なぜ「いじめ」が許されないのか、「いじめ」を知ったときにどう行動するかを、生徒に議論させるという授業が行われていた（現在は各弁護士会主催で実施）。学校教員以外で生の事件に触れる機会の多い弁護士のこのような活動により、「いじめ」問題について弁護士に相談することができることの周知にもつながり、よりいじめ防止の措置が効果的なものになるといえよう。

---

**第16条**（いじめの早期発見のための措置）
①　学校の設置者及びその設置する学校は、当該学校におけるいじめを早期に発見するため、当該学校に在籍する児童等に対する定期的な調査その他の必要な措置を講ずるものとする。

---

[54]　いじめ防止等ポイント(1)②。

> ② 国及び地方公共団体は、いじめに関する通報及び相談を受け付けるための体制の整備に必要な施策を講ずるものとする。
> ③ 学校の設置者及びその設置する学校は、当該学校に在籍する児童等及びその保護者並びに当該学校の教職員がいじめに係る相談を行うことができる体制（次項において「相談体制」という。）を整備するものとする。
> ④ 学校の設置者及びその設置する学校は、相談体制を整備するに当たっては、家庭、地域社会等との連携の下、いじめを受けた児童等の教育を受ける権利その他の権利利益が擁護されるよう配慮するものとする。

## 1 本条の趣旨

本条は、いじめの早期発見のための措置に関する規定である。

## 2 いじめの早期発見のための定期的な調査等の措置（1項）

本項は、学校の設置者及び学校に対し、いじめを早期に発見するための児童等に対する定期的な調査その他の必要な措置を求めた規定である。

従前、文部科学省の通達においても、「各学校は、定期的に児童生徒から直接状況を聞く手法として、『アンケート調査』を実施した上で、これに加えて、各学校の実情に応じて、『個別面談』、『個人ノートや生活ノート』など教職員と児童生徒との間で日常行われている日記等の活用など、更に必要な取組を推進する必要がある」[55]とし、学校によるアンケート調査等を必要的なものとしてきたが、本法律によって、児童等に対する定期的な調査等が法的にも必要とされることが明確になった。

### (1) 定期的な調査

「定期的な調査」の具体例としては、①定期的なアンケート調査、個人面談の実施等により、いじめの実態把握に取り組むこと[56]、②保護者用のいじめチェックシートなどを活用し、家庭と連携して児童生徒を見守り、健やかな成長を支援していくこと[57]などが挙げられる。

---

[55] 24文科初第936号「『いじめの問題に関する児童生徒の実態把握並びに教育委員会及び学校の取組状況に係る緊急調査』を踏まえた取組の徹底について（通知）」（平成24年11月27日）。
[56] 基本方針第2の3(4)ⅱ及びいじめ防止等ポイント(2)②参照。
[57] いじめ防止等ポイント(2)②。

アンケート等の実施にあたっては、学期ごとなどの節目で児童生徒の生活や人間関係の状況を把握できるよう、全ての学校において年度当初に適切に計画を立て実施するとともに、全児童生徒との面談等に役立てることが必要であると指摘されている[58]。また、安心していじめを訴えられるよう無記名にするなどの工夫も考えられる。ただ、一方で、無記名にすることで、追加の調査が困難になることも予想され、判断の分かれるところであろう。

アンケート調査や個人面談において、児童生徒が自らSOSを発信すること及びいじめの情報を教職員に報告することは、当該児童にとっては多大な勇気を要するものであることを教職員は理解しなければならない。これを踏まえ、学校は、児童生徒からの相談に対しては、必ず学校の教職員が迅速に対応することを徹底する必要がある。

そして、被害者が感じている苦痛に気づくためには児童生徒の協力が必要となる場合があることから、基本方針においては、「定期的な調査」の実効性を確保するため、「学校は児童生徒に対して、傍観者とならず、学校いじめ対策組織への報告をはじめとするいじめを止めさせるための行動をとる重要性を理解させるよう努める」べきことが明記されている[59]。

### (2) その他必要な措置

「その他必要な措置」としては、上記のようなアンケート調査以外のものが想定されている。確かに、定期的なアンケート調査や聴き取り調査等がいじめの実態把握においては中心的な位置をなすとは考えられる。しかし、アンケートはあくまで手法の一つであり、教員と児童生徒の信頼関係の上ではじめてアンケートを通じたいじめの訴えや発見がありうること、アンケートを実施した後に起きたいじめについては把握できないことなどに留意すべきである[60]。

いじめを早期に発見するために必要な措置としては、①休み時間や放課後の雑談の中などで児童生徒の様子に目を配ること、②個人ノートや生活ノート等、教職員と児童生徒の間で日常行われている日記等を活用して交友関係や悩みを把握すること、③個人面談や家庭訪問の機会を活用すること、などが考えら

---

[58] いじめ防止等ポイント(2)②脚注3。
[59] 基本方針第2の3(4)。
[60] いじめ防止等ポイント(2)②脚注3。

れる[61]。

　日頃からの児童生徒の見守りや信頼関係の構築等に努め、児童生徒が示す小さな変化や危険信号を見逃さないようアンテナを高く保つとともに、教職員相互が積極的に児童生徒の情報交換を行い、情報を共有することも大切である[62]。そして、情報共有に際しては、いじめの問題等に関する指導記録を保存し、児童生徒の進学・進級や転学にあたって、適切に引き継いだり情報提供したりできる体制をとることが必要である[63]。

## 3　いじめに関する通報及び相談体制の整備（2項）

　2項は、国及び地方公共団体に対し、いじめに関する通報及び相談を受け付けるための体制の整備に必要な施策を講ずることを求めた規定である。

　いじめに関する通報・相談体制の整備に必要な施策のうち、国が行うべきものとして、基本方針によれば、①心理や福祉の専門家等を活用し、教育相談体制を整備すること、②「24時間子供SOSダイヤル」[64]などの電話相談体制の整備が挙げられている[65]。

　また、地方公共団体が行うべきものとしては、①電話やメール等、いじめの通報・相談を受け付ける体制整備・周知、②スクールカウンセラー・スクールソーシャルワーカーの配置、③都道府県と市町村との円滑な連携、④スクールカウンセラー、スクールソーシャルワーカー、教育相談センター等のいじめに関する通報及び相談体制を整備した場合における取組の周知、⑤周知の際には、相談の結果、いじめの解決につながった具体的な事例（プロセス）を示すなど、児童生徒に自ら周囲に援助を求めることの重要性を理解させることが挙げられている。③の具体例としては、都道府県においては、「24時間子供SOSダイヤル」や教育相談センターにおける教育相談の充実等、多様な相談窓口を確保することが考えられ、市町村においては、設置された窓口を域内の関係各者に周

[61]　いじめ防止等ポイント(2)②。
[62]　基本方針第2の3(4)ⅱ及びいじめ防止等ポイント(2)①参照。
[63]　いじめ防止等ポイント(4)①。
[64]　子どもたちが全国どこからでも、夜間・休日を含めて、いつでもいじめ等の悩みをより簡単に相談することができるよう、平成19年2月より、全都道府県及び指定都市教育委員会で実施されている。24時間子供SOSダイヤルに電話すれば、原則として電話をかけた所在地の教育委員会の相談機関に接続される（文部科学省のホームページ参照）。
[65]　基本方針第2の1(3)②。

**第二東京弁護士会・子ども相談の受付**

①電話相談「キッズひまわりホットライン（子どもの悩みごと相談）」

相談日時　毎週火・木・金曜日　15:00〜19:00（祝日は除く）

専用電話番号　**03-3581-1885**

相談料　無料

②面接相談「キッズひまわりホットライン（子どもの悩みごと相談）」

相談日時　毎週火・木・金曜日　15:00〜17:00（祝日は除く）

予約電話番号　**03-3581-2257**【事前予約制】

前日17:00までに電話で予約ください。

相談料　無料

相談場所　東京都千代田区霞が関1-1-3 弁護士会館9F

③SNS相談「弁護士子どもSNS相談」

相談日時　毎週日・月・木曜日　19:00〜21:00

相談方法　**LINEで友だち登録**【事前予約制】

相談料　無料

知徹底する等の施策が考えられる[66]。

　地方公共団体ではないものの、現に多くの弁護士会では、子どもの悩みごとに関する相談窓口を設け、学校や親とは異なる視点から、問題点を整理し、解決策を一緒に考える等のアドバイスをするという対策が設けられている。

### 4　相談体制の整備（3項）

　3項は、学校の設置者及び学校に対し、児童等、その保護者及び教職員がいじめに係る相談を行うことができる体制を求めた規定である。趣旨は、相談体制を整備し、いじめに係る相談を行いやすくすることにより、①いじめの早期発見につながること、②発見されたいじめについて適切に対応することにより、いじめに起因した深刻な事態が引き起こされるのを防ぐことにある[67]。

　基本方針では、相談体制の整備の具体例として、「スクールカウンセラー・スクールソーシャルワーカーの配置、弁護士等の専門家の派遣、人権擁護機関等の関係機関との連携等の体制整備」、「生徒指導専任教員の派遣を含む、いじめに適切に対応できる学校指導体制の整備」、「部活動休養日の設定、部活

---

[66]　基本方針第2の2(5)①。

[67]　第183回国会参議院文教科学委員会会議録第8号14頁の青木愛衆議院議員の発言。

動指導員の配置、教員が行う業務の明確化を含む教職員の業務負担の軽減を図る」ことが挙げられている[68]。

　また、相談体制の整備にとどまらず、児童等や保護者の悩みを積極的に受け止められているか、適切に機能しているかなど、定期的に体制を点検することや、保健室や相談室の利用、電話相談窓口について広く周知することも必要である[69]。

## 5　いじめを受けた児童等の権利利益の擁護（4項）

　4項は、学校の設置者及び学校に対し、3項の「相談体制」を整備するにあたって、家庭、地域社会等との連携の下、いじめを受けた児童等の教育を受ける権利その他の権利利益が擁護されるよう配慮することを求めた規定である。趣旨は、前項の「相談体制」が整備されても、いじめを受けた児童等が相談したことによって、いじめを行った児童等から仕返しを受けるなどして、児童等の権利利益が侵害されないようにすることにある。

　「教育を受ける権利」は、憲法26条1項で保障された重要な権利であり、特に、成長発達過程にある児童等にとって不可欠な権利であるから、強く保障されなければならないことは当然のことであり、擁護されるべき「権利利益」として特に強調されているものである。学校の設置者及び学校は、児童等がいじめの相談をしたことによってさらにいじめられ、相談をした児童等が不登校になる等、教育を受ける権利が侵害されることがないよう細心の注意を払うべきである。

　また、擁護されるべきものとして、教育を受ける権利に限らず、広く「その他の権利利益」が対象となっている。教育を受ける権利が侵害されない場合でも、例えば、相談をした児童等の情報が漏れることでそのプライバシーが侵害される、あるいは、相談をしたことでかえって事態が悪化するというようなことは避けなければならない。児童等が相談したことで不利益を受けないよう配慮し、安心して相談できるようにする体制の整備が必要とされる。

　そのためには、相談担当者において、個人情報が漏れないようにするための指導は当然必要とされるし、相談場所も、相談者のプライバシーが守られる環境にする必要がある。

---

[68] 基本方針第2の2(5)②。
[69] いじめ防止等ポイント(2)②。

**第17条**（関係機関との連携等）

　国及び地方公共団体は、いじめを受けた児童等又はその保護者に対する支援、いじめを行った児童等に対する指導又はその保護者に対する助言その他のいじめの防止等のための対策が関係者の連携の下に適切に行われるよう、関係省庁相互間その他関係機関、学校、家庭、地域社会及び民間団体の間の連携の強化、民間団体の支援その他必要な体制の整備に努めるものとする。

## 1　本条の趣旨

　本条は、国及び地方公共団体に対し、①いじめを受けた児童等又はその保護者に対する支援、②いじめを行った児童等に対する指導、③その保護者に対する助言、④その他のいじめの防止等のための対策が関係者の連携の下に適切に行われるよう、必要な体制の整備に努めることを求めた規定である。

　上記のような「いじめの防止等のための対策」は、23条において、学校の責務とされているところである。しかし、学校における対策のみでは、いじめの防止の効果を十分に発揮することはできない。そこで、関係者の連携の下に適切にいじめの防止等のための対策をとれるようにするために、いわゆる「縦割り行政」に陥ることなく、文部科学省、厚生労働省、法務省、警察庁などの関係省庁間における連携を強化するとともに、その他の関係機関、学校、家庭、地域社会及び民間団体の間の連携を強化し、民間団体の支援その他必要な体制の整備に努めることを国及び地方公共団体の責務としたものである。

## 2　連携すべき機関

　連携すべき「関係省庁」として、文部科学省のほか、厚生労働省、法務省、警察庁などが考えられる。また、関係省庁間だけではなく、文部科学省は、「いじめ問題対策連絡協議会」（14条1項参照）の設置による連携が円滑に行われるよう支援するとともに、各地域における、学校や学校の設置者等と児童相談所や警察、法務局など関係機関との適切な連携を促進することが求められている[70]。そのため、「いじめ」に該当するか否かの判断はいじめられた子どもの立場に立って行い、迅速に対応することが必要であることから、「犯罪行為として

---

[70]　基本方針第2の1(2)。

取り扱われるべきもの」に該当する場合には、文部科学省の通知において、早期の警察への相談・通報及び警察との連携を行うことが求められている[71]。

もっとも、警察を学校内のあらゆる問題に対して軽率に介入させることは、学校教育の独立性を脅かすことになり、いじめる側いじめられる側双方の感情が硬直的になる可能性も否定できない。そこで、個々のいじめ事案が「犯罪行為として取り扱われるべきと認められる」か否かの判断を的確に行えるよう、平素よりどのような行為が刑罰法規に該当するかについて、各教員の理解を深めておくことが必要である。これにつき、上記通知の別紙1記載の事例集が参考となる[72]。さらには、いじめが犯罪行為として取り扱われるべきものであると認めるときや、児童生徒の生命、身体又は財産に重大な被害が生じるおそれがあるときには、警察との適切な連携を促進することも国の責務である[73]。

なお、仮に刑罰法規に該当する事案であっても、当事者である児童生徒の話し合い、和解で解決できることも多く、安易に警察との連携をするべきではない。

また、より多くの大人が子どもの悩みや相談を受け止めることができるようにするため、学校と地域、家庭が組織的に連携・協働する体制を構築することも求められる。具体例として、①PTA、②地域の関係団体、③学校運営協議会、④学校支援地域本部、⑤放課後子ども教室[74]などの連携・協働である[75]。

地方公共団体も、国と同様、PTAや地域の関係団体との連携促進や、学校運営協議会や学校支援地域本部、放課後子ども教室など、学校と地域、家庭が組織的に連携・協働する体制を構築することが求められている[76]。

民間団体としては、子どもの相談を受け付けるための電話回線を開設する団体等が想定されている[77]。また、いじめられた子どもを支援するため、フリースクール等の施設や、医療機関との連携も考えられる。

---

[71] 25文科初第246号「早期に警察へ相談・通報すべきいじめ事案について(通知)」(平成25年5月16日)。
[72] 別紙の例示として、以下のようなものが挙げられている。繰り返しの殴打・蹴り、骨折を生じさせる暴行、断れば危害を加えると脅して汚物に触れさせたり性器を触ったり金品を要求したりすること、教科書等の所持品を盗むこと、自転車等を故意に壊すこと、学校に来たら危害を加えると脅すこと、壁面やインターネットの掲示板に実名を挙げて悪口を書くこと、性器を撮影して送信することなど。
[73] 基本方針第2の1(2)。なお、23条6項参照。
[74] 文部科学省において、平成16年度から平成18年度まで緊急3か年計画として「地域子ども教室推進事業」を実施され、さらに平成19年度からは、「地域子ども教室推進事業」を踏まえた取組として、国の支援の仕組を変更した補助事業である「放課後子ども教室推進事業」が創設された。
[75] 基本方針第2の1(3)②。
[76] 基本方針第2の2(5)①。
[77] 基本方針第2の2(5)①。

> **第18条**（いじめの防止等のための施策に従事する人材の確保及び資質の向上）
> ① 国及び地方公共団体は、いじめを受けた児童等又はその保護者に対する支援、いじめを行った児童等に対する指導又はその保護者に対する助言その他のいじめの防止等のための対策が専門的知識に基づき適切に行われるよう、教員の養成及び研修の充実を通じた教員の資質の向上、生徒指導に係る体制等の充実のための教諭、養護教諭その他の教員の配置、心理、福祉等に関する専門的知識を有する者であっていじめの防止を含む教育相談に応じるものの確保、いじめへの対処に関し助言を行うために学校の求めに応じて派遣される者の確保等必要な措置を講ずるものとする。
> ② 学校の設置者及びその設置する学校は、当該学校の教職員に対し、いじめの防止等のための対策に関する研修の実施その他のいじめの防止等のための対策に関する資質の向上に必要な措置を計画的に行わなければならない。

## 1 本条の趣旨

　本条は、いじめの防止等のための施策に従事する人材を確保し、その資質の向上を図るために必要な措置につき、1項は国及び地方公共団体の責務として、2項は学校設置者及び学校の責務として、それぞれ規定したものである。

　いじめの防止等のためには、その前提として、いじめの対策に従事する人材を確保し、その資質向上のための体制を整えることが不可欠であるとの認識の下に規定された条文である。

## 2 国及び地方公共団体が講ずべき措置（1項）

　1項は、いじめの防止等のための対策が専門的知識に基づき適切に行われるよう、国及び地方公共団体に対し、必要な措置を求めた規定である。

### (1) いじめの防止等のための対策

　「いじめの防止等のための対策」は、前条と同じく、①いじめを受けた児童等又はその保護者に対する支援、②いじめを行った児童等に対する指導、③その保護者に対する助言、④その他のいじめの防止等のための対策である。

　これら「いじめの防止等のための対策」が適切に行われるために必要な措置として、①教員の養成及び研修の充実を通じた教員の資質の向上、②生徒指導に係る体制等の充実のための教諭、養護教諭その他の教員の配置、③心理、福祉等に関する専門的知識を有する者であっていじめの防止を含む教育相談に応じる

に応じるものの確保、④いじめへの対処に関し助言を行うために学校の求めに応じて派遣される者の確保、が挙げられているが、例示列挙であり、これらの措置に限らない。以上のような措置を講じるために、国及び地方公共団体は、財政上の措置も講ずる必要があると考えられる（10条参照）。

## ⑵　教員の養成及び研修の充実を通じた教員の資質の向上

　本法律の審議過程において、教員によっていじめに対する対応能力にかなりの差があることが指摘されていた。大学の教員養成課程の段階から、いじめの教育に関する充実を図ることを目的として「教員の養成」が国の責務とされたものである[78]。また、文部科学省としては、教員養成課程を置く全ての大学において「いじめの問題に関する認識を深め、早期発見や適切に対応できる能力が高まるような実践的な授業が行われるよう各大学に強く要請」するとしている[79]。

　これを受けて、基本方針においては、以下のような対策を国に求めている[80]。

①　全ての教職員がいじめ防止対策推進法の内容を理解し、いじめの問題に対して、その態様に応じた適切な対処ができるよう、独立行政法人教職員支援機構や教育委員会と連携し、教職員研修の充実を図ること

②　心理や福祉の専門家であるスクールカウンセラー・スクールソーシャルワーカー等を活用し、教職員のカウンセリング能力等の向上のための校内研修を推進すること

③　大学の教員養成課程や免許更新講習において、いじめをはじめとする生徒指導上の課題等に適切に対応できる能力を高めるような実践的な内容の充実を促すこと

　これら研修においては、教職員の不適切な認識や言動がいじめの発生を許しいじめの深刻化を招きうることに注意すべきこととされている。また、体罰についても触れられており、「暴力を容認するものであり、児童生徒の健全な成長と人格の形成を阻害し、いじめの遠因となりうるものであることから、教職員研修等により体罰禁止の徹底を図る」べきことに注意を喚起している[81]。同様の趣旨から、衆議院の附帯決議では、「教職員による体罰は、児童等の心身の健全な

[78]　第183回国会参議院文教科学委員会会議録第8号12頁の富田茂之衆議院議員の発言。
[79]　第183回国会参議院文教科学委員会会議録第8号12頁の政府参考人の発言。
[80]　基本方針第2の1(3)①。
[81]　基本方針第2の1(3)①。

成長及び人格の形成に重大な影響を与えるものであることに鑑み、体罰の禁止の徹底に向け、必要な対策を講ずること」とされている[82]。

### ⑶ 生徒指導に係る体制等の充実のための教諭、養護教諭その他の教員の配置

いじめ防止のための体制づくりには、個々の教員の負担に頼るだけではなく、組織全体で取り組むという姿勢が、ひいては個々の教員の負担を減らすという視点から、協力して取り組む体制となるよう、学校及び学校設置者は配慮する必要がある。基本方針においても、国の責務として、生徒指導に専任的に取り組む教職員の配置や養護教諭を含めた教職員の配置など、教職員の目が行き届き、児童生徒一人ひとりに対してきめ細かく対応できる環境を整備することが求められている[83]。

特に学校に常駐している養護教諭については、スクールカウンセラーが未だ常駐体制になっていないこととの関係で、いじめ防止においてはその重要性が以前から指摘されていたところである。したがって、本法律においては、そのような養護教諭の重要性に鑑みて、その確保が規定に盛り込まれたものである[84]。また、養護教諭の配置については、原則各校に1人、さらに大規模校においては複数配置としているほか、平成25年度予算において、いじめ問題など課題のある学校にも複数配置できるよう加配措置が行われている。

なお、「生徒指導に係る体制等の充実のための教諭」や「その他の教員」については、教員の加配で対応する方法や、学校教育法上の「その他必要な職員」(37条2項)として、任意に設置する方法などが考えられる。

もっとも、現実問題として、有限な財政的措置の中で新たに配置できる教員は有限である一方、すでにいる教員の数が限られている中、いじめ発見のためのきめ細やかな体制づくりや発見後の適切な対処を講じる体制をいかに整えるか、という問題がある。いじめ防止のための基本方針や新たな組織をつくることで、短期的には学校の負担が増えることになるとの教育現場からの指摘がある。一方で、これまで教員個人が一人で抱え込み苦しんでいた問題に、組織で分担

---

[82] 衆議院附帯決議7項。

[83] 基本方針第2の1⑶①。

[84] 第183回国会衆議院文部科学委員会会議録第7号5頁の文部科学大臣の発言、同参議院文教科学委員会会議録第8号12頁の政府参考人の発言。

して取り組むことができるようになれば、長い目で見たときには個々の教員の負担を減らすことにつながるとも考えられる[85]。

## ⑷　心理、福祉等に関する専門的知識を有する者であっていじめの防止を含む教育相談に応じるものの確保

基本方針においても、国の責務として、心理や福祉の専門家、教員・警察官経験者など、外部専門家等の活用を推進することが求められている[86]。

「心理、福祉等に関する専門的知識を有する者であっていじめの防止を含む教育相談に応じるもの」としては、スクールカウンセラー、スクールソーシャルワーカー、臨床心理士、公認心理師、社会福祉士等が想定される。

上述のとおり、スクールカウンセラーについては、常駐ではなく、全ての小・中学校に配置されているものではない。しかし、養護教員と同様、その重要性については以前より指摘されているところであった。同様に、社会福祉の視点からアプローチするスクールソーシャルワーカーの存在も有用である。

文部科学省による令和3年度「いじめ総合対策推進事業」によれば、スクールカウンセラーにつき、全公立小中学校（27,500校）に配置すること、またスクールソーシャルワーカーにつき、全中学校区（10,000学校区）への配置拡充が予定されており、こうした措置を含むいじめ総合対策推進事業につき、令和3年度予算として75億円を計上している（令和2年度は71億円）。

もっとも、スクールカウンセラーの配置にあたっては、スクールカウンセラーの独立性及び高度の職務上の義務履行を十分に確保した組織運営を行うことが求められている[87]。すなわち、校長の指揮監督下にあったり、教員と同等の校務分掌を持ち職員室に常駐したりするなど、専門職に求められる独立性が問題となる制度設計は慎むべきであると考えられる。また、臨床心理士、公認心理師の職務遂行にあたっての倫理規範を十分に遵守させることも必要であろう。

なお、「心理、福祉等に関する専門的知識を有する者」については、22条の解説を参照。

---

[85]　新井肇「いじめ防止のために学校が実施すべき施策は何か」月間教職研修2014年1月号参照。
[86]　基本方針第2の1⑶①。
[87]　大津市立中学校におけるいじめに関する第三者調査委員会「調査報告書」197頁参照。大津市ホームページ（http://www.city.otsu.lg.jp/shisei/koho/kouho/message/1388936256432.html）より。

(5) いじめへの対処に関し助言を行うために学校の求めに応じて派遣される
　　者の確保

　「いじめへの対処に関し助言を行うために学校の求めに応じて派遣される者」
として、教員経験者やスクールサポーター[88]等の警察官経験者、弁護士等が
想定され、多様な人材を活用できる体制を構築することが求められている[89]。

## 3　学校設置者及び学校が講ずべき措置──資質の向上に必要な措置(2項)

　2項は、学校設置者及び学校に対し、教職員に対するいじめについての研修
の実施その他のいじめの防止等のための対策に関する資質の向上に必要な措
置を計画的に行うことを義務づけた規定である。本項にいう「いじめの防止等
のための対策」も、前項と同じく「いじめを受けた児童等又はその保護者に対す
る支援、いじめを行った児童等に対する指導又はその保護者に対する助言」な
どの対策を指す。

　そのような対策について教員の資質を向上させるためには、校内研修におい
ていじめ防止等のための研修をすることが一つの方法である。その他にも、既
存の教員研修の中でいじめ防止等のための対策を盛り込むことも考えられる。
教員研修としては、国レベルのもの(教員研修センターが実施するもの)、都道府県
等教育委員会が実施するもの、市町村教育委員会等が実施するもの、校内研修、
教育研究団体・グループが実施するもの、教員個人の研修などがある。そして、
学校設置者は、全ての教職員の共通理解を図るため、年に複数回、いじめの問
題に関する校内研修を実施するよう、取組を促すことが求められている。

　このとき、研修の実施にあたっては、研修を実践的なものにするため、管理
職や生徒指導主事、看護教諭など受講者の区分に応じたきめ細やかなプログ
ラムが準備される必要がある。また、講義形式だけでなく、事例研究やカウンセ
リング演習を適宜取り入れるなど、受講者が主体的に取り組み、知識及び経験
を十分に涵養できる内容にすることが求められる[90]。ただし、研修の実施が教

---

[88] 警察官を退職した者等を警察署等に配置し、学校からの要請に応じてこれらの者を学校に派遣し、学
校における少年の問題行動等への対応、巡回活動、相談活動、児童の安全確保に関する助言等を行う制
度である。

[89] 基本方針第2の1(3)③及び同2(5)①。

[90] 文部科学省「学校におけるいじめ問題に関する基本的認識と取組のポイント」(http://www.mext.
go.jp/a_menu/shotou/seitoshidou/06102402/002.htm)。

員の負担を増大させることは否めないため、教員の増員等により、教員の負担を軽減する必要がある。

　なお、教職員個人の責務として、衆議院の附帯決議では、「教職員はいじめを受けた児童等を徹底して守り通す責務を有するものとして、いじめに係る研修の実施等により資質の向上を図ること」が必要とされている[91]。

---

**第19条**（インターネットを通じて行われるいじめに対する対策の推進）
① 　学校の設置者及びその設置する学校は、当該学校に在籍する児童等及びその保護者が、発信された情報の高度の流通性、発信者の匿名性その他のインターネットを通じて送信される情報の特性を踏まえて、インターネットを通じて行われるいじめを防止し、及び効果的に対処することができるよう、これらの者に対し、必要な啓発活動を行うものとする。
② 　国及び地方公共団体は、児童等がインターネットを通じて行われるいじめに巻き込まれていないかどうかを監視する関係機関又は関係団体の取組を支援するとともに、インターネットを通じて行われるいじめに関する事案に対処する体制の整備に努めるものとする。
③ 　インターネットを通じていじめが行われた場合において、当該いじめを受けた児童等又はその保護者は、当該いじめに係る情報の削除を求め、又は発信者情報（特定電気通信役務提供者の損害賠償責任の制限及び発信者情報の開示に関する法律（平成13年法律第137号）第4条第1項に規定する発信者情報をいう。）の開示を請求しようとするときは、必要に応じ、法務局又は地方法務局の協力を求めることができる。

---

## 1　本条の趣旨

　本条は、インターネットを通じて行われるいじめに対する対策についての規定である。本法律における「いじめ」の定義には、インターネットを通じて行われるものも含まれている（2条1項）ことから、解釈上、本条がなくとも、国、地方公共団体、学校設置者及び学校は、インターネットを通じて行われるいじめに対する対策は必要となる。

　しかし、携帯電話のメールやLINEなどのコミュニケーションツール、インタ

---

[91] 衆議院附帯決議2項。

ーネットを利用した、いわゆる「ネット上のいじめ」が、子どもたちの間に急速に広がっており、こうした子どもたちを取り巻く環境の変化に伴う「新しい形のいじめ問題」への効果的な対応策の検討が急務となっている。このような判断から、文部科学省は、平成20年11月に、学校・教員向けに「『ネット上のいじめ』に関する対応マニュアル・事例集（学校・教員向け）」（以下、「対応マニュアル」という）を示す等の対応をとっていた。本法律においても、「ネット上のいじめ」に特有の問題に効果的に対処するため、特に本条が規定されたものである。

インターネットに記載された情報は、いったん掲載されるとインターネット上に拡散し、その全てを削除することは困難を極めるため[92]、被害の回復が難しいという特徴がある。授業や配布物等で子どもたちに周知することが重要である。

「インターネットを通じて行われるいじめ」の具体例として、上述の対応マニュアルにおいては、以下のような分類がなされている。

① 掲示板・ブログ・プロフでの「ネット上のいじめ」

例えば、掲示板・ブログ（ウェブログ）・プロフ（プロフィールサイト）に特定の子どもの誹謗中傷を書き込む、本人に無断で個人情報を掲載する、特定の子どもになりすましてインターネット上で書き込みを行う等がある。

② メールでの「ネット上のいじめ」

例えば、誹謗中傷のメールを特定の子どもに送信する、チェーンメールで悪口や誹謗中傷の内容を送信する、なりすましメールで誹謗中傷などを行う等がある。また、最近では、ＬＩＮＥ上で特定の仲間とグループを作成した上で、その後に1人の児童等を外す「ＬＩＮＥはずし」という態様のいじめが行われることがある。

③ その他（口コミサイト、オンラインゲーム上のチャット、ＳＮＳ〔ソーシャルネットワーキングサービス〕等を利用した誹謗中傷の書込み等）

本条は、1項において学校設置者及び学校の責務を、2項において国及び地方公共団体の努力義務を定め、3項ではインターネットを通じていじめを受けた児童等とその保護者の権利を、それぞれ定めている。

---

[92] 削除請求は、かかる情報が記載されたインターネットサイトのプロバイダやサーバ管理・運営者に対してする必要がある。また、インターネット等の特定電気通信により権利侵害を受けた場合には、特定電気通信役務提供者（プロバイダやサーバの管理・運営者）に対し、発信者情報の開示請求をすることができる（特定電気通信役務提供者の損害賠償責任の制限及び発信者情報の開示に関する法律4条）。

## 2　児童等及びその保護者に対する啓発活動（1項）

　1項は、学校設置者及び学校に対し、児童等及びその保護者に向けて、イン
ターネットを通じて行われるいじめを防止し、また効果的に対処することができ
るよう、必要な啓発活動を行うことを求めた規定である。その際には、発信され
た情報の高度の流通性や発信者の匿名性といった、インターネットを通じて送
信される情報の特性を踏まえる必要がある。

　いじめ防止等ポイントによれば、学校は、早期発見の観点から、学校の設置
者等と連携し、学校ネットパトロールを実施することにより、ネット上のトラブル
の早期発見に努めることとされている。また、児童等が悩みを抱え込まないよう、
法務局・地方法務局におけるネット上の人権侵害情報に関する相談の受付など、
関係機関の取組についても周知することとされている[93]。

　学校ネットパトロールとは、「学校非公式サイト、ブログ、プロフ等に、誹謗中
傷の書き込みなどが行われ、『ネット上のいじめ』等が起きていないかチェックし、
学校等への情報の提供を行う取組」のことである。「積極的にインターネット上で、
いじめ等のトラブルの早期発見に努めることにより、被害が拡大する前に児童
生徒等への指導を行うことができる効果」や、「教育委員会や学校が学校ネット
パトロールを実施しているということ自体が、問題のある書き込み等に対する抑
止力になるという効果」があるとされている[94]。その実施方法としては、①民間
企業、ＮＰＯへの委託、②教育委員会等で専従の人員を配置、③ボランティア
等の外部人材の活用、④教育委員会等に通報窓口を設置、⑤教育委員会の職
員が定期又は随時に学校ネットパトロールを実施、⑥学校の教職員が定期又
は随時に学校ネットパトロールを実施、などの形態がある。

　なお、ネットパトロールをしていたときに、被害者本人は気づいていないけれ
ども深刻な書き込みがあった場合は、本法律における「いじめ」の定義として「当
該行為の対象となった児童等が心身の苦痛を感じているもの」との主観的要件
を課していること（2条1項）から、「いじめ」に該当しないのではないか、との問
題がある。この点については、本法律の審議過程において、このような場合でも、

---

[93]　いじめ防止等ポイント(3)⑥。
[94]　文部科学省の学校ネットパトロールに関する調査研究協力者会議「学校ネットパトロールに関する取
組事例・資料集（教育委員会等向け）」（平成24年3月）。

「十全な対応をすることは当然」であり、「被害者の子供を救う、尊厳を守るという観点で、そうしたケースのものであっても十全の取組をする」ことが確認されている[95]。解釈上は難しい問題ではあるが、高度の流通性や発信者の匿名性といった、インターネットを通じて発信された情報の特性を考えれば、学校の設置者及び学校としては、硬直的な解釈に拘泥せず、子どもたちの権利利益の保護という観点から、被害にあった児童等が気づいていない場合でも、「いじめ」に該当する場合と同様の対処は必要であると考えるべきであろう。

また、パスワード付きサイトやSNS、携帯電話のメールを利用したいじめなどについては、より大人の目に触れにくく、発見しにくいため、学校における情報モラル教育を進めるとともに、保護者においてもこれらについての理解を求めていくことが必要であるとされている[96]。

本項によって直接に規定されたものではないが、いじめ防止等ポイントによれば、学校は、ネット上の不適切な書込み等を発見した場合、以下のような対策が必要とされる[97]。

① 被害の拡大を避けるため、直ちに削除する措置をとる。

② 名誉毀損やプライバシー侵害等があった場合、プロバイダは違法な情報発信停止を求めたり、情報を削除したりできるようになっているので[98]、プロバイダに対して速やかに削除を求めるなど必要な措置を講じる。

③ 以上のような措置をとるに当たり、必要に応じて法務局又は地方法務局の協力を求める。

④ 児童生徒の生命、身体又は財産に重大な被害が生じるおそれがあるときは、直ちに所轄警察署に通報し、適切に援助を求める。

## 3 国及び地方公共団体の努力義務（2項）

2項は、児童等がインターネットを通じて行われるいじめに巻き込まれていないかどうかを監視する関係機関又は関係団体の取組支援と、インターネットを通じて行われるいじめに関する事案に対処する体制の整備を国及び地方公共

---

[95] 第183回国会参議院文教科学委員会会議録第8号3頁の小西洋之委員の発言。
[96] いじめ防止等ポイント(3)⑥。
[97] いじめ防止等ポイント(3)⑥。
[98] 特定電気通信役務提供者の損害賠償責任の制限及び発信者情報の開示に関する法律3条2項2号参照。

団体の努力義務とした規定である。

「児童等がインターネットを通じて行われるいじめに巻き込まれていないかどうかを監視する関係機関又は関係団体」としては、民間企業、ＮＰＯ、ボランティア（ＰＴＡ、大学生、地域住民等）等が考えられる。また、これら「関係機関又は関係団体の取組」としては、上述の「学校ネットパトロール」が挙げられる。

実際に地方公共団体[99]の中には、ネットいじめや、いわゆる「学校裏サイト」対策のために学校ネットパトロールを行う事業者にネットパトロールを委託して実施しているところがある。

そのほか基本方針によれば、国が行うべき施策として、児童生徒に情報モラルを身につけさせる指導の充実を図ることが挙げられている[100]。ネットいじめは、外部から見えにくい、匿名性が高いなどの性質を有するため児童生徒が行動に移しやすい一方で、一度インターネット上で拡散してしまったいじめに係る画像、動画等の情報を消去することは極めて困難であること、一つの行動がいじめの被害者にとどまらず、学校、家庭及び地域社会に多大な被害を与える可能性があることなど、深刻な影響を及ぼすものである。また、ネットいじめは、刑法上の名誉棄損罪や侮辱罪、民事上の損害賠償請求の対象となりうる。学校の設置者及び学校は、児童生徒に対して、ネットいじめが重大な人権侵害に当たり、被害者等に深刻な傷を与えかねない行為であることを理解させる取組を行う。また、地方公共団体が行うべき施策としては、都道府県と市町村が円滑に連携すること（例えば、都道府県がネットパトロールの実施体制を整備し、市町村は都道府県の実施するネットパトロールへの必要な協力をする等）が挙げられている[101]。

## 4　法務局又は地方法務局に対する協力の要請（3項）

インターネット上のいじめが行われた場合、いじめを受けた児童等又はその保護者は、当該いじめに係る情報の削除を求めることが可能である。また、権利が侵害されたことが明らかであり、かつ、当該発信者情報が当該開示の請求をする者の損害賠償請求権の行使のために必要である場合その他発信者情報

---

[99] 東京都江東区教育委員会では、平成21年4月、区内22の中学校を対象に学校ネットパトロールを委託している。
[100] 基本方針第2の1(3)③。
[101] 基本方針第2の2(5)①。

の開示を受けるべき正当な理由があるときには、特定電気通信役務提供者に対して「発信者情報」[102]の開示の請求をすることができる[103]。

　しかし、「ネット上のいじめ」については、十分理解されていない場合もあり、また専門性のある分野であるため、児童等や保護者が、自己の判断で情報の削除依頼や発信者情報の開示請求ができない場合も多いと考えられる。本項は、こうした場合に、児童等の権利保護が十分に守られないことがないよう、必要に応じ、法務局又は地方法務局の協力を求めることができるとした規定である。

　従来から、全国の法務局・地方法務局では、インターネット上の掲示板等にプライバシー侵害に当たる悪質な書き込みがなされたとして被害者等から相談を受けた場合、掲示板等を管理するプロバイダ等に対して、削除を依頼する方法や発信者情報の開示を請求する方法など、事案に応じた適切な助言を行っているほか、被害者自ら被害の回復予防を図ることが困難であるような場合は、表現の自由に配慮しつつ、法務局・地方法務局からプロバイダ等に対して削除要請を行ってきていた。本項は、児童等又はその保護者が、法務局又は地方法務局において、このようなサービスを受けられることを注意的に規定するとともに、法務局又は地方法務局の協力を求めることを法的に権利として認めたものと考えられる。

---

**第20条**（いじめの防止等のための対策の調査研究の推進等）
　国及び地方公共団体は、いじめの防止及び早期発見のための方策等、いじめを受けた児童等又はその保護者に対する支援及びいじめを行った児童等に対する指導又はその保護者に対する助言の在り方、インターネットを通じて行われるいじめへの対応の在り方その他のいじめの防止等のために必要な事項やいじめの防止等のための対策の実施の状況についての調査研究及び検証を行うとともに、その成果を普及するものとする。

---

[102]「発信者情報」とは、「氏名、住所その他の侵害情報の発信者の特定に資する情報であって総務省令で定めるもの」をいう（特定電気通信役務提供者の損害賠償責任の制限及び発信者情報の開示に関する法律4条1項）。具体的には、氏名又は名称、住所、電子メールアドレス、IPアドレス等である（特定電気通信役務提供者の損害賠償責任の制限及び発信者情報の開示に関する法律第4条第1項の発信者情報を定める省令）。
[103] 特定電気通信役務提供者の損害賠償責任の制限及び発信者情報の開示に関する法律4条1項。

## 1 　本条の趣旨

　本条は、国及び地方公共団体に対し、いじめの防止等のために必要な事項やいじめの防止等のための対策の実施の状況について、調査研究及び検証を行い、その成果を普及するよう求めた規定である。

　国及び地方公共団体が主体となって、学校現場から収集したデータを分析し、調査研究及び検証することで、新たな傾向を知る等の成果が得られ、この成果を情報提供し学校現場に反映させることで、いじめの防止等に資することを目的としたものと考えられる[104]。

## 2 　調査研究及び検証、その成果の普及

　本条が調査研究及び検証の対象としているのは、「いじめの防止等のために必要な事項やいじめの防止等のための対策の実施の状況」である。その例として、①いじめの防止及び早期発見のための方法等、②いじめを受けた児童等又はその保護者に対する支援及びいじめを行った児童等に対する指導又はその保護者に対する助言の在り方、③インターネットを通じて行われるいじめへの対応の在り方、が列挙されている。

　注目すべき点としては、いじめの被害者側への支援だけではなく、「いじめを行った児童等に対する指導又はその保護者に対する助言の在り方」、すなわち加害者側についても、調査研究及び検証が必要とされていることである。我が国では従前、加害者側の心理や行動についての調査が十分ではなかったことが本法律の審議過程においても指摘されていたところであり[105]、今後は被害者側・加害者側双方についての調査研究及び検証が蓄積されていくことが期待される。

　なお、本法律において、国が策定した「いじめ防止基本方針」を参酌し、地方公共団体が「地方いじめ防止基本方針」を、各学校が「学校いじめ防止基本方針」を定めることとされている（11条ないし13条）が、地方公共団体や各学校が定める「いじめ防止基本方針」については、条文上、明示的には調査研究及び検証の対象とはなっていない。しかし、各「いじめ防止基本方針」については定めたままにするのではなく、情報の収集、整理、分析、提供といった作業によっ

---

[104] 第183回国会衆議院文部科学委員会会議録第7号9頁の井出庸生議員の発言。
[105] 第183回国会参議院文教科学委員会会議録第8号13頁の柴田巧委員の発言。

て見直し、よりよいものにしていくべきことは当然であろう。本法律の審議過程においてもこれらの点は議論されており、特に参議院文教科学委員会においては、いわゆる「PDCAサイクル」は本条の「検証」に含まれることが確認されている[106]。また、国がいじめ防止基本方針を策定するにあたり、「本法の施行状況について評価を行い、その結果及びいじめの情勢の推移等を踏まえ、適時適

[106]第183回国会参議院文教科学委員会会議録第8号9頁、13頁。

## ノー・ブレイム・アプローチ

「ノー・ブレイム・アプローチ」は、1992年にイギリスのB・マイネスとG・ロビンソンが提唱したいじめ対処法で、いじめの加害者を叱らないで解決するアプローチです。いじめに対処する際、いじめる側を叱責することは多いと思いますが、やり方によっては、叱られたことを根に持ってさらにいじめがひどくなる、あるいは大人に見つからないように陰湿化するといったことが懸念されます。この理論は、いじめた側の子どもを叱らずにいじめに対処するという特色がありますが、もう一つの特色として、いじめの事実確認に踏み込まない、という点が挙げられます。

通常、いじめの対処としては、事実確認がまず基礎となり、確認された事実をもとに、注意や助言などがなされます。ただ、子どもがいじめを認めない場合も少なくなく、その場合に、学校現場はどうすればよいのかと大いに悩むことになります。

「ノー・ブレイム・アプローチ」は、いじめられた生徒の感情に焦点を当て、「この子がいま抱えている、つらい気持ちをどうすればなくせるか」という視点から、周囲にアプローチする方法です。具体的には、以下の7つのステップを基本としています*。

ステップ1：教師は、いじめ被害者の生徒に、今どのような感情を持っているかを尋ねる。いじめの事実については質問をしないが、誰が関与しているかについては把握しなければならない。

ステップ2：教師がいじめに関与した生徒（被害者本人を含む）を集めてミーティングを行う。メンバーにはいじめの被害者、加害者だけではな

切の見直しその他必要な措置を講じること」を求める附帯決議が存在していることにも留意すべきである[107]。

　基本方針によれば、いじめの認知件数や学校におけるいじめの問題に対する日常の取組等、いじめの問題の全国的な状況を調査することが必要とされている。また、いじめの防止及び早期発見のための方策（学校いじめ防止プログラム、早期

---

[107] 参議院附帯決議4項。

---

　　　　　　　　く、傍観者、被害者の友人も含める。6〜8人のグループとするのが適正規模である。

ステップ3：教師は、被害者が現状に対してどのような感情を持っているかを他の参加者に伝える。詩や短い文章、絵などを用いてもよい。この場合、いじめの事実関係についての詳細に立ち入ったり、参加者を非難したりすることは避ける。

ステップ4：教師から参加者に対し、被害者の感情の改善のために、参加者が何らかの働きかけができると提案する。

ステップ5：被害者の感情を改善するために何ができるかを、各参加者が述べるように促す。教師はそれぞれの提案に対して、肯定的な意見を述べる。

ステップ6：問題の改善に対して、参加者グループが責任を持って対処することを確認してミーティングを終了する。後日再度ミーティングを持ち、事態がどのように改善したかを確認する。

ステップ7：1週間ほど後に、教師は被害者を含む参加者全員と個別面談を行い、事態の推移を確認する。これにより、いじめの状況を確認することができる。

　いじめ解決について、様々なアプローチを検討することも必要な場合があるのではないでしょうか。

\* 　Maines, B. & Robinson, G. 1992, *Michael's been bullied- a peer support group method: The No Blame Approach.* Bristol. Lucky Duck Publishing.

発見・事案対処のマニュアルの在り方、学校いじめ対策組織の活動の在り方等）や、い じめ加害の背景などいじめの起こる要因、いじめがもたらす被害、いじめのない 学級づくり、各地方公共団体によるいじめの重大事態に係る調査結果の収集・ 分析等について、国立教育政策研究所や各地域、大学等の研究機関、関係学 会等と連携して調査研究を実施し、その成果を普及することとされている[108]。

　地方公共団体においては、自ら調査研究をするのみならず、特に市町村にお いては、国や都道府県の調査研究結果をいじめの防止等の対策に活用するこ とが想定される[109]。

　調査研究及び検証にとどまらず、その成果を、実際に児童等に向き合ってい る教員や学校現場に普及させていくこと（フィードバック）も必要とされる。調査 研究及び検証の成果を普及させるためには、医学、心理学、社会学、教育学等 といった科学的知見の活用が必要とされる[110]。

> **第21条**（啓発活動）
> 　国及び地方公共団体は、いじめが児童等の心身に及ぼす影響、いじめを防止す ることの重要性、いじめに係る相談制度又は救済制度等について必要な広報その 他の啓発活動を行うものとする。

　本条は、国及び地方公共団体に対し、いじめが児童等の心身に及ぼす影響、 いじめを防止することの重要性、いじめに係る相談制度又は救済制度等につい て必要な広報その他の啓発活動を求めた規定である。

　基本方針によれば、国の実施すべき施策として、①国の基本方針やいじめの 問題に関係する通知等を周知徹底するため、各地域の学校関係者の集まる普 及啓発協議会を定期的に開催すること、②保護者など国民に広くいじめの問題 やこの問題への取組についての理解を深めるべく、ＰＴＡ等の関係団体等との 連携を図りながら、法の趣旨及び法に基づく対応に係る広報啓発を充実すること、 ③いじめの具体的な実践事例の提供、④学級活動、児童会・生徒会活動等の

---

[108] 基本方針第2の1(3)①。
[109] 基本方針第2の2(5)①。
[110] 第183回国会参議院文教科学委員会会議録第8号13頁の井出庸生衆議院議員の発言。

特別活動において、児童生徒が自らいじめの問題について考え、議論する活動をはじめとする子供自身の主体的な活動の推進などが明記されている[111]。また、基本方針には、地方公共団体が実施すべき施策として、平成29年の改訂により、①いじめを未然に防止するため、幼児期の教育において、発達段階に応じて幼児が他の幼児と関わる中で相手を尊重する気持ちを持って行動できるよう、取組を促すことや、②就学前のガイダンス等の機会を捉え、幼児や保護者に対するいじめの未然防止に係る取組を企画・立案することも追記されている。

# 第4章　いじめの防止等に関する措置

　本章では、22条において、いじめ防止等の対策のための組織の設置を義務づけている。当該組織は、学校におけるいじめ防止等に関する措置を実効的に行うため、複数の教職員、心理、福祉等に関する専門的な知識を有する者その他の関係者により構成される。その上で、23条において、いじめに係る相談を受けた者は学校に通報その他適切な措置をとるべきとされており、学校が通報を受けた場合、あるいは児童等がいじめを受けていると思われる場合に、学校が講ずべき対応を詳細に定めている。

　また、いじめを行っている児童等に対し、教育上必要があると認める場合には適切に懲戒を加えること（25条）、及び出席停止制度の適切な運用等によりいじめを受けた児童等が安心して教育を受けられるようにするために必要な措置を速やかに講ずること（26条）を義務づけている。

---

**第22条**（学校におけるいじめの防止等の対策のための組織）
　学校は、当該学校におけるいじめの防止等に関する措置を実効的に行うため、当該学校の複数の教職員、心理、福祉等に関する専門的な知識を有する者その他の関係者により構成されるいじめの防止等の対策のための組織を置くものとする。

---

[111] 基本方針第2の1(3)①。

## 1 本条の趣旨

　本条は、学校におけるいじめの防止、いじめの早期発見及びいじめへの対処等に関する措置を実効的に行うため、学校に常設の組織を置くことを義務づけたものである。

　いじめについては、特定の教職員で問題を抱え込まず学校が組織的に対応することにより、複数の目による状況の見立てが可能となることから外部専門家等が参加することと規定されている。

　法案提出者は、過去に生じたいじめ事件を風化させないためにも常設の組織が必要であり、本条は本法律の肝になると考えていた[112]。複数の教職員が対応することにより、隠蔽が起こりにくい、あるいは客観的な対応ができる、児童等や保護者にとっても教職員の対応に説得力が増すなどのメリットがあるとともに、その場しのぎでない組織的な対応ができると期待されている[113]。

## 2 専門家の参加

　「心理、福祉等に関する専門的な知識を有する者」にいう「心理、福祉」は、例示列挙である。例えば、心理や福祉の専門家であるスクールカウンセラー・スクールソーシャルワーカー、弁護士、医師、警察官経験者など、子どもの権利、児童心理、いじめ問題などに造詣の深い専門家が挙げられる。

　本条の組織について、隠蔽の防止及び専門性の確保という観点から、専門的な第三者が構成員として参加することが重要とされている。人選にあたっては、重大事態に係る児童等の保護者の意見にも配慮しつつ、公平中立性が確保されるような措置がされなければならない[114]。衆参両委員会においても、「専門的な知識及び経験を有する第三者等の参加を図り、公平性・中立性が確保されるよう努める」旨の附帯決議が付されている[115]（以上は、本条のほか14条3項、28条1項、及び30条に基づき設置される附属機関、組織についても同様である）。

---

[112] 第183回国会衆議院文部科学委員会会議録第7号2頁の土屋正忠議員の発言。
[113] 第183回国会参議院文教科学委員会会議録第8号5頁の笠浩史衆議院議員の発言。
[114] 第183回国会参議院文教科学委員会会議録第8号7頁の笠浩史衆議院議員の発言。
[115] 衆議院附帯決議3項、参議院附帯決議6項。

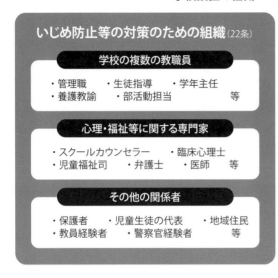

## 学校設置の組織

**いじめ防止等の対策のための組織**（22条）

### 学校の複数の教職員

・管理職　　・生徒指導　　・学年主任
・養護教諭　・部活動担当　　　　　　　等

### 心理・福祉等に関する専門家

・スクールカウンセラー　　・臨床心理士
・児童福祉司　・弁護士　・医師　　　　等

### その他の関係者

・保護者　　・児童生徒の代表　　・地域住民
・教員経験者　・警察官経験者　　　　　　等

**重大事態発生時の調査組織**（28条1項）

※22条の組織を母体にして、適切な専門家を加える等の方法によって組織化することも考えうる

## 3　本条の組織が担うべき役割

　基本方針は、学校が組織的かつ実効的にいじめの問題に取り組むにあたり、本条の組織が中核的な役割を担うとした上で、以下のような内容を想定している[116]。

【未然防止】

①　いじめの未然防止のため、いじめが起きにくい・いじめを許さない環境づくりを行う役割

【早期発見・事案対処】

②　いじめの早期発見のため、いじめの相談・通報を受け付ける窓口としての役割

③　いじめの早期発見・事案対処のため、いじめの疑いに関する情報や児童生徒の問題行動などに係る情報の収集と記録、共有を行う役割

④　いじめに係る情報（いじめが疑われる情報や児童生徒間の人間関係に関する悩みを含む）があったときに緊急会議を開催するなど、情報の迅速な共有、及び関係児童生徒に対するアンケート調査、聴き取り調査等により事実関係の把

---

[116] 基本方針第2の3(3)。

握といじめであるか否かの判断を行う役割

⑤　いじめの被害児童生徒に対する支援・加害児童生徒に対する指導の体制・対応方針の決定と保護者との連携といった対応を組織的に実施する役割

【学校いじめ防止基本方針に基づく各種取組】

⑥　学校いじめ防止基本方針に基づく取組の実施や具体的な年間計画の作成・実行・検証・修正を行う役割

⑦　学校いじめ防止基本方針における年間計画に基づき、いじめの防止等に係る校内研修を企画し、計画的に実施する役割

⑧　学校いじめ防止基本方針が当該学校の実情に即して適切に機能しているかについての点検を行い、学校いじめ防止基本方針の見通しを行う役割（PDCAサイクルの実行を含む）

　いじめが起きにくい・いじめを許さない環境づくりを実効的に行うためには、学校いじめ対策組織は、児童生徒及び保護者に対して、自らの存在及び活動が容易に認識される取組（例えば、全校集会の際にいじめ対策組織の教職員が児童生徒の前で取組を説明する等）を実施する必要がある。また、いじめの早期発見のためには、学校いじめ対策組織は、いじめを受けた児童生徒を徹底して守り通し、事案を迅速かつ適切に解決する相談・通報の窓口であると児童生徒から認識されるようにしていく必要がある。

　教育委員会をはじめとする学校の設置者及び都道府県私立学校主管部局においては、以上の組織の役割が果たされているかどうか確認し、必要な指導・助言を行う。

　さらに、児童生徒に対する定期的なアンケートを実施する際に、児童生徒が学校いじめ対策組織の存在、その活動内容等について具体的に把握・認識しているか否かを調査し、取組の改善につなげることも有効である。

## 4　組織設置上の留意点

　基本方針は、本条の組織が、的確にいじめの疑いに関する情報を共有し、共有された情報をもとに組織的に対応できるような体制とすることが必要だとしている。その上で、特に、事実関係の把握、いじめであるかどうかの判断は組織的に行うことが必要であり、教職員は、ささいな兆候や懸念、児童生徒からの訴えを、抱え込まずに又は対応不要であると個人で判断せずに、直ちに全て

当該組織に報告・相談すべきだとしている[117]。本条の組織に集められた情報は、個別の児童生徒ごとなどに記録し、複数の教職員が個別に認知した情報の集約と共有化が図られなければならない。いじめ防止等ポイントでは、本条の組織が活用されるためには、いじめの未然防止のための授業を、組織の構成員である教職員が講師を務め実施するなど、本条の組織の存在及び活動が児童生徒に容易に認識される取組を行うことが有効であるとされている[118]。

　学校として、学校基本方針やマニュアル等において、いじめの情報共有の手順及び情報共有すべき内容（いつ、どこで、だれが、何を、どのように等）を明確に定めておく必要がある。

　これらのいじめの情報共有は、個々の教職員の責任追及のために行うものではなく、気づきを共有して早期対応につなげることが目的であり、学校の管理職は、リーダーシップをとって情報共有を行いやすい環境の醸成に取り組む必要がある。

　また、本条の組織は、各学校の学校基本方針の策定や見直し、各学校で定めたいじめの取組が計画どおりに進んでいるかどうかのチェックや、いじめの対処がうまくいかなかったケースの検証、必要に応じた計画の見直しなど、各学校のいじめの防止等の取組についてPDCAサイクルで検証を担う役割が期待される。当該組織を実際に機能させるにあたっては、適切に外部専門家の助言を得つつも機動的に運用できるよう構成員全体の会議と日常的な関係者の会議とで役割分担しておくなど、学校の実情に応じて工夫することも必要である[119]。

　本条の組織を構成する「当該学校の複数の教職員」については、学校の管理職や主幹教諭、生徒指導担当教員、学年主任、養護教諭、学級担任、教科担任や部活動指導に関わる教職員、学校医等に加え、日常的に最も身近に児童生徒と過ごしている学級担任を、各学年ごとに複数名参加させるなど、構成・人員配置を工夫し[120]、組織的対応の中核として機能するような体制を、学校の実情に応じて決定する[121]。

---

[117] 基本方針第2の3(3)。
[118] いじめ防止等ポイント(1)②ア。
[119] 基本方針第2の3(3)。
[120] いじめ防止等ポイント(4)①。
[121] 基本方針第2の3(3)。

　いじめの未然防止・早期発見の実効化とともに、教職員の経験年数やクラス担任制の垣根を越えた、教職員同士の日常的なつながり・同僚性を向上させるためには、児童生徒に最も接する機会の多い学級担任や教科担任等が参画し、学校いじめ対策組織にこれらの機能や目的を十分に果たせるような人員配置とする必要がある。このため、学校のいじめ対策の企画立案、事案対処等を、学級担任を含めた全ての教職員が経験することができるようにするなど、未然防止・早期発見・事案対処の実効化のため、組織の構成を適宜工夫・改善できるよう、柔軟な組織とすることが有効である。

　28条1項に規定する重大事態の調査を学校が行う場合には、本条の組織を母体としつつ、当該事案の性質に応じて適切な専門家を加えるなどの方法によって対応することも考えられる。

　本条の組織をいかに運用していくかで、実効的な役割を担うか、単に形式的なものにとどまるかが決まってくる。そのためにいくつか留意すべき点があると思われる。第一に、本条の組織の構成員にとって加重負担とならないような環境整備が必要である。例えば、人材配置、研修、他の業務の軽減などが考えられる。第二に、外部の人材の人選にあたり、子どもの権利、児童心理、いじめ問題などに造詣の深い専門家を各学校が単独で探すのは容易ではない。この点に関しては、人材紹介の仕組を構築することが重要であると思われる。

---

**第23条**（いじめに対する措置）
① 　学校の教職員、地方公共団体の職員その他の児童等からの相談に応じる者及び児童等の保護者は、児童等からいじめに係る相談を受けた場合において、いじめの事実があると思われるときは、いじめを受けたと思われる児童等が在籍する学校への通報その他の適切な措置をとるものとする。
② 　学校は、前項の規定による通報を受けたときその他当該学校に在籍する児童等がいじめを受けていると思われるときは、速やかに、当該児童等に係るいじめの事実の有無の確認を行うための措置を講ずるとともに、その結果を当該学校の設置者に報告するものとする。
③ 　学校は、前項の規定による事実の確認によりいじめがあったことが確認された場合には、いじめをやめさせ、及びその再発を防止するため、当該学校の複数の教職員によって、心理、福祉等に関する専門的な知識を有する者の協力を得つつ、

　　いじめを受けた児童等又はその保護者に対する支援及びいじめを行った児童等に対する指導又はその保護者に対する助言を継続的に行うものとする。

④　学校は、前項の場合において必要があると認めるときは、いじめを行った児童等についていじめを受けた児童等が使用する教室以外の場所において学習を行わせる等いじめを受けた児童等その他の児童等が安心して教育を受けられるようにするために必要な措置を講ずるものとする。

⑤　学校は、当該学校の教職員が第3項の規定による支援又は指導若しくは助言を行うに当たっては、いじめを受けた児童等の保護者といじめを行った児童等の保護者との間で争いが起きることのないよう、いじめの事案に係る情報をこれらの保護者と共有するための措置その他の必要な措置を講ずるものとする。

⑥　学校は、いじめが犯罪行為として取り扱われるべきものであると認めるときは所轄警察署と連携してこれに対処するものとし、当該学校に在籍する児童等の生命、身体又は財産に重大な被害が生じるおそれがあるときは直ちに所轄警察署に通報し、適切に、援助を求めなければならない。

## 1　本条の趣旨

　本条は、教職員及びその他の公務員等、並びに保護者に対していじめの通報等をすべき義務（1項）を課し、学校に対しては、いじめの確認、報告をすべき義務（2項）、いじめを受けた児童等又は保護者への支援及びいじめを行った児童・保護者への指導・助言をすべき義務（3項）、いじめを受けた児童等が安心して教育を受けられるようにすべき義務（4項）を課すものである。また、学校は、支援又は指導若しくは助言を行うにはあたっては、いじめを受けた児童等の保護者といじめを行った児童等の保護者との間で争いが起きることのないよう、いじめに係る情報を保護者と共有するための措置を講じなければならないとされ（5項）、いじめが犯罪行為にあたる場合には警察と連携し、児童等の生命・身体等に重大な被害が生じるおそれがある場合には直ちに警察に通報すべき義務を課している（6項）。

　本条は、いじめ事案に対する一般的な措置を規定したものであって、重大事態が発生した場合には、さらに28条による措置が予定されている。

　なお、学校において、本条2項に基づくいじめの事実の有無を確認するための措置を講じた結果、重大事態であることが判明した場合も想定される。必ずしも本条に基づく調査の結果だけで事案関係の全貌が明らかになるとは限ら

## いじめに対する対応の流れ（23条1〜3項）

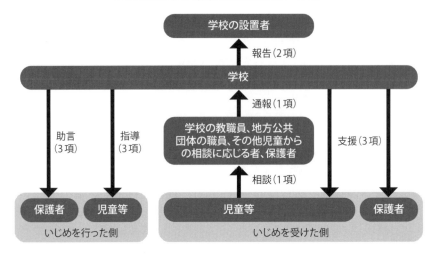

ず、一部が解明されたにすぎないこともありうる。したがって、本条に基づく調査のみで事実関係の全貌が十分に明確にされたと判断できる場合を除き、さらに28条1項の「重大事態に係る事実確認を明確にするための調査」が行われることとなる。その後の調査では、本条2項に基づいて行われた調査資料の再分析や追加の調査をすることになろう。

### 2　通報その他適切な措置を講ずる義務（1項）

　対象者は、教職員、地方公共団体の職員、その他児童等からいじめの相談を受ける者、及び児童等の保護者であって、児童等からいじめに係る相談を受けた者である。「児童等」は、いじめられたとされる子どもに限られない。例えば、いじめを目撃した子どもも含まれる。

　本項の義務が生じるのは、「いじめの事実があると思われるとき」であり、いじめの確証を得る必要はない。これにより、通報者において躊躇することなく通報をすることができ、いじめの早期発見が期待される。

　本法律2条が規定するいじめの定義は広いから、比較的軽微であると思われるものであってもこれに該当することとなるが、外形的に軽微であっても、いじめの実態は後の調査の過程で明らかにされるべきであり、また、背後には深刻ないじめがある場合もありうるから、通報を躊躇するようなことがあってはなら

ない。本法律が制定された経緯からすれば、本項に定められた通報義務が形骸化し、いじめの事実が隠蔽されることは避けなければならない。

　他方、本条は、「通報」だけではなく、「その他適切な措置」も規定していることから、全ての事案について通報を求めるものではなく、「その他適切な措置」で対応することもできる。実務的には事例の蓄積を待つほかないが、「その他適切な措置」には、継続的に相談に乗る、いじめをした児童等に説諭する等が考えられる。なお、基本方針には、「各教職員は、学校の定めた方針に沿って、いじめに係る情報を適切に記録しておく必要がある」ことが明記されている[122]。

　本条は、児童虐待の防止等に関する法律（以下、「児童虐待防止法」という）の通告義務とは異なるというべきである。まず第一に、児童虐待防止法6条1項が「通告しなければならない」と規定しているのに対し、本条は「通報その他適切な措置をとるものとする」として、通報義務を「その他適切な措置」と並列して規定し、かつ緩やかな表現を用いているからである。第二に、児童虐待防止法7条は、虐待の通告をした者が特定できないような配慮がされている上、同法6条3項では秘密漏示罪やその他の守秘義務に関し免責措置がとられているのに対し、本法律においてはかかる措置は一切設けられていないからである。

### 児童虐待防止法6条

① 　児童虐待を受けたと思われる児童を発見した者は、速やかに、これを市町村、都道府県の設置する福祉事務所若しくは児童相談所又は児童委員を介して市町村、都道府県の設置する福祉事務所若しくは児童相談所に通告しなければならない。

② 　（省略）

③ 　刑法（明治40年法律第45号）の秘密漏示罪の規定その他の守秘義務に関する法律の規定は、第1項の規定による通告をする義務の遵守を妨げるものと解釈してはならない。

### 児童虐待防止法7条

　市町村、都道府県の設置する福祉事務所又は児童相談所が前条第1項

---

[122] 基本方針第2の3(4)ⅲ。

の規定による通告を受けた場合においては、当該通告を受けた市町村、都道府県の設置する福祉事務所又は児童相談所の所長、所員その他の職員及び当該通告を仲介した児童委員は、その職務上知り得た事項であって当該通告をした者を特定させるものを漏らしてはならない。

## 3 確認・報告義務 (2項)

　学校は、前項による通報を受けた場合に限らず、児童等がいじめを受けていると思われるときは、自らいじめの事実の確認を行うための措置を講じなければならない。

　いじめ防止等ポイントは、いじめの発見・通報を受けたときの対応として次のように指摘している[123]。

① 　遊びや悪ふざけなど、いじめと疑われる行為を発見した場合、その場でその行為を止める。

② 　児童生徒や保護者から「いじめではないか」との相談や訴えがあった場合には、真摯に傾聴する。ささいな兆候であっても、いじめの疑いがある行為には、早い段階から的確に関わりを持つことが必要である。その際、いじめられた児童生徒やいじめを知らせてきた児童生徒の安全を確保する。

③ 　発見・通報を受けた教職員は一人で抱え込まず、学校における「いじめの防止等の対策のための組織」と直ちに情報を共有する。

④ 　その後は、当該組織が中心となり、速やかに関係児童生徒から事情を聴き取るなどして、いじめの事実の有無の確認を行う。

　上記①～④において、児童生徒から学校の教職員にいじめ（疑いを含む）に係る情報の報告・相談があったときに、学校が当該事案に対して速やかに具体的な行動をとらなければ、児童生徒は「報告・相談しても何もしてくれない」と思い、今後、いじめに係る情報の報告・相談を行わなくなる可能性がある。このため、いじめに係る情報が教職員に寄せられたときは、教職員は、他の業務に優先して、かつ、即日、当該情報を速やかに22条の組織に報告し、学校の組織的な対応につなげる必要がある[124]。

⑤ 　事実確認の結果は、校長が責任を持って学校の設置者に報告するととも

---

[123] いじめ防止等ポイント(3)②。
[124] いじめ防止等ポイント(3)②。

に被害・加害児童生徒の保護者に連絡する。

⑥　学校や学校の設置者が、いじめる児童生徒に対して必要な教育上の指導を行っているにもかかわらず、その指導により十分な効果を上げることが困難な場合において、いじめが犯罪行為として取り扱われるべきものと認めるときは、いじめられている児童生徒を徹底して守り通すという観点から、学校はためらうことなく所轄警察署と相談して対処する。

なお、児童生徒の生命、身体又は財産に重大な被害が生じるおそれがあるときは、直ちに所轄警察署に通報し、適切に援助を求める。ただし、警察への通報については安易な運用は避けるべきである（この点については、**7**で詳述する）。

## 4　被害児童等又は保護者への支援及び加害児童への指導、加害児童の保護者に助言をすべき義務（3項）

### ⑴　支援、指導・助言の特色

学校は、いじめがあったことが確認された場合には、いじめをやめさせ、及びその再発を防止するため、いじめを受けた児童等又はその保護者に対して支援を行い、他方、いじめを行った児童等に対する指導又はその保護者に対する助言を継続的に行うものとされている。

上記支援等は、当該学校の複数の教職員によって行うべきことが明記されているところに特色がある。基本方針においても、「教職員がいじめを発見し、又は相談を受けた場合には、速やかに、学校いじめ対策組織に対し当該いじめに係る情報を報告し、学校の組織的な対応につなげなければなら」ず、「特定の教職員が、いじめに係る情報を抱え込み、学校いじめ対策組織に報告を行わないことは」本条1項の規定に違反しうることが明記されている[125]。また、いじめ防止等ポイントはさらにこれを敷衍し、「いじめへの対応は、校長を中心に全教職員が一致協力体制を確立することが重要である」とし、支援等に際しては、「必要に応じて、心理や福祉等の専門家、弁護士、医師、教員・警察官経験者など外部専門家等が参加しながら対応することにより、より実効的ないじめの問題の解決に資することが期待される」とされている[126]。

---

[125] 基本方針第2の3⑷ⅲ。
[126] いじめ防止等ポイント⑷①。

## (2) 加害児童等に対するケア

　本項は、いじめを受けた児童等やその保護者に対しては「支援」、いじめを行った児童等に対しては「指導」、その保護者に対しては「助言」を行うとしており、いじめを行った側には再発防止に向けた「指導」を行うことを主眼としているようである。もちろん、いじめを受けた児童等を守ることがまず必要であるが、いじめる側も内面に問題を抱えているケースが多いと指摘されていることからすれば、いじめを行った側の児童等やその保護者に対する支援も多分に必要な場合がある。また、問題を抱えている児童等への支援を行ってこそ、実質的な指導も可能になる。

　この点、大津市立中学校におけるいじめに関する第三者調査委員会の調査報告書は、いじめを行った児童に対するケアについて「加害をした子どもが、自分が行った行為がいじめ、すなわち、他人の心を傷つけ絶望の淵に追い込んだという認識を持っていない場合が多く、こうした子どもたちに、それがしてはならない行為であると認識させるのは至難の業であることを認識しなければならない」とした上で、加害者ケアの在り方を指摘するが、「加害者ケアはそう簡単ではない」と結んでいる（204頁）。

　また、一般に、いじめは加害者、被害者、観衆、傍観者によって構成される四層構造を持っているとされており、二者対立の考え方では必ずしも解決できない場合がある。いじめを行った側、受けた側のみならず、集団全体に対しての働きかけも必要であることを指摘しておきたい。

## (3) 被害児童等と保護者への支援

　いじめ防止等ポイントは、いじめられた児童等又はその保護者への支援について、次のように指摘している[127]。

① いじめられた児童生徒から、事実関係の聴取を行う。その際、いじめられている児童生徒にも責任があるという考え方はあってはならず、「あなたが悪いのではない」ことをはっきりと伝えるなど、自尊感情を高めるよう留意する。また、児童生徒の個人情報の取扱い等、プライバシーには十分に留意して以後の対応を行っていく。

② 家庭訪問等により、その日のうちに迅速に保護者に事実関係を伝える。

---

[127] いじめ防止等ポイント(3)③。

③　いじめられた児童生徒や保護者に対し、徹底して守り通すことや秘密を守ることを伝え、できる限り不安を除去するとともに、事態の状況に応じて、複数の教職員の協力の下、当該児童生徒の見守りを行うなど、いじめられた児童生徒の安全を確保する。

④　いじめられた児童生徒にとって信頼できる人（親しい友人や教職員、家族、地域の人等）と連携し、いじめられた児童生徒に寄り添い支える体制をつくる。さらに、必要に応じ、被害生徒の心的外傷後ストレス障害（PTSD）等のいじめによる後遺症へのケアを行う。

⑤　いじめが解消したと思われる場合でも、継続して十分な注意を払い、折りに触れ必要な支援を行うことが大切である。また、事実確認のための聴き取りやアンケート等により判明した情報を適切に提供する。

⑷　加害児童等への指導と保護者への助言

　いじめ防止等ポイントは、いじめを行った児童生徒への指導又はその保護者への助言について次のように指摘しており、いじめを行った児童等に対する支援の視点も含まれている[128]。

①　いじめたとされる児童生徒からも事実関係の聴取を行い、いじめがあったことが確認された場合、学校は、複数の教職員が連携し、必要に応じて心理や福祉等の専門家、教員・警察官経験者など外部専門家の協力を得て、組織的に、いじめをやめさせ、その再発を防止する措置をとる。

②　事実関係を聴取したら、迅速に保護者に連絡し、事実に対する保護者の理解や納得を得た上、学校と保護者が連携して以後の対応を適切に行えるよう保護者の協力を求めるとともに、保護者に対する継続的な助言を行う。

③　いじめた児童生徒への指導に当たっては、いじめは人格を傷つけ、生命、身体又は財産を脅かす行為であることを理解させ、自らの行為の責任を自覚させる。

④　いじめた児童生徒が抱える問題など、いじめの背景にも目を向け、当該児童生徒の安心・安全、健全な人格の発達に配慮する。

⑤　児童生徒の個人情報の取扱い等、プライバシーには十分に留意して以後の対応を行っていく。

---

[128] いじめ防止等ポイント(3)④。

⑥ いじめの状況に応じて、心理的な孤立感・疎外感を与えないよう一定の教育的配慮の下、特別の指導計画による指導のほか、さらに出席停止や警察との連携による措置も含め、毅然とした対応をする。

### ⑸ 説明責任

法案審議の中で、本項と保護者の知る権利との関係が議論となり、23条3項の保護者に対する「支援」に説明責任を読み込むことができることの確認が求められた。これに対して法案提案者からは、「いじめを受けた保護者等に対する支援を行う中に当たり、調査結果の情報提供を行ったり、あるいはそれぞれの状況に応じて質問票を使用して調査を行ったりすることもあり得る……、学校における一定の説明責任というのはそのことを定めたものと解しております」との答弁[129]がされている。

適切な支援のためには、その前提として事実関係を伝える必要があるのは当然のことである。

また、大津いじめ事件の調査報告書も、過去にいじめ自殺の事案において学校・教育委員会により事実が隠蔽されてきたことを問題視しており、被害者遺族が事件の詳細を知ることは、家族が事件を受け入れる方向に進むための唯一の方法であり、譲ることのできない権利であるとした上で、学校・教育委員会は可能な限り事実を開示しなければならないと指摘している（207頁）。

本法律は、重大事態について28条2項において情報提供義務を明示しているが、重大事態以外のいじめについても、本項により、学校等は保護者に対し、説明責任を負うと考えられる。

なお、本法律施行以前の裁判例においても、学校は、いじめ等学校生活に関わる問題について、在学契約に付随する信義則上の義務として、保護者に対し調査報告義務を負うと解されているが、本項は、裁判例よりも早い段階での保護者への報告義務を課していることに留意する必要がある（なお、調査報告義務については28条2項、裁判例については本書134頁以下参照）。

衆議院文部科学委員会及び参議院文教科学委員会において、いじめを受けた児童等又は保護者への支援について、「いじめを受けた児童等の保護者に対する支援を行うに当たっては、必要に応じていじめ事案に関する適切な情報提

---

[129] 第183回国会参議院文教科学委員会会議録第8号8頁の笠浩史衆議院議員の発言。

供が行われるよう努めること」[130]、「本法の運用に当たっては、いじめの被害者に寄り添った対策が講ぜられるよう留意するとともに、いじめ防止等について児童等の主体的かつ積極的な参加が確保できるように留意すること」[131]との附帯決議がなされていることに留意する必要がある。

他方、いじめを行ったとされる子ども側への情報提供については、本条3項における「いじめを行った児童等への指導又はその保護者に対する助言」の一環として実施されることになろう。いじめ防止等ポイントが、いじめを行った児童等の保護者にも迅速に連絡する旨を定めていることは(4)で述べたとおりである。

いじめ事案の学校交渉を行う場合において、学校に対し、調査報告書の提出を求めることが想定されるが、23条3項を請求の根拠とすることが考えられる。

情報提供とプライバシーへの配慮については28条2項参照。

## 5  安心して教育を受けられるよう措置を講ずる義務（4項）

いじめを受けた児童等の学習権に配慮し、支援の一環として、いじめを行った児童等に対し、「いじめを受けた児童等が使用する教室以外の場所において学習を行わせる等いじめを受けた児童等が安心して教育を受けられるようにするために必要な措置を講ず」べきとする。

本項は、必要な措置としていわゆる別室学習を挙げているが、同措置によっていじめを受けた子どもの学習権を守る必要があるのは当然であるが、一方でいじめを行った子どもの学習権を侵害する可能性がある点に留意する必要がある。いじめを行った子どもの人権を侵害するか否かは、措置を講ずべき必要性があるか、その手段が相当かどうかを十分に検討する必要がある。また、別室学習の措置を行う場合であっても、別室での学習の態勢や期間等についても十分検討する必要がある。たとえ被害者サイドから強く要求されたとしても、上記の点を慎重に検討する姿勢が求められる。

また、市町村の教育委員会は、いじめられた児童生徒又はその保護者が希望する場合には、就学校の指定の変更や区域外就学等の弾力的な対応を検討する。

---

[130] 衆議院附帯決議4項。
[131] 参議院附帯決議3項。

## 6　いじめに係る情報を保護者と共有するための措置（5項）

　学校に対し、いじめを受けた児童等の保護者といじめを行った児童等の保護者との間で争いが起きることを防止するため、支援又は指導若しくは助言を行うにあたって、いじめに係る情報を保護者と共有すべき義務を課した規定である。

　**4**⑸で述べたとおり、衆議院では、「いじめを受けた児童等の保護者に対する支援を行うに当たっては、必要に応じていじめ事案に関する適切な情報提供が行われるよう努めること」とする附帯決議がされているが[132]、さらに、保護者同士の対立や争いを防止するために、事実認識を共有することが必要であるとの観点から情報の提供等について定めた規定である。

　もっとも、本項が目的とする保護者間での争いの防止と手段である保護者との情報共有の間に、いかなる関係が認められるのかは必ずしも明らかではない。

　なお、情報共有のほかに、保護者間での争いを防止するための措置としては、保護者間の直接対話ではなく、学校を間に入れた話し合いを推進するなどの対応が考えられる。

　調査報告義務については、本条3項及び28条2項を参照。

## 7　警察との連携義務（6項）

　いじめが犯罪行為として取り扱われるべきものであると認めるときは、学校は、所轄警察署と連携してこれに対処するものとし、当該学校に在籍する児童等の生命、身体又は財産に重大な被害が生じるおそれがあるときは直ちに所轄警察署に通報すべき義務を課す規定である。本項の目的が、いじめを受けた子どもの身体等の保護を図ることにあることはいうまでもない。

　文部科学省の通知においても、いじめが「犯罪行為として取り扱われるべきもの」に該当する場合には、早期の警察への相談・通報及び警察との連携を行うことが求められている[133]。

　もっとも、警察を学校内のあらゆる問題に対して軽率に介入させることは、学校教育の独立性を脅かすことになり、いじめ事案の双方当事者の感情が硬直的になる可能性も否定できない。

　そこで、個々のいじめ事案が「犯罪行為として取り扱われるべきと認められる」

---

[132] 衆議院附帯決議4項。
[133] 25文科初第246号「早期に警察へ相談・通報すべきいじめ事案について（通知）」（平成25年5月16日）。

か否かの判断を、的確に行えるよう、平素よりどのような行為が刑罰法規に該当するかについて、各教員の理解を深めておくことが必要である。これについては、上記通知の別紙1記載の事例集が参考となる。ここでは、その例示として、以下のようなものが挙げられている。

① 同級生の腹を繰り返し殴ったり蹴ったりする。

② 顔面を殴打しあごの骨を折るケガを負わせる。

③ 断れば危害を加えると脅して汚物に触れさせたり性器を触ったり現金等を巻き上げたりする。

④ 教科書等の所持品を盗む。

⑤ 自転車を故意に壊す。

⑥ 学校に来たら危害を加えると脅す。

⑦ 校内や地域の壁や掲示板に実名を挙げて、「万引きをしていた」、気持ち悪い、うざい、などと悪口を書く。

⑧ 携帯電話で児童生徒の性器の写真を撮り、インターネット上のサイトに掲載する。

本項は前段で警察との「連携」を、後段は警察による「援助」を規定する。この点、後段は、犯罪行為として扱われるべきものと認められるもののうち、特に児童等の生命・身体又は重大な被害が生ずるおそれがあるときに関するものであるから、本項後段の「援助」は、本項前段の「連携」に比してより警察の深い介入を想定していると解される。ただし、本項だけからは、本項前段の「連携」と同後段の「援助」の違いが必ずしも明らかではない。

また、文部科学省は、これまで警察との連携は、「いじめる児童生徒に対して必要な教育上の指導を行っているにもかかわらず、その指導により十分な効果を上げることが困難である場合において、その生徒の行為が犯罪行為として取り扱われるべきと認められるとき」に、「いじめられている児童生徒を徹底して守り通すという観点から」行うとしていた[134]。本法律は、警察との連携をより推奨するものであるが、警察の安易な介入には問題があり、その運用には注意が必要である。また、いったん学校が警察に援助を求めれば、その後の判断主体は警察となる。警察は捜査の目的を達成することを第一に判断をすることとなるから、

[134] 24文科初第813号「犯罪行為として取り扱われるべきと認められるいじめ事案に関する警察への相談・通報について（通知）」（平成24年11月2日）。

その判断は必ずしも学校が望むことにはならない可能性があることを忘れてはならない。さらに、上記のとおり、加害生徒は内面的な問題を抱えていることが少なくない[135]。警察への通報により少年事件となった場合であっても、身柄拘束を伴わない在宅事件になることが多く、仮に身柄拘束に至った場合であっても保護観察となれば比較的短期で学校に戻ってくるのであるから、警察への通報だけが根本的な解決になるものではないことに留意すべきである。

　加害生徒を一時的に学校から排除しようというのであれば、加害生徒の抱える内面の問題に踏み込んだ、心理療法などを組み込んだ教育的指導が必須であり、そのための機関の設置を検討すべきとの指摘がある[136]。

---

**第24条**（学校の設置者による措置）
　学校の設置者は、前条第2項の規定による報告を受けたときは、必要に応じ、その設置する学校に対し必要な支援を行い、若しくは必要な措置を講ずることを指示し、又は当該報告に係る事案について自ら必要な調査を行うものとする。

---

　本条は、7条に規定される学校の設置者の「いじめの防止等のために必要な措置を講ずる責務」をより具体化し、いじめの通報を受けた場合には、学校に対し必要な支援を行い、必要な措置を講ずることを指示し、又は自ら調査を行うものとする規定である。

　条文の順序や「必要に応じ」と規定されていることから、一次的に調査義務等を負うのは学校であり、設置者の義務は二次的なものと考えられる。

　公立学校における調査の場合には、14条3項の附属機関を活用することも想定されている。

　また、基本方針では、「必要な支援」の具体例として、「指導主事等の職員、スクールカウンセラー・ソーシャルスクールワーカー、弁護士等の専門家の派遣、警察等関係機関との連携等」を挙げており、さらに、「学校の設置者は、その設置する学校に対し、いじめへの対処の際にこれらの支援を行うことを、予め周

---

[135] 坂西友秀・岡本裕子『いじめ・いじめられる青少年の心』（北大路書房、平成16年）。
[136] 平尾潔「いじめ問題と子どもの権利」自由と正義64号（平成25年）13〜15頁。

知しておく必要がある」と明記している[137]。

---

**第25条**（校長及び教員による懲戒）
　校長及び教員は、当該学校に在籍する児童等がいじめを行っている場合であっ
て教育上必要があると認めるときは、学校教育法第11条の規定に基づき、適切に、
当該児童等に対して懲戒を加えるものとする。

---

## 1　本条の趣旨

　本条は、校長及び教員につき、教育上必要があると認める場合には、いじめ
を行っている児童に対し、学校教育法11条に基づき、適切に懲戒を加えること
を確認的に規定している。

> ### 学校教育法11条
>
> 　校長及び教員は、教育上必要があると認めるときは、文部科学大臣の定
> めるところにより、児童、生徒及び学生に懲戒を加えることができる。ただ
> し、体罰を加えることはできない。

## 2　懲戒

　懲戒については、学校教育法11条を受け、学校教育法施行規則26条が、退
学（公立義務教育諸学校に在籍する学齢児童生徒を除く）、停学（義務教育諸学校に
在籍する学齢児童生徒を除く）、訓告を定めている。そのほか、児童生徒に肉体的
苦痛を与えるものでない限り、通常、懲戒権の範囲内と判断されると考えられ
る行為として、注意、叱責、居残り、別室指導、起立、宿題、清掃、学校当番の
割当て、文書指導などがある。なお、懲戒を行うにあたっては、教育上必要な
配慮をしなければならない（学校教育法施行規則26条1項）。

　懲戒及び出席停止制度については、すでに学校教育法11条及び35条に規
定があるにもかかわらず、新法で規定すること自体が子どもに対する教育的配
慮を後退させ、いじめに対する厳罰化となってしまうのではないかとの懸念があ

---

[137] 基本方針第2の2(5)。

る。国会審議の中でも議論となったが、法案提出者は、「これらの規定については、いずれも現行法の下でいじめの問題に対して講じ得る手段でありながら、これまでその必要性があるにもかかわらず適切に講じられてこなかったのではないかとの問題意識に基づき設けたものであり厳罰化には当たらない、出席停止制度は本人に対する懲戒という観点からではなく、学校の秩序を維持し、ほかの児童等の義務教育を受ける権利を保障する観点から設けられていること、本法案の規定は懲戒、出席停止の命令のいずれについてもその要件に変更を加えるものではない」と答弁している[138]。

また、いじめ防止等ポイントにおいても、いじめを行った児童生徒への指導として、教育上必要があると認めるときは、学校教育法11条の規定に基づき、適切に、児童生徒に対して懲戒を加えることも考えられるとしている。ただし、いじめには様々な要因があることに鑑み、懲戒を加える際には、主観的な感情に任せて一方的に行うのではなく、教育的配慮に十分に留意し、いじめを行った児童生徒が自ら行為の悪質性を理解し、健全な人間関係を育むことができるよう成長を促す目的で行うべきことを指摘している[139]。

安易な懲戒は、いじめに対する理解が十分でないことの表れである。上記のとおり、いじめる側にも支援が必要な場合があり、単純に罰則を与えるだけでは問題は解決しないことも少なくない。警察との連携、懲戒、出席停止等、罰則的側面を持つ手段を用いるのであれば、それと同時にいじめを行った側の児童等や保護者への支援体制の構築が必須である。

ところで、学校教育法11条は、明確に体罰を禁止しており、校長及び教員(以下、「教員等」という)は、児童生徒への指導に当たり、いかなる場合も体罰を行ってはならない。文部科学省の通知では、「体罰は、違法行為であるのみならず、児童生徒の心身に深刻な悪影響を与え、教員等及び学校への信頼を失墜させる行為である」。したがって、「体罰により正常な倫理観を養うことはできず、むしろ児童生徒に力による解決への志向を助長させ、いじめや暴力行為などの連鎖を生む恐れがある。もとより教員等は、指導に当たり、児童生徒一人一人をよく理解し、適切な信頼関係を築くことが重要であり、このために日頃から自らの指導の在り方を見直し、指導力の向上に取り組むことが必要である。懲戒が

---

[138] 第183回国会参議院文教科学委員会会議録第8号5頁の笠浩史衆議院議員の発言。
[139] いじめ防止等ポイント(3)④。

必要と認める状況においても、決して体罰によることなく、児童生徒の規範意識や社会性の育成を図るよう、適切に懲戒を行い、粘り強く指導することが必要である」とされている[140]。

### 学校教育法施行規則26条

① 校長及び教員が児童等に懲戒を加えるに当つては、児童等の心身の発達に応ずる等教育上必要な配慮をしなければならない。

② 懲戒のうち、退学、停学及び訓告の処分は、校長（大学にあつては、学長の委任を受けた学部長を含む。）が行う。

③ 前項の退学は、公立の小学校、中学校（学校教育法第71条の規定により高等学校における教育と一貫した教育を施すもの（以下「併設型中学校」という。）を除く。）、義務教育学校又は特別支援学校に在学する学齢児童又は学齢生徒を除き、次の各号のいずれかに該当する児童等に対して行うことができる。

(1) 性行不良で改善の見込がないと認められる者

(2) 学力劣等で成業の見込がないと認められる者

(3) 正当の理由がなくて出席常でない者

(4) 学校の秩序を乱し、その他学生又は生徒としての本分に反した者

④ 第2項の停学は、学齢児童又は学齢生徒に対しては、行うことができない。

⑤ 学長は、学生に対する第2項の退学、停学及び訓告の処分の手続を定めなければならない。

---

**第26条**（出席停止制度の適切な運用等）
　市町村の教育委員会は、いじめを行った児童等の保護者に対して学校教育法第35条第1項（同法第49条において準用する場合を含む。）の規定に基づき当該児童等の出席停止を命ずる等、いじめを受けた児童等その他の児童等が安心して教育を受けられるようにするために必要な措置を速やかに講ずるものとする。

---

[140] 24文科初第1269号「体罰の禁止と児童生徒理解に基づく指導の徹底について（通知）」（平成25年3月13日）。

## 1　本条の趣旨

　本条は、いじめを受けた児童等その他の生徒が安心して教育を受けられるようにするため、学校教育法35条1項の規定に基づく出席停止等の措置を速やかに講ずべきことを規定する。

## 2　学校教育法との関係

　学校教育法35条は、市町村の教育委員会に出席停止の権限を定めているところ、その趣旨は、出席停止は懲戒ではなく他の生徒の学習権を確保するところにあると解されている。しかし、出席停止を受ける当該生徒にとっては実質的には懲戒と同様の不利益をもたらすものであることから、23条4項と同様にいじめを行った児童の学習権を侵害する可能性があり、慎重な運用が求められる。

　いじめ防止等ポイントは、いじめを受けた児童生徒が安心して学習その他の活動に取り組むことができるよう、必要に応じて、いじめを行った児童生徒を別室において指導することとしたり、状況に応じて出席停止制度（学校教育法35条1項）を活用したりして、いじめを受けた児童生徒が落ち着いて教育を受けられる環境の確保を図ると指摘しており[141]、出席停止制度の活用に言及している。

　しかし、出席停止は、別室学習以上にいじめを行った子どもの学習権を侵害する可能性が高いから、安易な出席停止は避けなければならない。

　この点について、国会審議の中では、23条4項の「いじめを行った児童等についていじめを受けた児童等が使用する教室以外の場所において学習を行わせる等いじめを受けた児童等その他の児童等が安心して教育を受けられるようにするために必要な措置を講ずるものとする」との規定に関し、実際の運用にあたっては、校長室学習等を行った上で、どうしてもやむをえない場合にはじめて出席停止措置が講じられることとなると説明されている[142]。

　なお、やむをえず出席停止の措置をとる場合には、出席停止を命ぜられた児童等に対し、学習支援等、教育上必要な措置を講じ、当該児童等の立ち直りを支援する必要があることに留意すべきである（学校教育法35条4項）。

---

[141] いじめ防止等ポイント(3)③④。
[142] 第183回国会参議院文教科学委員会会議録第8号5頁の富田茂之衆議院議員の発言。

### 学校教育法35条

① 市町村の教育委員会は、次に掲げる行為の一又は二以上を繰り返し行う等性行不良であつて他の児童の教育に妨げがあると認める児童があるときは、その保護者に対して、児童の出席停止を命ずることができる。

(1) 他の児童に傷害、心身の苦痛又は財産上の損失を与える行為

(2) 職員に傷害又は心身の苦痛を与える行為

(3) 施設又は設備を損壊する行為

(4) 授業その他の教育活動の実施を妨げる行為

② 市町村の教育委員会は、前項の規定により出席停止を命ずる場合には、あらかじめ保護者の意見を聴取するとともに、理由及び期間を記載した文書を交付しなければならない。

③ 前項に規定するもののほか、出席停止の命令の手続に関し必要な事項は、教育委員会規則で定めるものとする。

④ 市町村の教育委員会は、出席停止の命令に係る児童の出席停止の期間における学習に対する支援その他の教育上必要な措置を講ずるものとする。

＊同規定は、中学校（49条）に準用されている。

---

**第27条**（学校相互間の連携協力体制の整備）

　地方公共団体は、いじめを受けた児童等といじめを行った児童等が同じ学校に在籍していない場合であっても、学校がいじめを受けた児童等又はその保護者に対する支援及びいじめを行った児童等に対する指導又はその保護者に対する助言を適切に行うことができるようにするため、学校相互間の連携協力体制を整備するものとする。

---

　いじめの定義（2条1項）から、いじめに該当するためには「一定の人的関係」があればよく、同一の学校に在籍している必要がないため、別の学校に在籍する児童等の間でいじめが発生する可能性がある。本条はこのような場合を想定した規定である。

　本条に基づく体制が実効的に機能するためには、小学校、中学校といったそ

れぞれ同一の種類の学校間の連携だけではなく、それを超えた縦の連携や、国立、公立私立を超えた横の連携も必要となろう。

# 第5章　重大事態への対処

　本章は、重大事態とされるいじめが発生した場合の対処に関する規定である。本法律は、第4章23条において、児童等がいじめを受けたと思われるときは、事実を確認して対応することを学校に求めている。これに対し、本章は、深刻ないじめが「疑われる」重大事態が発生した場合に、学校等のとるべき対応を規定したものである。本章の規定の概要は以下のとおりである。

① 　重大事態が発生した場合には、事実関係を明らかにするために、学校やその設置者が調査を行うこと

② 　学校やその設置者が調査を行ったときは、いじめを受けた児童等やその保護者に対し、情報を適切に提供すること

③ 　地方公共団体の長等（公立学校は地方公共団体の長、国立学校は文部科学大臣、私立学校は所轄庁である都道府県知事）は、再調査を行うことができ、その調査結果に基づき、必要な措置を講ずること

---

**第28条**（学校の設置者又はその設置する学校による対処）

① 　学校の設置者又はその設置する学校は、次に掲げる場合には、その事態（以下「重大事態」という。）に対処し、及び当該重大事態と同種の事態の発生の防止に資するため、速やかに、当該学校の設置者又はその設置する学校の下に組織を設け、質問票の使用その他の適切な方法により当該重大事態に係る事実関係を明確にするための調査を行うものとする。

　⑴ 　いじめにより当該学校に在籍する児童等の生命、心身又は財産に重大な被害が生じた疑いがあると認めるとき。

　⑵ 　いじめにより当該学校に在籍する児童等が相当の期間学校を欠席することを余儀なくされている疑いがあると認めるとき。

② 　学校の設置者又はその設置する学校は、前項の規定による調査を行ったときは、当該調査に係るいじめを受けた児童等及びその保護者に対し、当該調査に係る

---

重大事態の事実関係等その他の必要な情報を適切に提供するものとする。
③　第1項の規定により学校が調査を行う場合においては、当該学校の設置者は、同項の規定による調査及び前項の規定による情報の提供について必要な指導及び支援を行うものとする。

## 1　本条の趣旨

本条は、重大事態が発生した場合、当該重大事態に対処するとともに、同種の事態の発生の防止に向けた措置をとる必要があることから規定されたものである。

学校の設置者又は学校は、重大事態が発生した場合には、事実関係を明確にするために調査を行い（1項）、当該調査に係るいじめを受けた児童等及びその保護者に対し、調査結果等の情報を提供するものとされた（2項）。重大事態に係る調査を学校が行う場合には、当該学校の設置者は、上記の調査及び情報提供について必要な指導及び支援を行うものとされている（3項）。

本法律成立以前においても、学校や学校の設置者には、在学する児童生徒が学校生活を安全に送れるよう配慮すべき義務（安全配慮義務）があることから、学校生活において、児童生徒の生命・身体・精神等に重大な危険を及ぼすような事態が発生したと疑われる場合には、事実関係を調査する義務があるとされ、いじめを受けた児童生徒やその保護者に対しては、信義則上、在学契約に付随して調査結果を報告する義務があると解されてきた。

本条は、重大事態発生という一場面ではあるが、法律により、学校や学校設置者に対し、事実関係の調査やいじめを受けた児童等や保護者への報告義務を認めたということができ、その意義は大きい。

## 2　重大事態の調査（1項）

### ⑴　重大事態の意義

ア　重大事態とは何か

本章の規定の対象とされる「重大事態」とは、以下の本項各号所定の事態をいう。

1号：いじめにより当該学校に在籍する児童等の生命、心身又は財産に重大な

被害が生じた疑いがあると認めるとき

2号：いじめにより当該学校に在籍する児童等が相当の期間学校を欠席することを余儀なくされている疑いがあると認めるとき

　すなわち、「重大事態」とは、いじめが原因で、児童等に重大な被害が発生している、あるいは、相当期間欠席を余儀なくされていると疑われる場合を指す。①重大な被害という結果の発生が疑われる場合であっても、②重大な被害や相当期間の欠席が「いじめにより」生じたという因果関係が疑われる場合であっても、該当する。他方で、児童生徒や保護者が「重大事態である」と主張した場合であっても、そもそも「生命、心身又は財産に重大な被害」や「相当の期間学校を欠席」という結果自体が生じていない場合には、必ずしも重大事態にあたるわけではないことに留意する必要がある。ただし、その場合であっても学校には23条2項に基づく調査義務は生じる。また、後述のとおり、本項は、その場合でも「重大事態」として判断することを禁じる趣旨ではなく、重大事態ガイドラインに基づき、本項各号に定める結果の発生が必ずしも確認できない場合でも、事案に応じて積極的に「重大事態」を認定することは妨げられないと考えられる。

　「重大事態」に該当すると認められた場合には調査を開始しなければならない。したがって、児童等や保護者から、いじめにより重大な被害が生じたという申立があったときは、学校の設置者又は学校には「適切かつ真摯に対応すること」が求められ[143]、その時点で学校がいじめによる所定の被害が生じたという事実関係を把握していなくとも、重大事態が発生したものとして調査・報告等にあたる必要がある[144]。児童生徒又は保護者からの申立は、学校が把握していない極めて重要な情報であることから、調査をしないまま、いじめの重大事態ではないと断言できないことに留意しなければならない[145]。

イ　1号の意義

　「いじめにより」とは、各号に規定する状況に至る要因が当該児童等に対して行われたいじめにあることを意味する。

　「生命、心身又は財産に重大な被害」については、いじめを受けた児童等の状況に着目して判断する。基本方針では、ⓐ児童生徒が自殺を企図した場合、

---

[143] 衆議院附帯決議5項。
[144] ガイドライン第2。
[145] 基本方針第2の4⑴ⅰ①。

ⓑ身体に重大な傷害を負った場合、ⓒ金品等に重大な被害を被った場合、ⓓ精神性の疾患を発症した場合等がこれにあたるとしている[146]。具体例としては、以下の場合が考えられる[147]。

① 児童生徒が自殺を企図した場合（上記ⓐ）

・軽傷で済んだものの、自殺を企図した。

② 心身に重大な被害を負った場合（上記ⓑⓓ）

・リストカットなどの自傷行為を行った。

・暴行を受け、骨折した。

・投げ飛ばされ脳震盪となった。

・殴られて歯が折れた。

・カッターで刺されそうになったが、咄嗟にバッグを盾にしたため刺されなかった。

・心的外傷後ストレス障害と診断された。

・嘔吐や腹痛などの心因性の身体反応が続く。

・多くの生徒の前でズボンと下着を脱がされ裸にされた。

・わいせつな画像や顔写真を加工した画像をインターネット上で拡散された。

③ 金品等に重大な被害を被った場合（上記ⓒ）

・複数の生徒から金銭を強要され、総額1万円を渡した。

・スマートフォンを水に浸けられ壊された。

　なお、ⓒについて、いかなる場合をもって重大と捉えるべきかは、金額の多寡のみをもって判断することは困難であり、金額のほか被害を受けた児童等の学年・年齢や行為の回数・期間・態様等に応じて検討されるべきである。また、ⓓについて、基本方針は、精神性の「疾患を発症した場合」のみを例示するが[148]、児童等が負う精神的被害は様々なものが考えられるから、上記の具体例のように疾患を発症した場合には限られないと考えるべきである。

ウ　2号の意義

　「相当の期間」の該当性判断について、基本方針は、文部科学省が毎年度実施する「児童生徒の問題行動等生徒指導上の諸問題に関する調査」において「年度間に連続又は断続して30日以上欠席」した児童生徒が不登校調査の対象と

---

[146] 基本方針第2の4(1)ⅰ①。
[147] ガイドライン別紙。
[148] 基本方針第2の4(1)ⅰ①。

されていることを踏まえ、年間30日を目安としつつ、児童生徒が一定期間、連続して欠席しているような場合には、上記目安にかかわらず、学校の設置者又は学校の判断により、迅速に着手することが必要であるとする[149]。

過去の不登校例に関する調査における基準から導かれた上記日数を目安に用いることは必ずしも適切でないと考えられる。

実際の対応としては、基本方針も指摘しているとおり、進行中の重大事態に対し、いじめによるさらなる被害の進行を待たずに対策を行う必要性を考慮し、事案に応じて適切な判断が行われるべきである。特に、欠席が続き（重大事態の目安である30日には達していない）当該校へは復帰ができないと判断し、転学（退学等も含む）した場合には[150]、退学・転校に至るほど精神的に苦痛を受けていたということであるため、生命心身財産重大事態に該当することが十分に考えられるため、適切に対応を行う必要がある[151]。したがって、欠席日数のみを基準とすることなく、被害が深刻化して児童生徒の学校への復帰が困難となる前に、学校の設置者又は学校の判断により、迅速に調査に着手することが必要である。

## ⑵ 調査の主体・組織

### ア 調査の主体

調査の主体は、「学校の設置者」又は「学校」である。

学校は、重大事態が発生した場合には直ちに学校の設置者に報告し、学校の設置者は、その事案の調査を学校と学校設置者のいずれが担当するか、また、どのような調査組織とするかについて判断する。この際、従前の経緯や事案の特性、いじめられた児童等又は保護者の訴えなどを踏まえ、学校主体の調査では重大事態への対処及び同種の事態の発生の防止に必ずしも十分な結果を得られないと学校の設置者が判断する場合や、学校の教育活動に支障が生じるおそれがあるような場合には、学校の設置者において調査を実施すべきである。

学校の設置者が調査を行う場合、調査の主体となる各学校の設置者は以下のとおりである。

国立大学に附属して設置される学校においては、国立大学法人である（国立大学法人法22条1号参照）。公立学校においては、学校を設置した地方公共団体

---

[149] 基本方針第2の4(1)ⅰ①。
[150] ガイドライン別紙。
[151] ガイドライン第2。

## 組織の設置方法

**ステップ1：調査主体を決める**（学校 or 学校の設置者）

↓

**ステップ2：調査方法を決める**（新組織の結成 or 既存組織の利用）

| 新組織の結成 | 既存組織の利用 |
|---|---|
| →国立や私立の学校設置者が調査主体の場合はこの方法になる。 | ・学校が調査主体<br>→22条のいじめ対策組織など<br>　※中立性・公平性があるときのみ。<br>・設置者が主体<br>→教育委員会に設置された14条3項の付属機関など |

↓

**ステップ3：構成を決める**（第三者のみ or 学校や設置者職員との混成）

（地方教育行政の組織及び運営に関する法律30条参照）であるが、具体的に学校の管理に関する事務を行うのは当該地方公共団体が設置する教育委員会（同法21条1号参照）であるとされていることから、教育委員会が調査を担当することになる。私立学校の設置者は学校法人である（私立学校法2条3項参照）。

学校の設置者の説明については、7条参照。

イ　組織の設置

調査は、学校の設置者又はその設置する学校の下に「組織」を設けて行う。この「組織」については、文部科学省のガイドラインにおいても、公平中立な立場からの客観的な事実認定を確保するべく、専門的知識及び経験を有し、かつ、当事者と直接の利害関係を持たない第三者を参加させるよう努めることを求めている[152]。

学校が調査を行う場合、調査実施のための「組織」は、重大事態の発生の都度これを設けることも考えられるが、それでは迅速性に欠けるおそれがあるため、22条に基づき学校に必ず置かれることとされている「いじめの防止等の対策のための組織」を母体として、当該重大事態の性質に応じてさらに適切な専門家を加えるなどの方法によることも考えられる[153]。ただし、上述の「組織」に求め

---

[152] ガイドライン第4。
[153] 基本方針第2の4(1)i④。

られる性質から、22条に基づき設置された組織の「重大事態」への運用が考えられるのは、あくまで公平性・中立性が確保されている場合であり、22条の組織の構成員が当該事案に利害関係を有する場合などには、別途、第三者委員会を立ち上げることが望ましい場合もある[154]。なお、学校が調査主体となる場合であっても、28条3項に基づき、学校の設置者は調査を実施する学校に対して必要な指導及び人的措置を含めた適切な支援を行わなければならない。この際、調査の実効性を高めるため、予算措置を伴った人的措置が講じられることが必要であると考えられる。

　公立学校における調査において学校の設置者が調査主体となる場合、前述のとおり調査を担当するのは教育委員会であるが、実際の調査は、本条により、教育委員会の下に設ける組織が実施することになる。ところで、地方自治体は、執行機関の附属機関として調査のための機関を置くことができるが、設置には法律又は条例の根拠が必要である（地方自治法138条の4第3項。14条**3**参照）。本法律に基づき附属機関を設置する場合でも別に設置根拠となる条例が必要と解されるところ、重大事態が起きてから急遽調査を行うための組織を立ち上げることは困難であることから、地域の実情に応じて平時から調査を行うための組織を設置しておくことが望ましい。14条3項により教育委員会に設置される附属機関を調査を行うための組織とすることも考えられるが、前記同様、公平性・中立性の観点から、別途第三者委員会を立ち上げることが望ましい場合もある。なお、小規模の自治体など設置が困難な地域も想定されることを踏まえ、都道府県教育委員会においては、これらの地域を支援するため、職能団体や大学、学会等の協力を得られる体制を平素から整えておくことなどが望まれる[155]。

ウ　組織の構成

　調査のための組織をどのような者で構成するかについては、本法律は特段の

---

[154] なお、ガイドラインによれば、「重大事態」と判断する前の段階で、22条に基づき設置された組織が23条2項に基づく調査を実施していた場合で、その調査によって事実関係が十分明らかとなり、関係者（被害児童生徒、加害児童生徒、それぞれの保護者）が納得しているときは、あらためて第三者調査委員会を立ち上げないことも考えられるとしている。また、同様の場合で、調査が不十分なときも、調査資料の再分析を第三者（弁護士等）に依頼したり、必要に応じて追加調査を行うことで重大事態の調査とすることも考えられるとしている。ただし、このガイドラインにおいても、学校の設置者及び学校の対応の検証や、再発防止策の策定については、新たに第三者調査委員会等を立ち上げるかを適切に判断する必要があるとしている（ガイドライン第4）。
[155] 基本方針第2の4(1)ⅰ④。

規定を置いていない。しかし、調査には、いじめに関する専門性と公平性・中立性が不可欠であることから、組織を構成するメンバーは、弁護士や精神科医、学識経験者、心理や福祉の専門家等の専門的知識及び経験を有する者であって、当該いじめ事案の関係者と直接の人間関係又は特別の利害関係を有しない者(第三者)である必要がある[156]。職能団体や大学、学会からの推薦等により、専門的な知識及び経験を有する第三者等の参加を図り、当該調査の公平性・中立性が確保されるよう努めることが求められる[157]。

特に、設置された第三者機関が学校・設置者側に偏っている場合には、本条により求められる独自の調査は十分に果たせないことから、機関の構成については被害者側の要望を反映させることが求められる。実際に、大津いじめ事件における第三者調査委員会のように、学校側（地方公共団体側）から推薦された者のみならず、被害者側から推薦された者をも構成員として選出する例もあり、このような人選が望ましいとの考え方もある。

### ⑶ 調査の内容・程度・方法

### ア 調査の目的

本項の調査は、「重大事態に係る事実関係を明確にする」ために行われる。

「事実関係を明確にする」とは、重大事態に至る要因となったいじめ行為が、いつ（いつ頃から）、誰から行われ、どのような態様であったか、いじめを生んだ背景事情や児童生徒の人間関係にどのような問題があったか、学校・教職員がどのように対応したかなどの事実関係を、可能な限り網羅的に明確にすることである。

調査にあたっては、学校や教育委員会に対し必要な情報の提供を求め、その内容を十分検討するとともに、組織自体が聴き取り調査等を実施するなどして事実関係の解明に努める必要がある。十分な調査が行われなかった場合は、調査義務違反が問われる可能性もある。調査報告義務に関する裁判例・前橋地裁平26・3・14判決（本書132頁）は、市が設置した第三者委員会は、市から提出された資料を検討するだけではなく、あるべき資料が全て提出されている

---

[156] 前述のとおり、ガイドラインにおいても、公平性・中立性の確保の観点から、専門的知識及び経験を有し、かつ、当事者と直接の利害関係を持たない第三者を参加させるよう努めることが求められている（ガイドライン第4）。
[157] 基本方針第2の4⑴ⅰ④、衆議院附帯決議3項、参議院附帯決議6項。

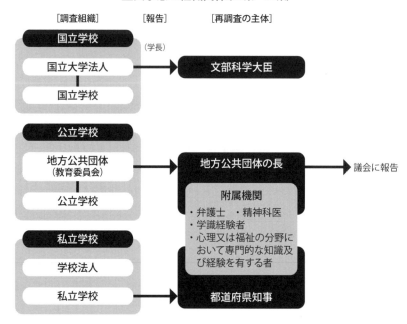

**重大事態の組織関係(28条～31条)**

[調査組織]　　　　　[報告]　　　[再調査の主体]

か確認し、不足があればその提出を求め、学校が実施した教諭や児童に対する聴き取り調査が不十分である場合には、補足の聴き取りを実施することが必要であるとし、当該第三者委員会においては、重要な資料を踏まえず、必要な補足調査も行われていないから、適正な調査報告がされたということはできないと判示した[158]。

　この調査は、民事・刑事上の責任追及やその他の争訟等への対応を直接の目的とするものではなく、学校とその設置者が事実に向き合うことで、当該事態への対処や同種の事態の発生防止を図るものである。本項の調査を実りあるものにするためには、学校の設置者・学校自身が、たとえ不都合なことがあったとしても、事実にしっかりと向き合おうとする姿勢が重要である。学校の設置者又は学校は、附属機関等に対して積極的に資料を提供するとともに、調査結果

[158] ガイドラインでは、例えば、①調査等により、調査時には知り得なかった新しい重要な事実が判明した場合又は新しい重要な事実が判明したものの十分な調査が尽くされていない場合、②事前に被害児童生徒・保護者と確認した調査事項について、十分な調査が尽くされていない場合等は、学校の設置者又は学校による重大事態の調査が不十分である可能性があるため、地方公共団体の長等は、再調査の実施について検討することとされている(ガイドライン第10)。

を重んじ、主体的に再発防止に取り組まなければならない[159]。

　これまで、事実関係が明らかにされないがゆえに、これを明らかにする目的で訴訟提起等の責任追及の手段がとられることがあったが、調査が十分になされることによって事実関係が明らかになり、訴訟提起を避けることができるとの見方もできる。

## イ　調査方法

　質問票を使用してのアンケート調査は例示であり、その他の調査方法としては、教員等の学校関係者、児童等、保護者等への聴き取り調査が考えられる[160]。

　聴取にあたっては、被聴取者に応じ、以下のような配慮が必要である。

　いじめを受けたとされる児童等からの聴き取りが可能な場合には、当該児童等から十分な聴き取りを行うとともに、在籍児童生徒や教職員に対するアンケート調査や聴き取り調査を行うことなどが考えられる。この際、いじめを受けた児童等に対してはその精神状態等を考慮した調査が行われる必要がある。特に、いじめを行った児童等と同時に聴き取り調査を行うことがないように注意することは必須である。このほか、文部科学省のガイドラインでは、調査の公平性・中立性を確保するため、加害者とされる側への聴取も行うべきとされている[161]。

　いじめを受けた児童等が入院中あるいは死亡してしまった場合など、その児童等からの聴き取りが不可能な場合の調査方法としては、在籍する児童等や教職員に対するアンケート調査や聴き取り調査、並びに保護者等家族への聴き取り調査などが考えられる。なお、調査を円滑に進めるために、いじめを受けた児童等の保護者の要望・意見を聴取し、今後の調査について協議することも検討されるべきであろう。

　アンケート調査を行う場合等において、個別の事案が広く明らかになることでいじめられた児童等の学校復帰が阻害されることのないよう、例えば質問事項の内容を工夫する等の配慮をすることが必要である[162]。情報を提供してくれた児童に対しては、新たな被害の対象となることのないよう、情報提供者の特

---

[159] 基本方針第2の4(1)ⅰ⑤。
[160] ガイドラインによれば、時間経過による資料の散逸を防ぐため、調査は速やかに行うべきとされ、また、情報提供者の保護を最優先にするように求められている（ガイドライン第6）。
[161] ガイドライン第6。
[162] このほか、ガイドラインでは、質問票による調査方法についても、①調査目的及び被害者側への提供の可能性を事前に説明すること、②状況に応じて無記名式を採用することなどの指針を示している（ガイドライン第6）。

定を避ける配慮を行うことが必要である[163]。他の児童生徒らのプライバシーとの関係については、3(4)を参照されたい。

ウ　児童生徒が自殺したとき

　児童生徒の自殺という事態が発生し、いじめがその要因として疑われる場合においても、当該事件の真相解明を行うべく、自殺の背景調査を実施することが必要である。この調査においては、亡くなった児童等の尊厳を保持しつつ、その死に至った経過を検証し再発防止策を構ずることを目指し、遺族の気持ちに十分配慮しながら行うことが必要である。なお、調査の方針の参考となる資料として、児童生徒の自殺予防に関する調査研究協力者会議「児童生徒の自殺が起きたときの調査の指針」(平成23年3月)[164]、「子供の自殺が起きたときの緊急対応の手引き」(平成22年3月)及び「教師が知っておきたい子どもの自殺予防」(平成21年3月)第5章が挙げられる[165]。この点、基本方針は、自殺の背景調査が「その後の自殺防止に資する観点から」行われるべきである旨述べる[166]。あくまで調査の主たる目的は当該事件の真相解明であるが、以後の自殺防止という観点も含めた調査がされることが望ましい。

(4)　他の調査等との関係

　重大事態に至る前に、被害を受けた児童等の担任教員等により、すでに調査が行われている場合がある。この場合、調査対象となる児童等への心理的な負担を考慮し、重複した調査が不必要に繰り返されないよう配慮することが望ましい。もっとも、第三者機関による調査という本項の趣旨を全うするためには、第三者機関による調査検証が必要であるにもかかわらず、事前の調査と重複することのみを理由に調査が省略されることは適切でないと考えられる。

　なお、基本方針も、重大事態の場合には23条2項の調査のみによっては全貌の事実関係が明確にされたとは限らず、未だその一部が解明されたにすぎない場合もありうることから、本条1項の「重大事態に係る事実関係を明確にするた

---

[163] 前述したように、ガイドラインにおいても、情報提供者の保護を最優先にすることが求められている(ガイドライン第6)。
[164] ガイドラインでも、自殺や自殺未遂の事案はもちろん、それ以外の事案においても、この指針に即した調査、情報整理、再発防止策の検討、報告書のとりまとめをすべきとし、また、不登校の事案であれば、文部科学省「不登校重大事態に係る調査の指針」(平成28年3月)に即して対応することが必要としている(ガイドライン第6)。
[165] ガイドライン第2。
[166] 基本方針第2の4(1)ⅰ⑤イ。

めの調査」として、23条2項で行った調査資料の再分析や、必要に応じて新た
な調査を行うこととする旨述べている[167]。

### ⑸　調査中及び調査後の対応

　まず、調査の目的に照らし、学校の設置者及び学校は、調査中であることを
理由に、被害児童生徒・保護者に対して説明を拒むようなことがあってはならず、
調査の進捗等の経過報告を行わなければならない[168]。

　次に、調査においては、単に事実関係を探るだけではなく、13条の学校いじ
め防止基本方針に基づく対応は適切に行われていたか、学校いじめ対策組織
の役割は果たされていたか、学校のいじめ防止プログラムや早期発見・事案対
処のマニュアルはどのような内容で、適切に運用され機能していたかなどにつ
いて、分析を行うことが必要とされている[169]。

　さらに、調査により把握した情報の記録（重大事態に伴う調査の記録のみでなく、
それ以前に23条2項の調査で得られた記録も含む）[170]は、各地方公共団体等の文
書管理規則等に基づき適切に保存するものとし、特に、個別の重大事態の調
査に係る記録については、指導要録の保存期間に合わせて、少なくとも5年間
保存することが望ましい[171]。また、記録を廃棄する場合についても、無断で破
棄して被害児童生徒・保護者に学校に対する不信を与えたケースがあるため、
被害児童生徒・保護者に説明をしてから行うものとし、状況によっては、保存
期限をあらためて設定することも考えられる[172]。

### 3　調査結果等の情報提供（2項）

### ⑴　情報提供義務

　学校の設置者又は学校は、本条1項の調査を行ったときは、いじめを受けた
児童等及びその保護者に対して、事実関係等その他の必要な情報を提供する
こととされた。

　本法律は、重大事態に至っていない場合についても、23条5項において、学

---

[167] 基本方針第2の4⑴ⅰ⑥。
[168] ガイドライン第6。
[169] ガイドライン第6。
[170] 教職員による手書きのメモの形式をとるものであっても、各地方公共団体等の文書管理規則の公文書（行政文書）に該当する場合があることにも留意する（ガイドライン第6）。
[171] ガイドライン第6。
[172] ガイドライン第6。

校と保護者との間でいじめに係る情報を共有するための措置について規定しており、本条の規定ともあわせ、全体としていじめ事案に関して適切な調査及び情報提供がなされるべきとの方針に立っているものといえる。また、いじめを受けた側への支援及びいじめを行った側への指導・助言を定めた23条3項も、支援ないし指導・助言の前提として情報提供義務を認めたものと解されている(23条4(5)参照)。

なお、23条5項には保護者間で争いが起きないようにするためという目的が付されているのに対し、本条はそのような制限もなく、学校の設置者又は学校に重大事態に関する調査結果等の情報提供義務を認めたものと解せられる[173]。1で述べたとおり、本法律成立以前も、学校の中で重大ないじめ事件が発生したような場合には、学校や学校設置者には在学契約に付随する信義則上の義務として調査報告義務が認められてきた(福岡高裁令2・7・14判決〔本書133頁〕参照)が、法律で調査及び調査結果の提供義務を認めた本条の意義は大きい。

(2) 情報提供の相手方

情報を提供すべき相手方は、いじめを受けた児童等及びその保護者である。なお、いじめについては、子ども集団が自分たち自身の問題として自ら解決していく力を発揮すること、学校・教職員もこれを支援し力づけることが有効であることから、その前提として、当事者の意向に配慮しつつ、子ども集団との間でも適宜情報を共有しうるよう図られるべきであるとの指摘がある[174]。

(3) 提供される情報の内容

学校の設置者又は学校が提供すべき情報は、まずは、調査により明らかになった「事実関係」である。いじめ行為がいつ、だれから行われ、どのような態様であったか、いじめに至る経緯、クラスの状況、重大事態に至る過程での学校の対応などに関する情報が提供されるべきである。「その他の必要な情報」とは、重大事態発生後の学校の対応や重大事態に関する調査方法などの情報が考えられる。本条の調査は、再発防止も目的とするから、再発防止策の実施の有無・内容に関する情報についても提供されるべきである。

また、ガイドラインによれば、調査に対する被害者側の信頼を確保するために

---

[173] ガイドラインも、「被害児童生徒・保護者に対して調査に係る情報提供及び調査結果の説明を適切に行うことは、学校の設置者又は学校の法律上の義務である」としている(ガイドライン第7)。
[174] 日本弁護士連合会「『いじめ防止対策推進法案』に対する意見書」(平成25年6月20日)14頁。

も、上述の結果報告に加え、調査実施前に、①調査の目的・目標は何か、②調査主体はどのようなものか（公平性・中立性が担保されているかも含め）、③調査時期や期間、④調査した事項や調査した対象、⑤調査の方法、⑥調査結果の提供についても併せて説明をすべきとしている[175]。

　このほか、説明の仕方などの注意点として、被害児童生徒・保護者に寄り添いながら対応することを第一とし、被害者側の心情を害する発言や態様、調査が不十分な段階での責任回避ととられる発言などを慎むことや、調査実施をするまでもなく、これまでの対応に不備などがあった場合には、取り急ぎ説明と謝罪を行うことなども求められている[176]。

### ⑷　他の児童生徒らのプライバシーとの関係

　調査結果の提供にあたっては、いじめを行った児童等やいじめを見ていたと思われる児童等、あるいは情報提供をしてくれた児童等など他の児童等のプライバシー保護が問題となりうる。関係者の個人情報に配慮することは必要だが、個人情報保護を盾に説明を怠るようなことがあってはならず、適切に提供することが求められる[177]。参議院の附帯決議においても、「いじめが起きた際の質問票を用いる等による調査の結果等について、いじめを受けた児童等の保護者と適切に共有される」べきことへの言及がなされており[178]、ガイドラインにおいても、アンケートなどの実施にあたり、調査目的及び被害者側への提供の可能性を事前に説明することが求められている[179]。

　一方で、いじめを受けた児童等やその保護者が、個人情報の保護に関する法律（私立学校の場合。以下、「個人情報保護法」という）又は個人情報保護条例（公立学校の場合。以下、東京都個人情報の保護に関する条例〔以下、「東京都個人情報保護条例」という〕を例に説明する）に基づいて調査結果の開示請求を行っても、

---

[175] ガイドライン第5。
[176] ガイドライン第5。
[177] ガイドラインでは、学校の設置者及び学校は、「法28条第2項に基づく被害児童生徒・保護者に対する調査に係る情報提供を適切に行うために、各地方公共団体の個人情報保護・情報公開担当部局や専門家の意見を踏まえて検討を行うなど、可能な限りの対応を行うこと」とされている（ガイドライン第7）。
[178] 参議院附帯決議7項。
[179] ガイドライン第6。ただし、開示の可能性を事前に示すことで、回答者（とりわけいじめに加担した生徒）が詳細な回答を躊躇する可能性もある。これを避けるため必要があるときは、ガイドラインとは逆に、調査委員以外には開示しないとの条件を示して調査を行うことも認められると解すべきである（広島地裁平29・8・9判決〔本書135頁〕も参照）。このような条件の下で取得した情報については、本項に基づく情報提供の対象外と考えるべきであろう。

情報の中に第三者に関する個人情報が含まれている（個人情報保護法23条1項本文）、あるいは、第三者を特定する識別情報や第三者の権利を侵害するおそれがある（東京都個人情報保護条例16条2号本文）等の不開示情報に該当することを理由に、請求が認められない（広島地裁平29・8・9判決〔本書135頁〕等）ことが多い。

　開示請求に対する不開示事由該当性の判断と本条の関係について、広島地裁平29・8・9判決の控訴審である広島高裁平31・1・17判決は、本法律が調査結果を全面的に遺族に開示することを予定しているとはいえず、個人情報保護条例上の不開示情報に当たるか否かは、あくまでも各号の要件に沿った検討をすべきものと判示しており、鹿児島地裁平27・12・15判決（判例時報2298号28頁）及び福島地裁令2・12・1判決（判例タイムズ1488号150頁）も、調査で得られたアンケート回答用紙やその集計文書そのもの（以下、「原資料」という）の開示まで本条によって義務づけられるわけではないと指摘している[180]。

　事実関係の解明という調査の目的を達成するためには、回答内容は可能な限り詳細かつ具体的であることが望ましいが、そのような回答であればあるほど、回答内容それ自体から回答者又は回答に登場する個人を識別される可能性が高くなる。

　現状の裁判例を前提にすると、このような回答は個人識別情報として不開示とされ、結果として、いじめの態様等の詳細な描写を含む被害者にとって重要な情報の多くは開示請求によっては得られないという結論に至ってしまうように思われる[181][182]。この当否については、本条に定める調査における被害者の

---

[180] なお、第三者の個人情報であっても、「法令」に基づく場合には例外的に開示することとされているが（個人情報保護法23条1項1号。東京都個人情報保護条例16条2号イ）、上記裁判例はいずれも、調査によって得られた原資料結果そのものの開示まで本条によって義務づけられるわけではないとしているから、かかる判断を前提にする限り、原資料に係る開示請求の場面において、本条が「法令」に該当するとの解釈は困難と考えられる（広島高裁平31・1・17判決は「法令」該当性を否定している）。

[181] 個々の回答内容そのものを調査委員以外に対して開示する可能性がある旨を事前に示し、回答者の了承を得た上で調査を実施した場合であっても、回答者の了承によって、回答に登場する回答者以外の個人に関する情報についてまで開示が可能になるわけではないから、少なくともその限度において、被害者による開示請求は依然認められないことになる。

[182] ガイドラインは、アンケートについて、結果を被害者に提供する場合があることを予め説明した上で実施することとしているが（ガイドライン第6）、この記載がアンケート用紙そのものの開示を意味するものであるとすれば、回答に登場する回答者以外の個人に関する情報の不開示と抵触してしまう。ガイドライン第7の「結果」の提供とは、個々の回答内容そのものの提供ではなく、アンケート調査全体を通じて得られた（ある程度抽象化された）調査結果の本法律28条2項に基づく提供を指すと解することが、現在の裁判例の傾向とは整合的である。

位置づけの検討を含めたさらなる議論が必要である。

　なお、原資料の開示請求が認められないとしても、本条に定める「適切」な情報提供が行われない場合には、それ自体が違法と判断される可能性はある。少なくとも、学校が調査し認定したいじめに関する事実関係について学校は情報提供義務を負うと考えられる。しかし、それ以上の範囲について、何をもって「適切」とするかは今後の実務に委ねられている。ただし、本項が定める被害者への情報提供を実質的なものとする観点からは、被害者から求められた場合、関係者のプライバシーにも配慮しつつ、得られた調査結果からどのようにして事実関係の認定に至り、又は至らなかったのか合理的な範囲で説明を行うことが望ましい。このとき、当該説明に含まれるいじめの具体的な態様等に関する情報が、個人識別情報の定義に該当することも多いと思われるが、「適切」な情報提供は本条が明示的に要請するものであるから、個人情報保護との関係でも、法令に基づく開示として合理的な範囲内で許容されるものと解する[183]。

## ⑸　情報の提供の方法及び調査結果の公表

　情報の提供は、適時・適切な方法で経過報告がなされることが望ましい[184]。

　なお、調査結果の公表等に関して、本法律では明記されていないが、ガイドラインでは、「いじめの重大事態に関する調査結果を公表するか否かは、学校の設置者及び学校として、事案の内容や重大性、被害児童生徒・保護者の意向、公表した場合の児童生徒への影響等を総合的に勘案して、適切に判断することとし、特段の支障がなければ公表することが望ましい。学校の設置者及び学校は、被害児童生徒・保護者に対して、公表の方針について説明を行うこと」としている[185]。

　また、ガイドラインは、結果公表に際した個人情報保護に関して、「学校の設置者及び学校が、調査報告書における学校の対応や、学校に対する批判に係る記述を個人情報と併せて不開示とした場合、学校が事実関係を隠蔽しているなどと、外部からの不信を招く可能性がある」と指摘している[186]。

[183] ある事実の存否が特に重要な争点になっている場合など、事実認定の根拠を説明する上で原資料の内容をそのまま引用する必要があるときは、原資料の提供も「適切」な提供として許容されると解すべきである。
[184] 基本方針第2の4⑴ii①及び衆議院附帯決議4項参照。
[185] ガイドライン第7。
[186] ガイドライン第8。

### 個人情報保護法23条1項

　個人情報取扱事業者は、次に掲げる場合を除くほか、あらかじめ本人の同意を得ないで、個人データを第三者に提供してはならない。

⑴　法令に基づく場合

⑵　人の生命、身体又は財産の保護のために必要がある場合であって、本人の同意を得ることが困難であるとき。

⑶　公衆衛生の向上又は児童の健全な育成の推進のために特に必要がある場合であって、本人の同意を得ることが困難であるとき。

⑷　国の機関若しくは地方公共団体又はその委託を受けた者が法令の定める事務を遂行することに対して協力する必要がある場合であって、本人の同意を得ることにより当該事務の遂行に支障を及ぼすおそれがあるとき。

### 東京都個人情報保護条例16条2号

　開示請求者以外の個人に関する情報（事業を営む個人の当該事業に関する情報を除く。）であって、当該情報に含まれる氏名、生年月日その他の記述等により開示請求者以外の特定の個人を識別することができるもの（他の情報と照合することにより、開示請求者以外の特定の個人を識別することができることとなるものを含む。）又は開示請求者以外の特定の個人を識別することはできないが、開示することにより、なお開示請求者以外の個人の権利利益を害するおそれがあるもの。ただし、次に掲げる情報を除く。

イ　法令等の規定により又は慣行として開示請求者が知ることができ、又は知ることが予定されている情報

ロ　人の生命、健康、生活又は財産を保護するため、開示することが必要であると認められる情報

ハ　当該個人が公務員等（国家公務員法（昭和22年法律第120号）第2条第1項に規定する国家公務員（独立行政法人通則法（平成11年法律第103号）第2条第4項に規定する行政執行法人の役員及び職員を除く。）、独立行政法人等の役員及び職員、地方公務員法（昭和25年法律第261号）第2条に規定する地方公務員並びに地方独立行政法人の役員及び職員をいう。）である場合において、当該情報がその職務の遂行に係る

情報であるときは、当該情報のうち、当該公務員等の職及び当該職務遂
行の内容に係る部分

## 4 学校の設置者による指導及び支援（3項）

　学校が重大事態における調査及び情報提供を行う場合には、学校の設置者は、
調査及び情報提供について必要な指導及び支援をすることとされている。

　いじめ防止等ポイントを参考にしつつ[187]、事案の重大性を踏まえて、学校の
設置者がより積極的に指導・支援したり、関係機関ともより適切に連携したりして、
対応にあたることが必要である[188]。

## 5 調査結果を踏まえた対応

　まず、被害児童生徒に対しては、事情や心情を聴取し、当該児童生徒の状
況に応じた継続的なケアを行い、被害児童生徒が不登校となっている場合は
学校生活への復帰に向けた支援や学習支援を行う。その際、必要に応じて、ス
クールカウンセラーやスクールソーシャルワーカー等の専門家を活用すること
が考えられる。

　次に、調査結果において、いじめが認定されている場合、加害児童生徒に対
して、個別に指導を行い、いじめの非に気づかせ、被害児童生徒への謝罪の気
持ちを醸成させる。加害児童生徒に対する指導を行う場合は、その保護者に協
力を依頼しながら行う。

　また、学校の設置者は、調査結果を踏まえ、学校への積極的な支援を行うこ
とが求められる。特に市町村教育委員会においては、いじめの加害児童生徒に
対する出席停止措置の活用や、被害児童生徒・保護者が希望する場合には就
学校の指定の変更、区域外就学等の弾力的な対応を検討することも必要である。

　さらに、学校の設置者は、調査結果において認定された事実に基づき、いじ
めの未然防止、早期発見、対処、情報共有等の学校の設置者及び学校の対応
について検証し、再発防止策の検討を行う。学校の設置者及び学校におけるい
じめ事案への対応において、法律や基本方針等に照らして重大な過失等が指

---

[187] いじめ防止等ポイント(3)参照。
[188] なお、事実関係の調査及び指導については、片木悠『いじめは7時間で解決できる！―渦中にいるあな
たに今できること』（光文社、平成24年）が示唆に富む。

摘されている場合には、教職員に対する聴き取りを行った上で客観的に事実関係を把握し、教職員の懲戒処分等の要否を検討すべき場合も考えられる[189]。

## 6 重大事態の発生報告

　学校は、重大事態が発生した場合、速やかに学校の設置者を通じて、地方公共団体の長等まで重大事態が発生した旨を報告する義務が法律上定められている(29条～32条)[190]。この報告が遅れることで、地方公共団体等における学校の設置者及び学校に対する指導・助言、支援等の対応にも遅れを生じさせることになるので、報告義務が法律上定められていることに十分留意する必要がある。

　また、学校は、重大事態の報告にあわせて、必要に応じて支援体制の整備のため、教育委員会等に相談・連携を依頼することで重大事態へ対処する必要がある[191]。

---

**第29条**（国立大学に附属して設置される学校に係る対処）
① 　国立大学法人（国立大学法人法（平成15年法律第112号）第2条第1項に規定する国立大学法人をいう。以下この条において同じ。）が設置する国立大学に附属して設置される学校は、前条第1項各号に掲げる場合には、当該国立大学法人の学長を通じて、重大事態が発生した旨を、文部科学大臣に報告しなければならない。
② 　前項の規定による報告を受けた文部科学大臣は、当該報告に係る重大事態への対処又は当該重大事態と同種の事態の発生の防止のため必要があると認めるときは、前条第1項の規定による調査の結果について調査を行うことができる。
③ 　文部科学大臣は、前項の規定による調査の結果を踏まえ、当該調査に係る国立大学法人又はその設置する国立大学に附属して設置される学校が当該調査に係る重大事態への対処又は当該重大事態と同種の事態の発生の防止のために必要な措置を講ずることができるよう、国立大学法人法第35条において準用する独立行政法人通則法（平成11年法律第103号）第64条第1項に規定する権限の適切な行使その他の必要な措置を講ずるものとする。

---

[189] ガイドライン第9。
[190] ガイドライン第3。
[191] ガイドライン第3。

## 1　本条の趣旨

本条は、国立大学に附属して設置される学校において重大事態が発生した場合について、28条1項の調査を踏まえてさらに重大事態への適切な対処を行うべく、学校による文部科学大臣に対する報告（1項）、文部科学大臣による28条1項の調査の再調査（2項）及び再調査の結果を踏まえて措置を講ずること（3項）について定めている。

## 2　重大事態の報告（1項）

国立大学に附属して設置される学校において重大事態が発生した場合には、学校は、国立大学法人の学長を通じて、重大事態が発生した旨を、主務大臣である文部科学大臣に報告しなければならない。

一般に、文部科学大臣は、必要があると認めるときは、国立大学法人に対し、その業務並びに資産及び債務の状況に関し報告をさせることができる（国立大学法人法35条、独立行政法人通則法64条1項）。かかる報告は、文部科学大臣による求めに応じて国立大学法人が行うものであるが、本条1項は、文部科学大臣の求めがなくとも、学校が、国立大学法人の学長を通じて報告すべき旨を規定している。

本条1項においては、文言上は「重大事態が発生した旨」を報告すべきことのみが規定されているが、本条2項において文部科学大臣により28条1項の調査の結果について再調査をなしうる旨規定されていることからも読み取れるとおり、文部科学大臣への報告は28条1項の調査結果についても行われるべきである。

この際、学校は、28条2項に基づき提供された調査の結果を踏まえて、いじめを受けた児童等又はその保護者が希望する場合には、いじめを受けた児童等又はその保護者の所見をまとめた文書の提供を受け、調査結果の報告に添えて文部科学大臣に送付すべきである[192]。

## 3　再調査（2項）

本条1項の報告を受けた文部科学大臣は、当該報告に係る重大事態への対処又は当該重大事態と同種の事態の発生の防止のため必要があると認める

---

[192] 基本方針第2の4(1)ii②。

ときは、28条1項の規定による調査の結果について再調査を行うことができる。文部科学大臣は、当該事案に係る資料の提供等を求め、資料の精査や分析をあらためて行うこと等が考えられる。

　この場合、調査対象となる児童等への心理的な負担を考慮し、重複した調査とならないよう注意が必要である。また、本項については2度目の調査が時機を逸したものになるという弊害への対処が問題となる。この点、28条3項により、設置者の支援が規定されているのであるから、設置者が学校の機関に弁護士等の外部の専門家を入れるよう指導・支援するならば、2度目の調査を避けることが可能と思われるとの指摘がある[193]。

　再調査の結果については、いじめを受けた児童等及びその保護者に対する説明責任を定めた規定は存在しないが、学校の設置者又は学校等による調査同様、文部科学大臣は、いじめを受けた児童等及びその保護者に対して、情報を適切に提供する責任があるものと認識し、適時・適切な方法で、調査の進捗状況等及び調査結果を説明すべきである[194]。

### 4　必要な措置（3項）

　文部科学大臣は、本条2項の再調査を行った場合には、その結果を踏まえ、国立大学に附属して設置される学校について、国立大学法人法において準用する独立行政法人通則法の規定等に定める権限に基づき必要な措置を講ずる。

> **国立大学法人法35条**
>
> 　独立行政法人通則法第3条、第7条第2項、第8条第1項、第9条、第11条、第14条から第17条まで、第21条の4、第21条の5、第24条、第25条、第25条の2第1項及び第2項、第26条、第28条、第28条の4、第31条、第36条から第46条まで、第47条から第50条の10まで、第64条並びに第66条の規定は、国立大学法人等について準用する。この場合において、これらの規定（同法第31条第1項の規定を除く。）中「主務大臣」とあるのは「文部科学大臣」と、「主務省令」とあるのは「文部科学省令」と、「中期目標管理法人の」とあるのは「国立大学法人等の」と、「中期目標管理法人は」

---

[193] 日本弁護士連合会「『いじめ防止対策推進法』に対する意見書」（平成25年6月20日）16頁。
[194] 基本方針第2の4(2)ⅰ。

とあるのは「国立大学法人等は」と、「中期目標管理法人と」とあるのは「国立大学法人等と」と、「中期目標管理法人が」とあるのは「国立大学法人等が」と、「中期目標管理法人に」とあるのは「国立大学法人等に」と、「中期目標管理法人役職員」とあるのは「国立大学法人等役職員」と読み替えるほか、次の表の上欄に掲げる同法の規定中同表の中欄に掲げる字句は、それぞれ同表の下欄に掲げる字句に読み替えるものとする。

### 独立行政法人通則法64条1項

主務大臣は、この法律を施行するため必要があると認めるときは、独立行政法人に対し、その業務並びに資産及び債務の状況に関し報告をさせ、又はその職員に、独立行政法人の事務所に立ち入り、業務の状況若しくは帳簿、書類その他の必要な物件を検査させることができる。

---

**第30条**（公立の学校に係る対処）
① 地方公共団体が設置する学校は、第28条第1項各号に掲げる場合には、当該地方公共団体の教育委員会を通じて、重大事態が発生した旨を、当該地方公共団体の長に報告しなければならない。
② 前項の規定による報告を受けた地方公共団体の長は、当該報告に係る重大事態への対処又は当該重大事態と同種の事態の発生の防止のため必要があると認めるときは、附属機関を設けて調査を行う等の方法により、第28条第1項の規定による調査の結果について調査を行うことができる。
③ 地方公共団体の長は、前項の規定による調査を行ったときは、その結果を議会に報告しなければならない。
④ 第2項の規定は、地方公共団体の長に対し、地方教育行政の組織及び運営に関する法律（昭和31年法律第162号）第23条に規定する事務を管理し、又は執行する権限を与えるものと解釈してはならない。
⑤ 地方公共団体の長及び教育委員会は、第2項の規定による調査の結果を踏まえ、自らの権限及び責任において、当該調査に係る重大事態への対処又は当該重大事態と同種の事態の発生の防止のために必要な措置を講ずるものとする。

---

## 1 本条の趣旨

本条は、公立学校において重大事態が発生した場合について、28条1項の

調査を踏まえてさらに重大事態への適切な対処を行うべく、学校による地方公共団体の長に対する報告（1項）、地方公共団体の長による28条1項の調査の再調査（2項）及び再調査の議会への報告（3項）並びに再調査の結果を踏まえて措置を講ずること（5項）について定めている。

## 2　重大事態の報告（1項）

　公立学校において重大事態が発生した場合には、学校は、教育委員会を通じて、重大事態が発生した旨を地方公共団体の長に報告しなければならない。

　学校教育法5条においては、学校の設置者が学校の管理を行う旨規定されているところ、公立学校の設置者は各自治体、すなわち都道府県や市町村であり（教育基本法6条1項）、これに従えば、都道府県や市町村が公立学校の管理を行うことになる。しかし、学校教育は、その内容の公平・中立性等を維持することが重要であることから、法は、地方公共団体の行う教育に関する事務については、教育委員会に単独で管理及び執行する権限を付与している（地方教育行政の組織及び運営に関する法律21条1号）。このように、公立学校においては、教育委員会が学校の管理及び執行権限を有することから、本条においては、公立学校において重大事態が発生した場合も、公立学校は教育委員会を通じて、地方公共団体の長にその旨報告するものと規定されたのである。

　28条1項の調査結果についても報告が行われるべきこと、いじめを受けた児童等又はその保護者の希望に応じて文書の送付をすべきことについては、29条1項の場合と同様である。

## 3　再調査（2項）

　本条1項の報告を受けた地方公共団体の長は、当該報告に係る重大事態への対処又は当該重大事態と同種の事態の発生の防止のため必要があると認めるときは、28条1項の規定による調査の結果について再調査を行うことができる。公立学校について、本条2項により、地方公共団体の長に新たな権限が付与されるものではないが（4項参照）、地方公共団体の長は、当該事案に係る資料の提供等を求め、資料の精査や分析をあらためて行うこと等が考えられる[195]。こ

---

[195] 基本方針第2の4(2)ⅰ。

の際、調査の重複や2度目の調査が時機を逸したものになるという弊害への対処が問題となること、及びいじめを受けた児童等及びその保護者に対する説明責任については29条2項の場合と同様である。

　本条2項で規定する「附属機関を設けて調査を行う等の方法」とは、当該再調査を行うにあたって、専門的な知識又は経験を有する第三者等による附属機関を設けて行うことを主な方法として念頭に置いたものであるが、「等」としては、地方公共団体がすでに設置している附属機関や監査組織等を活用しながら調査を進めることなども考えられる。

　なお、本法律は、「附属機関」をどのような者で構成するかということについて特段の規定を置いていないが、この点に関しては、弁護士や精神科医、学識経験者、心理や福祉の専門家等の専門的な知識及び経験を有する者であって、当該いじめ事案の関係者と直接の人間関係又は特別の利害関係を有する者ではない者（第三者）について、職能団体や大学、学会からの推薦等により参加を図り、当該調査の公平性・中立性を図るよう努めることが求められる。また、附属機関を置く場合、重大事態の発生の都度、条例により機関を設置することは、迅速性という観点から必ずしも十分な対応ができないおそれがあるため、あらかじめ重大事態に対応するための附属機関を設けておくことも考えられる[196]。

## 4　議会への報告（3項）

　公立学校について再調査を行ったとき、地方公共団体の長はその結果を議会に報告しなければならないこととされている（3項）。これは、議会を通じて再調査結果を公開することにより、地方公共団体の長らによる重大事態への対処法について、議会の監視機能を働かせるために設けられた規定と考えられる。

　議会へ報告する内容については、個々の事案に応じ、各地方公共団体において適切に設定されることとなるが、個人のプライバシーに対しては必要な配慮を確保することが当然求められる[197]。

## 5　4項

　2項で記載のとおり、地方公共団体の長が、28条1項による調査の結果につ

---

[196] 基本方針第2の4(2) i 。
[197] 基本方針第2の4(2) ii 。

き再調査ができるとしても、地方教育行政の組織及び運営に関する法律21条に定める事務に関しては、教育委員会がその管理執行権限を有することを確認した規定である。これは、教育委員会の政治的中立性を図るという制度趣旨を維持するために設けられたものである。

## 6　必要な措置（5項）

　公立学校の場合、地方公共団体の長及び教育委員会は、再調査の結果を踏まえ、自らの権限及び責任において、当該調査に係る重大事態への対処又は当該重大事態と同種の事態の発生の防止のために必要な措置を講ずることとされている。

　「必要な措置」は、地方教育行政の組織及び運営に関する法律21条及び22条からすれば、基本的には教育委員会が主導して行うことになると考えられる。

　基本方針では、教育委員会が行う「必要な措置」としては、例えば、指導主事や教育センターの専門家の派遣による重点的な支援、生徒指導に専任的に取り組む教職員の配置など人的体制の強化、心理や福祉の専門家、教員・警察官経験者など外部専門家の追加配置等、多様な方策が考えられるとされ、首長部局においても、必要な教育予算の確保や児童福祉や青少年健全育成の観点からの措置が考えられると指摘されている[198]。

> **地方教育行政の組織及び運営に関する法律21条**
>
> 　教育委員会は、当該地方公共団体が処理する教育に関する事務で、次に掲げるものを管理し、及び執行する。
>
> (1)　教育委員会の所管に属する第30条に規定する学校その他の教育機関（以下「学校その他の教育機関」という。）の設置、管理及び廃止に関すること。
>
> (2)　教育委員会の所管に属する学校その他の教育機関の用に供する財産（以下「教育財産」という。）の管理に関すること。
>
> (3)　教育委員会及び教育委員会の所管に属する学校その他の教育機関の職員の任免その他の人事に関すること。

---

[198] 基本方針第2の4(2)ⅱ。

(4) 学齢生徒及び学齢児童の就学並びに生徒、児童及び幼児の入学、転学及び退学に関すること。

(5) 教育委員会の所管に属する学校の組織編制、教育課程、学習指導、生徒指導及び職業指導に関すること。

(6) 教科書その他の教材の取扱いに関すること。

(7) 校舎その他の施設及び教具その他の設備の整備に関すること。

(8) 校長、教員その他の教育関係職員の研修に関すること。

(9) 校長、教員その他の教育関係職員並びに生徒、児童及び幼児の保健、安全、厚生及び福利に関すること。

(10) 教育委員会の所管に属する学校その他の教育機関の環境衛生に関すること。

(11) 学校給食に関すること。

(12) 青少年教育、女性教育及び公民館の事業その他社会教育に関すること。

(13) スポーツに関すること。

(14) 文化財の保護に関すること。

(15) ユネスコ活動に関すること。

(16) 教育に関する法人に関すること。

(17) 教育に係る調査及び基幹統計その他の統計に関すること。

(18) 所掌事務に係る広報及び所掌事務に係る教育行政に関する相談に関すること。

(19) 前各号に掲げるもののほか、当該地方公共団体の区域内における教育に関する事務に関すること。

### 地方教育行政の組織及び運営に関する法律22条

地方公共団体の長は、大綱の策定に関する事務のほか、次に掲げる教育に関する事務を管理し、及び執行する。

(1) 大学に関すること。

(2) 幼保連携型認定こども園に関すること。

(3) 私立学校に関すること。

(4) 教育財産を取得し、及び処分すること。

(5) 教育委員会の所掌に係る事項に関する契約を結ぶこと。

(6) 前号に掲げるもののほか、教育委員会の所掌に係る事項に関する予算を執行すること。

---

**第31条**（私立の学校に係る対処）

① 学校法人（私立学校法（昭和24年法律第270号）第3条に規定する学校法人をいう。以下この条において同じ。）が設置する学校は、第28条第1項各号に掲げる場合には、重大事態が発生した旨を、当該学校を所轄する都道府県知事（以下この条において単に「都道府県知事」という。）に報告しなければならない。

② 前項の規定による報告を受けた都道府県知事は、当該報告に係る重大事態への対処又は当該重大事態と同種の事態の発生の防止のため必要があると認めるときは、附属機関を設けて調査を行う等の方法により、第28条第1項の規定による調査の結果について調査を行うことができる。

③ 都道府県知事は、前項の規定による調査の結果を踏まえ、当該調査に係る学校法人又はその設置する学校が当該調査に係る重大事態への対処又は当該重大事態と同種の事態の発生の防止のために必要な措置を講ずることができるよう、私立学校法第6条に規定する権限の適切な行使その他の必要な措置を講ずるものとする。

④ 前2項の規定は、都道府県知事に対し、学校法人が設置する学校に対して行使することができる権限を新たに与えるものと解釈してはならない。

---

## 1 本条の趣旨

私立学校法1条に「この法律は、私立学校の特性にかんがみ、その自主性を重んじ、公共性を高めることによって、私立学校の健全な発達を図ることを目的とする」と規定されているとおり、私立学校においては、その自主性が尊重されている。そのため、私立学校においては、国立大学法人や地方公共団体が設置する学校に比べて、所轄庁の権限も限定されており、学校教育法14条に基づく、私立学校に対する設備、授業等の都道府県知事の変更命令については、私立学校に対する適用が除外されている（私立学校法5条）。また、所轄庁は、「教育の調査、統計その他に関し必要な報告書の提出を求めることができる」にとどまる（私立学校法6条）。

本条は、このような私立学校の特色に配慮しながら、私立学校において重大事態が発生した場合について、28条1項の調査を踏まえてさらに重大事態への

適切な対処を行うべく、学校による都道府県知事に対する報告（1項）、都道府県知事による28条1項の調査の再調査（2項）及び再調査の結果を踏まえて措置を講ずること（3項）について定めている。

### 学校教育法14条

　大学及び高等専門学校以外の市町村の設置する学校については都道府県の教育委員会、大学及び高等専門学校以外の私立学校については都道府県知事は、当該学校が、設備、授業その他の事項について、法令の規定又は都道府県の教育委員会若しくは都道府県知事の定める規程に違反したときは、その変更を命ずることができる。

### 私立学校法5条

　私立学校（幼保連携型認定こども園を除く。第8条第1項において同じ。）には、学校教育法第14条の規定は、適用しない。

### 私立学校法6条

　所轄庁は、私立学校に対して、教育の調査、統計その他に関し必要な報告書の提出を求めることができる。

## 2　重大事態の報告（1項）

　私立学校において重大事態が発生した場合には、学校は、重大事態が発生した旨を、当該学校を所轄する都道府県知事に報告しなければならない。この際、報告が28条1項の調査結果についても行われるべきこと、いじめを受けた児童等又はその保護者の希望に応じて文書の送付をすべきことについては29条1項の場合と同様である。

　一般に、都道府県知事は、私立学校に対し、教育の調査、統計その他に関し必要な報告書の提出を求めることができる（私立学校法6条）。かかる報告は、都道府県知事の求めに応じて行われるものであるが、本条1項は、都道府県知事の求めがなくとも学校による報告がなされるべき旨を規定している。

## 3 再調査（2項）

　本条1項の報告を受けた都道府県知事は、当該報告に係る重大事態への対処又は当該重大事態と同種の事態の発生の防止のため必要があると認めるときは、28条1項の規定による調査の結果について再調査を行うことができる。私立学校について、本項により都道府県知事に新たな権限が付与されるものではないが（4項参照）、都道府県知事は、当該事案に係る資料の提供等を求め、資料の精査や分析をあらためて行うこと等が考えられる。

　この際、調査の重複や2度目の調査が時機を逸したものになるという弊害への対処が問題となることや、いじめを受けた児童等及びその保護者に対する説明責任については29条2項の場合と同様である。

　なお、公立学校に対する地方公共団体の長の権限（地方教育行政の組織及び運営に関する法律22条4号・5号。前条参照）と異なり、都道府県知事は、私立学校に対して教育事務を管理執行する権限を有し（同法22条3号）、都道府県知事は、必要に応じて都道府県の教育委員会による助言・援助を得ながら事務にあたることができる（同法27条の5）とされる。本条2項の調査をこのような都道府県知事の有する権限の延長として捉える考え方もありうるが、地方教育行政の組織及び運営に関する法律27条の5新設（新設時の条文番号は27条の2）前より、同法22条3号で定める私立学校に関する事務は、「地方公共団体が学校法人に対してなす補助金の支出、貸付金、財産の譲渡あるいはその貸付けに関する事務やこれらの助成の打切りに関する事務等」と解釈され[199]、同法27条の5新設時に、「この改正は、私立学校に対する都道府県知事の権限を変更するものではな〔い〕」との考えもあり[200]、本項が都道府県知事に新たな権限が付与するのではないことからすれば（4項）、私立学校による自主的な報告書等の提出以上の権限はないと考えることもできよう。

　いずれにせよ、「私立学校の独自性、自主性・自律性を文部科学大臣の指導・助言・援助下にある都道府県知事が、私立学校の『学校教育に関する専門的事項』について、都道府県教育委員会の助言・援助を得ながら実質的な介入を

---

[199] 木田宏『第三次新訂逐条解説地方教育行政の組織及び運営に関する法律』（第一法規、平成15年）225頁。

[200] 寺島史朗（文部科学省初等中等教育局初等中等教育企画課）「地方教育行政の組織及び運営に関する法律の一部を改正する法律」法令解説資料総覧第325号（第一法規、平成20年）9頁。

なしうる権限を付与するものであり、私立学校の独自性、自主性・自律性を制約することになる懸念がある」との意見が出されたように[201]、本条2項の調査にあたっては、私立学校の独自性、自主性が制約されることのないように配慮がなされる必要があるといえる。

### 地方教育行政の組織及び運営に関する法律27条の5

都道府県知事は、第22条第3号に掲げる私立学校に関する事務を管理し、及び執行するに当たり、必要と認めるときは、当該都道府県委員会に対し、学校教育に関する専門的事項について助言又は援助を求めることができる。

## 4 必要な措置（3項）

都道府県知事は、本条2項の再調査を行った場合には、その結果を踏まえ、私立学校について、私立学校法6条の規定等に定める権限に基づき、必要な措置を講ずる。

私立学校法6条は、教育の調査等に関し、所轄庁が必要な報告を求めることができる旨の規定であるから、本項の「必要な措置」としても、都道府県知事から私立学校に対して、重大事態の発生原因、その内容、対応等について、必要な報告を求めることが考えられる。調査や対応が不十分な場合には、繰り返し報告を求めることによって、是正を図ることになろう。

## 5 4項

本項は、私立学校のする重大事態発生時の都道府県知事への報告（本条2項）及び、同報告を受けた都道府県知事による再調査（本条3項）の規定が、都道府県知事に対し、私立学校に対して行使することができる権限を新たに与えるものと解釈してはならないことを明示した規定である。

---

[201] 日本弁護士連合会「教育関係3法『改正』法案に関する意見書」（平成19年6月14日）4頁。

**第32条**（同上）

① 学校設置会社（構造改革特別区域法（平成14年法律第189号）第12条第2項に規定する学校設置会社をいう。以下この条において同じ。）が設置する学校は、第28条第1項各号に掲げる場合には、当該学校設置会社の代表取締役又は代表執行役を通じて、重大事態が発生した旨を、同法第12条第1項の規定による認定を受けた地方公共団体の長（以下「認定地方公共団体の長」という。）に報告しなければならない。

② 前項の規定による報告を受けた認定地方公共団体の長は、当該報告に係る重大事態への対処又は当該重大事態と同種の事態の発生の防止のため必要があると認めるときは、附属機関を設けて調査を行う等の方法により、第28条第1項の規定による調査の結果について調査を行うことができる。

③ 認定地方公共団体の長は、前項の規定による調査の結果を踏まえ、当該調査に係る学校設置会社又はその設置する学校が当該調査に係る重大事態への対処又は当該重大事態と同種の事態の発生の防止のために必要な措置を講ずることができるよう、構造改革特別区域法第12条第10項に規定する権限の適切な行使その他の必要な措置を講ずるものとする。

④ 前2項の規定は、認定地方公共団体の長に対し、学校設置会社が設置する学校に対して行使することができる権限を新たに与えるものと解釈してはならない。

⑤ 第1項から前項までの規定は、学校設置非営利法人（構造改革特別区域法第13条第2項に規定する学校設置非営利法人をいう。）が設置する学校について準用する。この場合において、第1項中「学校設置会社の代表取締役又は代表執行役」とあるのは「学校設置非営利法人の代表権を有する理事」と、「第12条第1項」とあるのは「第13条第1項」と、第2項中「前項」とあるのは「第5項において準用する前項」と、第3項中「前項」とあるのは「第5項において準用する前項」と、「学校設置会社」とあるのは「学校設置非営利法人」と、「第12条第10項」とあるのは「第13条第3項において準用する同法第12条第10項」と、前項中「前2項」とあるのは「次項において準用する前2項」と読み替えるものとする。

## 1 本条の趣旨

　本条は、学校設置会社が設置する学校において重大事態が発生した場合について、28条1項の調査を踏まえてさらに重大事態への適切な対処を行うべく、学校による地方公共団体の長に対する報告（1項）、地方公共団体の長による28条1項の調査の再調査（2項）及び再調査の結果を踏まえて措置を講ずること（3項）について定めている。

　また、学校設置非営利法人が設置する学校において重大事態が発生した場合についても同様の規定を置いている（5項）。

## 2　31条との関係

　本条は、学校法人が設置する私立学校以外の私立の学校について31条と同様の定めをしたものである。したがって、本条の解釈は31条のそれに準ずる。

> **第33条**（文部科学大臣又は都道府県の教育委員会の指導、助言及び援助）
> 　地方自治法（昭和22年法律第67号）第245条の4第1項の規定によるほか、文部科学大臣は都道府県又は市町村に対し、都道府県の教育委員会は市町村に対し、重大事態への対処に関する都道府県又は市町村の事務の適正な処理を図るため、必要な指導、助言又は援助を行うことができる。

　本条は、重大事態への対処に関する都道府県又は市町村の事務の適正な処理を図るため、文部科学大臣又は都道府県の教育委員会が必要な指導、助言及び援助を行うことができる旨定めている。

　地方自治法245条の4第1項によって、文部科学大臣及び都道府県の教育委員会には、「その担任する事務に関し、……普通地方公共団体の事務の運営その他の事項について適切と認める技術的な助言若しくは勧告、又は当該助言若しくは勧告をするため若しくは普通地方公共団体の事務の適正な処理に関する情報を提供するため必要な資料の提出を求める」権限が与えられているが、本条はかかる権限を超えて、文部科学大臣及び都道府県の教育委員会に対し、「必要な指導、助言又は援助」を行う権限を付与するものである。

# 第6章　雑則

---

**第34条**（学校評価における留意事項）
　学校の評価を行う場合においていじめの防止等のための対策を取り扱うに当たっては、いじめの事実が隠蔽されず、並びにいじめの実態の把握及びいじめに対する措置が適切に行われるよう、いじめの早期発見、いじめの再発を防止するための取組等について適正に評価が行われるようにしなければならない。

---

## 1　本条の趣旨

　学校評価におけるいじめ防止等のための対策の取扱いについて、いじめの事実が隠蔽されないこと、いじめの実態の把握及びいじめに対する措置が適切になされることを目的として行われるよう定めた規定である。

## 2　学校評価

　学校評価とは、平成19年6月改正後の学校教育法42条が定める制度である。児童等がよりよい教育活動を享受できるよう、学校が学校としての目標や取組等の達成状況を明らかにして、その結果をもとに学校運営の改善を図るために行うものであり、実施手法には、①自己評価（各学校の教職員が行う評価）、②学校関係者評価（保護者、地域住民等の学校関係者などにより構成された評価委員会等が、自己評価の結果について評価することを基本として行う評価）、③第三者評価（学校運営に関する外部の専門家等が、自己評価及び学校関係者評価について専門的・客観的〔第三者的〕立場から行う評価）の3つがある。

### *学校教育法42条*

　*小学校は、文部科学大臣の定めるところにより当該小学校の教育活動その他の学校運営の状況について評価を行い、その結果に基づき学校運営の改善を図るため必要な措置を講ずることにより、その教育水準の向上に努めなければならない。*

＊　同規定は、中学校（49条）、高等学校（62条）、中等教育学校（70条）、特別支援学校（82条）に、それぞれ準用されている。

## 3 いじめの事実の隠蔽・実態把握に関する問題点

　いじめが発生した場合、いじめの事実が外部的に明らかになることにより学校に対する評価及び当該学校の教員に対する評価が低下することをおそれ、学校がいじめの事実を隠蔽しようとする事態がしばしば見られる。一例として、大津いじめ事件が挙げられる。大津いじめ事件においては、いじめを受けた生徒が自殺する前の時点で、担任を含む教職員が教室内や廊下、校庭でのいじめを何度も目撃しながらこれを漫然と見逃し、事件の数日前にはいじめの疑いについて他の生徒からの報告があったにもかかわらず、十分な事実確認を行わなかった。事件発生後、学校及び教育委員会は、当初、事件当時はいじめの事実について誰も把握していなかったと主張し、一貫していじめと自殺との因果関係を否定していた。また、事件発生後に全校生徒を対象に行われたアンケート調査においては、いじめの存在を示唆する回答が多数あったにもかかわらず、学校及び教育委員会は、事実関係の調査を実施することなく、アンケート結果の公表を行うこともなかった。

　また、文部科学省が実施した平成24年度「児童生徒の問題行動等生徒指導上の諸問題に関する調査」によれば、児童生徒1,000人あたりのいじめ認知件数は都道府県によって最大80倍もの差があり、地域又は学校により、いじめの適切な実態把握が必ずしもなされていない現状が明らかとなっている。

　本条が、このようないじめの事実の隠蔽を防止することを目的に掲げているのは、いじめの事実が隠蔽されることに以下の問題点があるためである。

### (1) 重大事態発生前の隠蔽・実態把握

　担任をはじめとする教員が、いじめが発生している事実に気づきながらも十分な事実確認を行わず、いじめの事実を見て見ぬふりをしてやり過ごすことは、大津いじめ事件のように、重大事態の発生につながる。重大事態が発生するまでいじめの事実を黙殺するのではなく、いじめを受けた児童等において重大事態が発生することを未然に防止するため、いじめの事実に気づいた教員が、当該事実を学校全体で共有し、いじめの実態を早期段階で把握し、これに対して適切な措置をとることが必要である。

### (2) 重大事態発生後の隠蔽・実態把握

　いじめを原因としていじめを受けた児童等の自殺等の重大事態が発生した場合においては、学校には家族（遺族）の心情に配慮するという観点からもいじめ

の事実を隠蔽せず、説明責任を果たすことが求められる。いじめを受けた児童等が自殺等に至った原因を知りたいと思うのは家族（遺族）にとって当然の思いであり、またこれを知ることは家族（遺族）にとって極めて重要な意味を持つ。他方、学校は、かかる原因を探求しうる立場にあり、それが家族（遺族）に比べてはるかに容易である以上、適時に事実関係の調査を行い、これを家族（遺族）等に報告すべきであるといえる[202]。

なお、大津いじめ事件に関しては、いじめを受けた生徒の遺族が全校生徒を対象に行われたアンケート調査の結果を大津市から受け取る際、校長が安易に一切の情報を「部外秘」とする旨を約束させたこと、遺族によるアンケート調査結果等の情報公開請求に対して大津市が大部分を黒塗りした上で対象文書の開示を行ったことが違法であるとして、遺族の大津市に対する慰謝料請求が認められており[203]、学校側の説明責任について裁判所が一定の示唆を与えたといえる。

## (3) 小括

以上のとおり、いじめの事実が隠蔽され、また実態の把握が十分になされないことの問題点に鑑み、本法律は、学校評価に関して本条の定めを置いている。

いじめの事実についての隠蔽を常態化させず、適切にいじめの実態の把握及びいじめに対する措置を採ることは、いじめの早期発見、いじめの再発防止につながるものといえ、本条の趣旨にまさに沿うところであるといえる。

---

**第35条**（高等専門学校における措置）
　高等専門学校（学校教育法第1条に規定する高等専門学校をいう。以下この条において同じ。）の設置者及びその設置する高等専門学校は、当該高等専門学校の実情に応じ、当該高等専門学校に在籍する学生に係るいじめに相当する行為の防止、当該行為の早期発見及び当該行為への対処のための対策に関し必要な措置を講ずるよう努めるものとする。

---

学校教育法1条の学校ではあるが、本法律上の「学校」の定義（2条2項）に

---

[202] 28条2項参照。参考になる裁判例として、さいたま地裁平20・7・18判決・判例集未登載。
[203] 大津地裁平26・1・14判決・判例時報2213号75号。

該当しない高等専門学校につき、いじめに相当する行為の防止、当該行為の早期発見及び当該行為への対処のための対策に関し、スクールカウンセラー・スクールソーシャルワーカーの配置、弁護士等の専門家の派遣、関係機関との連携等の体制整備をはじめとする必要な措置をとることを求めるものである。そして、高等専門学校の設置者は、高等専門学校が、いじめの問題への対応において、必要に応じて、教育委員会からのスクールカウンセラー・スクールソーシャルワーカー、弁護士等の専門家・関係機関の紹介や、研修機会の提供等の支援が受けられるよう、日常的に教育委員会との連携確保に努めることが求められる。

　高等専門学校は、「深く専門の学芸を教授し、職業に必要な能力を育成することを目的とする」学校であって（学校教育法115条）、初等・中等教育を目的とする小学校・中学校・高等学校等とは異なるため、本法律が問題とする「学校」（2条）には含まれていない。しかし、高等専門学校は、中学卒業者が通うもので、高等学校と同世代の年齢の者が通学することから、このような規定が設けられたと考えられる（2条参照）。なお、高等専門学校におけるいじめについて、第三者委員会による調査が実施された例がある。

# 調査報告義務に関する参考裁判例

## 第三者委員会の調査の内容・程度

### 前橋地裁平26・3・14判決
**判例時報2226号49頁**

#### 1 事案の概要

市立小学校6年生の女子生徒Aが、小学校に在学中に、同級生から陰湿かつ執拗ないじめを受けていたにもかかわらず、本件小学校の校長や6年生時の担任教諭は、安全配慮義務に違反して、いじめを防止し、自死を回避する措置を講じなかったため、女子生徒は自ら首を吊って死亡（以下、「本件自死」）した。

本件小学校を設置する市は、本件自死の原因等を調査報告せずに不誠実な対応をしたと主張し、市に対しては国家賠償法1条1項、県に対しては同法3条1項に基づき、連帯して損害賠償金の支払いを求めた。

判決では、同校校長及び担任教諭に児童の自殺について予見可能性がないとして責任を認めなかったが、いじめについての安全配慮義務違反があり、市にはいじめについての調査義務違反があるとして、市及び県の国家賠償責任を認めた。

#### 2 判旨
(以下、第三者調査委員会に関する判旨のみ紹介)

##### (1) 第三者調査委員会の責任

市は平成22年12月、本件自死といじめとの因果関係について第三者の立場から公平かつ客観的に調査し、結果を報告することを目的として第三者調査委員会を設置した。

そして、第三者調査委員会として、上記目的にそう調査報告をするためには、市から提出された資料を検討するだけではなく、あるべき資料がすべて提出されているか確認し、不足があればその提出を求め、本件小学校が実施した教諭や児童に対する聞き取りが不十分である場合には、これを補足するための聞き取りを実施すること等が必要である。第三者調査委員会において、上記目的にそう調査がされ、その結果が、保護者に対し提供されれば、市の保護者に対する調査報告義務を果たしたということができる。

##### (2) 不十分な調査結果

市は、第三者調査委員会に対し、本件クラスの状況やこれに対する学校の対処、本件自死の約1月前にAの心情等を示すもので本件自死の背景を調査するにあたって重要な資料を提供していなかった。

第三者調査委員会は、他の資料の内容から振り返りアンケートが行われたことを認識できる状態にあり、市から提供されなかったのであるから、これを提供するよう求めた上、本件自死の約1月前のAの心情を踏まえた更なる調査をし、これを前提として調査結果を報告すべきであった。しかし、第三者調査委員会は、振り返りアンケートの提供を求めていない。また、第三者調査委員会は、校長報告書等の資料から、本件ルール作りが行われたことを認識することができたのに、本件ルールの内容を調査しようとした形跡がない。さらに、児童や教諭に対する聞き取りは、不十分なものだったのであるから、第三者調査委員会は、これを補足するために自ら聞き取りをするか、教諭等に対し再度の聞き取りを求めるべきであったにもかかわらず、していない。

以上によれば、第三者調査委員会においては、重要な資料を踏まえず、必要な補足調査も行われていないから、適正な調査報告がされたということはできないから、市が保護者に対する調査報告義務を果たしたということはできず、保護者に対する調査義務不履行に基づく損害賠償債務を免れることはない。

## ✍ ポイント

上記判決ではいじめによる自殺事件において、第三者調査委員会が設置された場合に、第三者調査委員会が設置された目的に従い、自ら聞き取り調査を実施する等適正な調査報告をする義務があることを明示した。

# いじめに関する学校の安全配慮義務

## 福岡高裁令2・7・14判決
### 判例時報2495号36頁

### 1　事案の概要

県立高等学校の1年生であった生徒Aが、平成25年8月17日、自宅で自死した。

そして、生徒Aの遺族らは、①生徒Aが同級生の生徒Bのいじめにより精神的苦痛を負ったとして、生徒Bに対し、不法行為に基づく慰謝料等の損害賠償請求を行い、②生徒Aが学校の寮の舎監長の教諭E及び生徒Aの担任の教諭Fらの安全配慮義務違反により自死に至ったとして、県に対し、国家賠償法1条1項に基づく慰謝料等の損害賠償請求を行った。

判決では、学校の安全配慮義務違反を認め、学校の安全配慮義務違反によってAが精神的苦痛を被ったとして遺族らによる慰謝料及びその遅延損害金の請求を認めた。

### 2　判旨
#### (1)　安全配慮義務の内容

同判決は、「公立高校の教職員は、公立高校の設置者の安全配慮義務の履行補助者として、学校における教育活動及びこれに密接に関連する生活関係における生徒の安全の確保に配慮すべき義務があり、生徒の生命、身体、精神、財産等に大きな悪影響ないし危害が及ぶおそれがあるようなときには、そのような悪影響ないし危害の現実化を未然に防止するため、その事態に応じた適切な措置を講じるべき職務上の義務を負う」旨判示して教員らの安全配慮義務を

肯定した上で、安全配慮義務の内容としては、「学校の教職員は、被害申告等によりいじめの発生又はその可能性を認識した場合には、安全配慮義務の内容として、いじめに係る事実関係をそれが生じる背景事情を含めて確認した上、いじめを行った児童に対する指導等によっていじめをやめさせるだけでなく、いじめが発生する要因を除去し、かつ、いじめの再発防止のための措置を講じるべき義務を負うと解するのが相当であり、そのような措置が講じられたといえるかどうかは、その当時におけるいじめ対応に関する知見に基づいて判断すべきものと考えられる」。そして、同判決は、いじめ防止基本方針が「いじめ対応として適切な措置が講じられたかどうかを判断する基準となるものというべき」と判示した。

#### (2)　安全配慮義務違反の認定

同判決では、Eについて、AがBの行為によって強い心理的負荷を受けていることを認識し得たものといえるとして、AとBらとのトラブルを校長にまで報告し、組織として情報を収集・共有した上、「いじめ」該当性の判断をし、対応方針を検討した上、その結果に基づいて行動する必要があり、Aの安全を確保すべき行動すべき義務があったと認定し、それらの義務違反を認めた。特に「平成25年7月当時の『いじめ』の定義やいじめ対応に関する知見においては、『いじめ』該当性の判断については、表面的・形式的にこれを行うのではなく、いじめられた児童生徒の立場に立って行うべきものとされていたのであり、また、いじめの被害を受けた児童生徒が加害側の児童生徒にやり返す場合もあることを当然の前提として、それに目を奪われて対応することの危険性の指摘もされていた」ことを踏まえ、（認定された亡Aに対する各行為は）「亡Aに相応の精神的苦痛を感じさせるものであるから、前記認定のような当時の『いじめ』の定義に照らして、上記各行為は、いずれも原則として『いじめ』に該当するというべきところ、その中に被控

訴人がいう『双方向性』を有するものがある
としても、それによって直ちに前記注記にい
う『けんか等』に当たるとすることはできない
のであり、他に上記各行為が『いじめ』に当
たらないと解すべき根拠もない」として「い
ずれも「いじめ」に該当すると認めるのが相
当である」と判断した。

　次に、Fについて、Aの抱えていた心理的
負荷が、寮における当番の負担やBらとのトラ
ブル等、寮での生活に起因すると認識し
得たものといえるとして、AとBらとのトラブ
ル対応を担っていたEに対してAのシグマテス
トの受検結果を伝える義務を負い、Aの
両親に対してシグマテストの回答結果につ
いて情報を的確に提供すべき義務があった
と認定し、それらの義務違反を認めた。

　本件では、学校の安全配慮義務違反とA
の自死との因果関係は否定したものの、学
校の安全配慮義務違反によりAが被った精
神的苦痛との因果関係を認め遺族らに対す
る慰謝料及び遅延損害金の支払いを命じた。

### ✍ポイント

① 　学校は、いじめの発生又はその可能性を
　認識した場合には、組織として事実関係に
　ついて背景事情を含めて確認した上、いじ
　めを行った児童等に対する指導等によって
　いじめをやめさせるだけでなく、いじめが発
　生する要因を除去し、かつ、いじめの再発防
　止のための措置を講じるべき義務があるこ
　とを認めた。

② 　上記判決は、いじめ対応として適切な措
　置が講じられたかどうかという点については、
　当時におけるいじめ対応に関する知見に基
　づいて判断すべきであるとし、いじめ防止基
　本方針を基準とすべきと判断した。

③ 　上記判決は、いじめ防止基本方針の記載
　を踏まえて、「双方向性」を有するものがあ
　る場合であっても、それによって直ちに「け
　んか等」に当たるとすることはできないとして、
　「いじめ」の該当性を認めた。

## 他の裁判例

　前記福岡高裁判決以外では、学校の安
全配慮義務違反を肯定したものとして、①
東京地裁立川支部平30・6・28判決・LLI/
DB・L07330399（学校の調査義務・損害
拡大防止義務違反は否定）、②福岡地裁令
3・1・22判決・LLI/DB・L07650138がある。
②は、私立高校における自死事案であるとこ
ろ、私立高校も本判決と同様の安全配慮義
務を負うと判示した上で、教員間で情報共
有が適切になされず、生徒からの情報収集
等が不十分であったと指摘し、学校において
「いじめを早期に発見、防止するために、各
教員間でいじめ発見の端緒となり得る情報
を共有するとともに、生徒の問題行動等を
適切に把握・調査する態勢は構築されてい
なかったというべきであるし、いじめ発見の
端緒となり得るような事実関係を見過ごさ
ないよう、組織的にいじめに対する感受性を
高めるための研修の成果も不十分であった」
と指摘して、学校の安全配慮義務違反を認
定した。なお、②は、安全配慮義務違反と
生徒の死亡との間に因果関係を認めている。
そして、「遅くともいじめ防止対策推進法が
成立・交付された平成25年6月28日頃にお
いて、学校内における生徒間のいじめによっ
て、被害生徒が自殺するに至る事案が存在
することは、各種報道等によって世間一般
に相当程度周知されていたといえる」として、
「現に学校教育に携わる専門家である被告
及び本高校教員としては、同法成立以前
においても、生徒間におけるいじめが自殺と
いう重大な結果に結びつき得ることを当然
に認識していたはずである」と指摘した上で、
学校及び教員らには、いじめの増長を予防
するべく、被害生徒に対する心理的なケア
や加害生徒らに対する指導等の適切な措置
をとる義務があると認定している。

　他方、学校の安全配慮義務違反を否
定したものとして、③京都地裁令元・7・
18・LLI/DB・L07450896、④佐賀地裁令

元・12・20判決・LLI/DB・L0745145、⑤名古屋地裁令2・11・10判決・LLI/DB・L07551152、⑥札幌地裁平31・4・25判決・判時2437号86頁（控訴審：⑦札幌高裁令2・11・13判決・LLI/DB・L07520474）などがある。なお、⑥及び⑦では、アンケートの回答原本を廃棄したことについて、学校の調査報告義務違反が認められている。

　また、いじめに関する学校の調査報告義務違反を認めた事例として、⑧さいたま地裁平20・7・18判決・裁判所ウェブ、⑨高知地裁平24・6・5判決・判タ1385号246頁（ただし控訴審の⑩高松高裁平24・12・20判決・LLI/DB・L06720751では調査報告義務違反を否定）がある。

　他方、調査報告義務自体は肯定するものの、具体的事実認定において調査報告義務違反を否定したものとして、⑪東京高裁平14・1・31判決・判タ1084号103頁、⑫富山地裁平13・9・5判決・判時1776号82頁、⑬福岡地裁平13・12・18判決・判タ1136号126頁、⑭福岡高裁平14・8・30判決・裁判所ウェブ、⑮横浜地裁平18・3・28判時1938号107頁がある。

　このほか、いじめに関する学校の安全配慮義務が問われた事案ではないものの、公立学校における自殺事故の事案で、公立学校（学校関係者・学校設置者）の調査・報告義務を認めた裁判例（⑯札幌地裁平25・6・3判決・判時2202号82頁）がある。⑯は、児童の自殺が学校生活に起因する疑いがある場合には、学校設置者は児童の自殺が学校生活に起因するかどうかを解明可能な程度に適時に事実関係を調査してその原因を究明する一般的な義務を負い、自殺した児童の保護者から自殺の原因についての報告を求められた場合には、学校設置者は、信義則上、在学契約に付随して、当該児童の保護者に対して調査義務に基づいた結果を報告する義務を負うとした。

　⑰宮崎地裁平26・8・6判決・LLI/DB・L06951251も、⑯と同様に公立学校の調査・報告義務を認めているものの、調査・報告義務は、死亡した生徒の保護者等が要求するすべての調査・報告を行う法的義務を学校設置者が負うと解することができないとした。そして、調査・報告義務の具体的内容や程度を決するに当たっては、当該生徒の自死の経緯、当該生徒の自死と学校生活上の事象との関連性等を考慮することが不可欠であるとして、自死前から存在していた資料等をもとに自死の調査を行ったこと、自死から約1年後に至って自死に関するアンケートを在校生に実施したこと、2度にわたって保護者会を開催したことという事情に照らして、学校は調査・報告義務を尽くしたとして、学校の調査報告義務違反を否定した。

## 情報開示とプライバシーへの配慮

### 広島地裁平29・8・9判決
LEX/DB25562673

#### 1　事案の概要

　東広島市内の公立中学校における生徒（以下、「本件生徒」）の自殺事件について、同市が設置した調査委員会が同中学校の生徒、保護者及び教職員を対象にアンケート調査及び事情聴取（以下、「本件調査」）を行った。調査後、本件生徒の保護者が、東広島市個人情報保護条例（以下、「本件条例」）に基づき、アンケートの回答用紙、集計結果及び事情聴取の記録の開示請求を行ったところ、不開示を条件に提供された情報（本件条例14条8号）及び個人識別情報（本件条例14条3号）等に該当することを理由に、いずれについても全部不開示とする決定を受けた。そこで、本件生徒の保護者が、これらの処分の取消し（請求①）及び開示決定の義務付け（請求②）を求めて提訴した。

　なお、本判決の争点は多岐にわたるが、ここではアンケートの回答用紙及び集計結果の本件条例14条8号該当性及び同14条3号本文該当性について扱う（この点につい

## 2 判旨

### (1) 本件条例14条8号該当性について

アンケート用紙には、「ここに書いたことは調査委員会委員以外の人が見ることはありませんので、ぜひありのままのことを記入してください」等と記載されており、調査委員会委員の人以外の人(本件生徒の遺族を含む)に開示しないことを条件として任意に提供された情報であることは明らかである。

本件調査の目的は、本件自死事件の原因を探り、同様の事件の再発を防止する点にあり、より多くの情報を収集・分析するため、アンケートにおける質問項目はできる限り細かく具体的なものとなっている。その結果、その回答内容それ自体に回答者を識別又は特定できる情報(例えば、回答者と本件生徒との関係や日時を特定した具体的やりとり等)が含まれるため、各回答用紙については部分開示をすることが困難(回答者を識別又は特定できる情報を不開示とするためには、回答者の氏名をマスキングしタイピングして筆跡を不明にしただけでは足りず、回答内容自体を不開示とする必要がある)である。したがって、調査委員会委員の人以外の人に開示しないとの条件を付したことは合理的である。

### (2) 本件条例14条3号本文該当性について

アンケートの回答内容それ自体に回答者を識別又は特定できる情報が含まれているほか、本件生徒と密接な関連性を有していた生徒の人数は限られること、回答用紙の筆跡からも回答者を特定できる可能性が高いことを考慮すると、回答用紙に記載された情報は個人識別情報に該当する。手書きの各回答内容をタイピングにより項目ごとにまとめた集計結果についても、回答内容それ自体から回答者又は回答に登場する個人が特定される可能性がある以上、個人識別情報に該当する。

### ✐ポイント

① 調査委員会委員以外に開示しないとの条件を付して行ったいじめ自殺事件に関するアンケート結果について、個人情報保護条例上の不開示情報に該当すると判示した。

② アンケートの回答内容それ自体に回答者を識別又は特定できる情報が含まれていることを理由として、個人情報保護条例上の不開示情報に該当すると判示した。

③ 第三者に開示しないとの条件は事実関係の解明のためには有用だが、これを付すことによって被害者による開示請求はより難しくなる。そのため、後に開示請求をめぐる紛争が生じないよう、調査の実施に先立って、いじめ重大事態ガイドライン第5や第6の記載を踏まえ、被害者に対する調査結果の提供方法を含む調査の方針・方法について十分に被害者側とすり合わせを行うべきである。

# いじめ防止対策推進法等に反する行為に係る懲戒処分

## 最高裁第一小法廷令2・7・6判決
### 判例時報2472号3頁

### 1 事案の概要

市立中学校の教諭であった被上告人(原告・控訴人)が、顧問を務める同校柔道部における部員間の暴力行為を伴ういじめの事実を把握しながら、受傷した被害生徒Aに対し、受診に際して医師に自招事故による旨の虚偽の説明をするよう指示したこと(本件非違行為1)、加害生徒Dの大会出場を禁止する旨の校長の職務命令に従わず同生徒を出場させたこと(本件非違行為2)及び部活動で使用していた校内の設置物に係る校長からの撤去指示に長期間応じなかったこと(本件非違行為3)を理由に、任命権者である県教育委員会から停職6月の懲戒処分を受けたため、本件処分は重きに失するなどと主張して、上告人(被告・被控訴人)

を相手に、その取消しを求めるとともに、国家賠償法1条1項に基づく損害賠償を求めたところ、原審は、本件懲戒処分の取消請求を認容し、国家賠償請求を一部認容したため、上告人が上告した事案において、本件懲戒処分が裁量権の範囲を逸脱した違法なものであるとした原審の判断には、懲戒権者の裁量権に関する法令の解釈適用を誤った違法があり、原判決中上告人敗訴部分を破棄し、被上告人の請求につき、これらを棄却した第1審判決が正当であるから、上記部分につき被上告人の控訴を棄却した。

## 2　判旨

**(1)　被上告人の非違行為該当性について**

　同判決は、被上告人の本件非違行為1について、「被害生徒であるAの心情への配慮を欠き、また、G教諭が校長等に報告することを暗に妨げるものともいうことができるのであって、いじめを受けている生徒の心配や不安、苦痛を取り除くことを最優先として適切かつ迅速に対処するとともに、問題の解決に向けて学校全体で組織的に対応することを求めるいじめ防止対策推進法や兵庫県いじめ防止基本方針等に反する重大な非違行為であると言わざるを得ない」と非違行為に当たることを認め、「いじめの事実を認識した公立学校の教職員の対応として、法令等に明らかに反する上、その職の信用を著しく失墜させるものというべきであるから、厳しい非難は免れない」と判示した。

**(2)　懲戒処分の適法性及び量定について**

　同判決は、一連の各非違行為について「生徒の規範意識や公正な判断力等を育むべき立場にある公立学校の教職員にふさわしくない行為として看過し難いものといわざるを得ない」、「その経緯や態様等において強い非難に値するものというほかなく、これが本件中学生における学校運営や生徒への教育、指導等に及ぼす悪影響も軽視できない上、……公立学校における公務への信頼をも損なわせるものであり、非違行為としての

程度は重いと言わざるを得ない」と評価した上で、「本件非違行為1を最も重大なものとしてその処分の量定を選択した上、本件非違行為2及び3の存在等を加重事由として最終的な処分の量定を決定することも、それ自体が不合理であるとはいえない」として、「県教委の判断が、懲戒権者に与えられた裁量権の範囲を逸脱し、又はこれを濫用したものということはできない」と判示した。

### ✍ポイント

　本判決は、いじめを放置した教職員への懲戒や学校側の義務等の明文規定がない現行のいじめ防止対策推進法（以下「法」という）下においても、いじめの事実を認識した教職員が、被害生徒を徹底して守り通すことなくいじめを放置又は助長した場合には、いじめ防止対策推進法や地方いじめ防止基本方針等に反し、当該法令違反行為が信用失墜行為を禁止する地方公務員法33条に違反し、懲戒事由に該当するとの判断を下したものである。法改正に向けた議論の中で、いじめを放置した教職員への懲戒規定や学校側の義務規定の明文化をすべきという意見と、現時点でも法違反を理由とする懲戒処分は可能であるとの意見があったが、今回の判決は現時点でも法違反を理由とする懲戒処分は可能であることを示す一例となったといえる。

　また、本件処分の量定及び加重処分の審査密度に関する議論は別として、教職員という特有の公務に求められる資質や内在する影響力等を丁寧に論じつつ、行為の経緯や態様等から非違行為の重大性を積極的に評価した上で、本件処分は免職に次ぐ相当に重い処分であるものの「懲戒処分の加重方法を誤り、比例原則に違反する重きに失した処分」とした原審の判断を覆し、裁量権の逸脱濫用はなく違法ではないとして、いじめを放置した教職員に対し厳しい処分を下した懲戒権者の判断を是認した意義は大きい。

# いじめ防止対策推進法
## （平成25年法律第71号）

## 第1章　総則

（目的）

**第1条**　この法律は、いじめが、いじめを受けた児童等の教育を受ける権利を著しく侵害し、その心身の健全な成長及び人格の形成に重大な影響を与えるのみならず、その生命又は身体に重大な危険を生じさせるおそれがあるものであることに鑑み、児童等の尊厳を保持するため、いじめの防止等（いじめの防止、いじめの早期発見及びいじめへの対処をいう。以下同じ。）のための対策に関し、基本理念を定め、国及び地方公共団体等の責務を明らかにし、並びにいじめの防止等のための対策に関する基本的な方針の策定について定めるとともに、いじめの防止等のための対策の基本となる事項を定めることにより、いじめの防止等のための対策を総合的かつ効果的に推進することを目的とする。

（定義）

**第2条**　この法律において「いじめ」とは、児童等に対して、当該児童等が在籍する学校に在籍している等当該児童等と一定の人的関係にある他の児童等が行う心理的又は物理的な影響を与える行為（インターネットを通じて行われるものを含む。）であって、当該行為の対象となった児童等が心身の苦痛を感じているものをいう。

② この法律において「学校」とは、学校教育法（昭和22年法律第26号）第1条に規定する小学校、中学校、高等学校、中等教育学校及び特別支援学校（幼稚部を除く。）をいう。

③ この法律において「児童等」とは、学校に在籍する児童又は生徒をいう。

④ この法律において「保護者」とは、親権を行う者（親権を行う者のないときは、未成年後見人）をいう。

（基本理念）

**第3条**　いじめの防止等のための対策は、いじめが全ての児童等に関係する問題であることに鑑み、児童等が安心して学習その他の活動に取り組むことができるよう、学校の内外を問わずいじめが行われなくなるようにすることを旨として行われなければならない。

② いじめの防止等のための対策は、全ての児童等がいじめを行わず、及び他の児童等に対して行われるいじめを認識しながらこれを放置することがないようにするため、いじめが児童等の心身に及ぼす影響その他のいじめの問題に関する児童等の理解を深めることを旨として行われなければならない。

③ いじめの防止等のための対策は、いじめを受けた児童等の生命及び心身を保護することが特に重要であることを認識しつつ、国、地方公共団体、学校、地域住民、家庭その他の関係者の連携の下、いじめの問題を克服することを目指して行われなければならない。

（いじめの禁止）

**第4条**　児童等は、いじめを行ってはならない。

（国の責務）

**第5条**　国は、第3条の基本理念（以下「基本理念」という。）にのっとり、いじめの防止等のための対策を総合的に策定し、及び実施する責務を有する。

（地方公共団体の責務）

**第6条**　地方公共団体は、基本理念にのっ

とり、いじめの防止等のための対策について、国と協力しつつ、当該地域の状況に応じた施策を策定し、及び実施する責務を有する。

（学校の設置者の責務）

第7条　学校の設置者は、基本理念にのっとり、その設置する学校におけるいじめの防止等のために必要な措置を講ずる責務を有する。

（学校及び学校の教職員の責務）

第8条　学校及び学校の教職員は、基本理念にのっとり、当該学校に在籍する児童等の保護者、地域住民、児童相談所その他の関係者との連携を図りつつ、学校全体でいじめの防止及び早期発見に取り組むとともに、当該学校に在籍する児童等がいじめを受けていると思われるときは、適切かつ迅速にこれに対処する責務を有する。

（保護者の責務等）

第9条　保護者は、子の教育について第一義的責任を有するものであって、その保護する児童等がいじめを行うことのないよう、当該児童等に対し、規範意識を養うための指導その他の必要な指導を行うよう努めるものとする。

②　保護者は、その保護する児童等がいじめを受けた場合には、適切に当該児童等をいじめから保護するものとする。

③　保護者は、国、地方公共団体、学校の設置者及びその設置する学校が講ずるいじめの防止等のための措置に協力するよう努めるものとする。

④　第1項の規定は、家庭教育の自主性が尊重されるべきことに変更を加えるものと解してはならず、また、前3項の規定は、いじめの防止等に関する学校の設置者及びその設置する学校の責任を軽減するものと解してはならない。

（財政上の措置等）

第10条　国及び地方公共団体は、いじめの防止等のための対策を推進するために必要な財政上の措置その他の必要な措置を講ずるよう努めるものとする。

## 第2章　いじめ防止基本方針等

（いじめ防止基本方針）

第11条　文部科学大臣は、関係行政機関の長と連携協力して、いじめの防止等のための対策を総合的かつ効果的に推進するための基本的な方針（以下「いじめ防止基本方針」という。）を定めるものとする。

②　いじめ防止基本方針においては、次に掲げる事項を定めるものとする。

　⑴　いじめの防止等のための対策の基本的な方向に関する事項

　⑵　いじめの防止等のための対策の内容に関する事項

　⑶　その他いじめの防止等のための対策に関する重要事項

（地方いじめ防止基本方針）

第12条　地方公共団体は、いじめ防止基本方針を参酌し、その地域の実情に応じ、当該地方公共団体におけるいじめの防止等のための対策を総合的かつ効果的に推進するための基本的な方針（以下「地方いじめ防止基本方針」という。）を定めるよう努めるものとする。

（学校いじめ防止基本方針）

第13条　学校は、いじめ防止基本方針又は地方いじめ防止基本方針を参酌し、その学校の実情に応じ、当該学校におけるいじめの防止等のための対策に関する基本的な方針を定めるものとする。

（いじめ問題対策連絡協議会）

第14条　地方公共団体は、いじめの防止等に関係する機関及び団体の連携を図るため、条例の定めるところにより、学校、教育委員会、児童相談所、法務局又は地方法務局、都道府県警察その他の関係者により構成されるいじめ問題対策連絡協議会を置くことができる。

②　都道府県は、前項のいじめ問題対策連絡協議会を置いた場合には、当該いじめ

問題対策連絡協議会におけるいじめの防止等に関係する機関及び団体の連携が当該都道府県の区域内の市町村が設置する学校におけるいじめの防止等に活用されるよう、当該いじめ問題対策連絡協議会と当該市町村の教育委員会との連携を図るために必要な措置を講ずるものとする。

③ 前2項の規定を踏まえ、教育委員会といじめ問題対策連絡協議会との円滑な連携の下に、地方いじめ防止基本方針に基づく地域におけるいじめの防止等のための対策を実効的に行うようにするため必要があるときは、教育委員会に附属機関として必要な組織を置くことができるものとする。

## 第3章　基本的施策

（学校におけるいじめの防止）

**第15条**　学校の設置者及びその設置する学校は、児童等の豊かな情操と道徳心を培い、心の通う対人交流の能力の素地を養うことがいじめの防止に資することを踏まえ、全ての教育活動を通じた道徳教育及び体験活動等の充実を図らなければならない。

② 学校の設置者及びその設置する学校は、当該学校におけるいじめを防止するため、当該学校に在籍する児童等の保護者、地域住民その他の関係者との連携を図りつつ、いじめの防止に資する活動であって当該学校に在籍する児童等が自主的に行うものに対する支援、当該学校に在籍する児童等及びその保護者並びに当該学校の教職員に対するいじめを防止することの重要性に関する理解を深めるための啓発その他必要な措置を講ずるものとする。

（いじめの早期発見のための措置）

**第16条**　学校の設置者及びその設置する学校は、当該学校におけるいじめを早期に発見するため、当該学校に在籍する児童等に対する定期的な調査その他の必要な措置を講ずるものとする。

② 国及び地方公共団体は、いじめに関する通報及び相談を受け付けるための体制の整備に必要な施策を講ずるものとする。

③ 学校の設置者及びその設置する学校は、当該学校に在籍する児童等及びその保護者並びに当該学校の教職員がいじめに係る相談を行うことができる体制（次項において「相談体制」という。）を整備するものとする。

④ 学校の設置者及びその設置する学校は、相談体制を整備するに当たっては、家庭、地域社会等との連携の下、いじめを受けた児童等の教育を受ける権利その他の権利利益が擁護されるよう配慮するものとする。

（関係機関等との連携等）

**第17条**　国及び地方公共団体は、いじめを受けた児童等又はその保護者に対する支援、いじめを行った児童等に対する指導又はその保護者に対する助言その他のいじめの防止等のための対策が関係者の連携の下に適切に行われるよう、関係省庁相互間その他関係機関、学校、家庭、地域社会及び民間団体の間の連携の強化、民間団体の支援その他必要な体制の整備に努めるものとする。

（いじめの防止等のための対策に従事する人材の確保及び資質の向上）

**第18条**　国及び地方公共団体は、いじめを受けた児童等又はその保護者に対する支援、いじめを行った児童等に対する指導又はその保護者に対する助言その他のいじめの防止等のための対策が専門的知識に基づき適切に行われるよう、教員の養成及び研修の充実を通じた教員の資質の向上、生徒指導に係る体制等の充実のための教諭、養護教諭その他の教員の配置、心理、福祉等に関する専門的知識を有する者であっていじめの防止を含む教育相談に応じるものの確保、いじめへの対処に関し助言を行うために学校の求めに応じて派遣される者の確保等必要な措置を講

ずるものとする。

②　学校の設置者及びその設置する学校は、当該学校の教職員に対し、いじめの防止等のための対策に関する研修の実施その他のいじめの防止等のための対策に関する資質の向上に必要な措置を計画的に行わなければならない。

（インターネットを通じて行われるいじめに対する対策の推進）

**第19条**　学校の設置者及びその設置する学校は、当該学校に在籍する児童等及びその保護者が、発信された情報の高度の流通性、発信者の匿名性その他のインターネットを通じて送信される情報の特性を踏まえて、インターネットを通じて行われるいじめを防止し、及び効果的に対処することができるよう、これらの者に対し、必要な啓発活動を行うものとする。

②　国及び地方公共団体は、児童等がインターネットを通じて行われるいじめに巻き込まれていないかどうかを監視する関係機関又は関係団体の取組を支援するとともに、インターネットを通じて行われるいじめに関する事案に対処する体制の整備に努めるものとする。

③　インターネットを通じていじめが行われた場合において、当該いじめを受けた児童等又はその保護者は、当該いじめに係る情報の削除を求め、又は発信者情報（特定電気通信役務提供者の損害賠償責任の制限及び発信者情報の開示に関する法律（平成13年法律第137号）第4条第1項に規定する発信者情報をいう。）の開示を請求しようとするときは、必要に応じ、法務局又は地方法務局の協力を求めることができる。

（いじめの防止等のための対策の調査研究の推進等）

**第20条**　国及び地方公共団体は、いじめの防止及び早期発見のための方策等、いじめを受けた児童等又はその保護者に対する支援及びいじめを行った児童等に対す

る指導又はその保護者に対する助言の在り方、インターネットを通じて行われるいじめへの対応の在り方その他のいじめの防止等のために必要な事項やいじめの防止等のための対策の実施の状況についての調査研究及び検証を行うとともに、その成果を普及するものとする。

（啓発活動）

**第21条**　国及び地方公共団体は、いじめが児童等の心身に及ぼす影響、いじめを防止することの重要性、いじめに係る相談制度又は救済制度等について必要な広報その他の啓発活動を行うものとする。

## 第4章　いじめの防止等に関する措置

（学校におけるいじめの防止等の対策のための組織）

**第22条**　学校は、当該学校におけるいじめの防止等に関する措置を実効的に行うため、当該学校の複数の教職員、心理、福祉等に関する専門的な知識を有する者その他の関係者により構成されるいじめの防止等の対策のための組織を置くものとする。

（いじめに対する措置）

**第23条**　学校の教職員、地方公共団体の職員その他の児童等からの相談に応じる者及び児童等の保護者は、児童等からいじめに係る相談を受けた場合において、いじめの事実があると思われるときは、いじめを受けたと思われる児童等が在籍する学校への通報その他の適切な措置をとるものとする。

②　学校は、前項の規定による通報を受けたときその他当該学校に在籍する児童等がいじめを受けていると思われるときは、速やかに、当該児童等に係るいじめの事実の有無の確認を行うための措置を講ずるとともに、その結果を当該学校の設置者に報告するものとする。

③　学校は、前項の規定による事実の確認

によりいじめがあったことが確認された場合には、いじめをやめさせ、及びその再発を防止するため、当該学校の複数の教職員によって、心理、福祉等に関する専門的な知識を有する者の協力を得つつ、いじめを受けた児童等又はその保護者に対する支援及びいじめを行った児童等に対する指導又はその保護者に対する助言を継続的に行うものとする。

④　学校は、前項の場合において必要があると認めるときは、いじめを行った児童等についていじめを受けた児童等が使用する教室以外の場所において学習を行わせる等いじめを受けた児童等その他の児童等が安心して教育を受けられるようにするために必要な措置を講ずるものとする。

⑤　学校は、当該学校の教職員が第3項の規定による支援又は指導若しくは助言を行うに当たっては、いじめを受けた児童等の保護者といじめを行った児童等の保護者との間で争いが起きることのないよう、いじめの事案に係る情報をこれらの保護者と共有するための措置その他の必要な措置を講ずるものとする。

⑥　学校は、いじめが犯罪行為として取り扱われるべきものであると認めるときは所轄警察署と連携してこれに対処するものとし、当該学校に在籍する児童等の生命、身体又は財産に重大な被害が生じるおそれがあるときは直ちに所轄警察署に通報し、適切に、援助を求めなければならない。

（学校の設置者による措置）

第24条　学校の設置者は、前条第2項の規定による報告を受けたときは、必要に応じ、その設置する学校に対し必要な支援を行い、若しくは必要な措置を講ずることを指示し、又は当該報告に係る事案について自ら必要な調査を行うものとする。

（校長及び教員による懲戒）

第25条　校長及び教員は、当該学校に在籍する児童等がいじめを行っている場合であって教育上必要があると認めるときは、

学校教育法第11条の規定に基づき、適切に、当該児童等に対して懲戒を加えるものとする。

（出席停止制度の適切な運用等）

第26条　市町村の教育委員会は、いじめを行った児童等の保護者に対して学校教育法第35条第1項（同法第49条において準用する場合を含む。）の規定に基づき当該児童等の出席停止を命ずる等、いじめを受けた児童等その他の児童等が安心して教育を受けられるようにするために必要な措置を速やかに講ずるものとする。

（学校相互間の連携協力体制の整備）

第27条　地方公共団体は、いじめを受けた児童等といじめを行った児童等が同じ学校に在籍していない場合であっても、学校がいじめを受けた児童等又はその保護者に対する支援及びいじめを行った児童等に対する指導又はその保護者に対する助言を適切に行うことができるようにするため、学校相互間の連携協力体制を整備するものとする。

## 第5章　重大事態への対処

（学校の設置者又はその設置する学校による対処）

第28条　学校の設置者又はその設置する学校は、次に掲げる場合には、その事態（以下「重大事態」という。）に対処し、及び当該重大事態と同種の事態の発生の防止に資するため、速やかに、当該学校の設置者又はその設置する学校の下に組織を設け、質問票の使用その他の適切な方法により当該重大事態に係る事実関係を明確にするための調査を行うものとする。

⑴　いじめにより当該学校に在籍する児童等の生命、心身又は財産に重大な被害が生じた疑いがあると認めるとき。

⑵　いじめにより当該学校に在籍する児童等が相当の期間学校を欠席することを余儀なくされている疑いがあると認め

るとき。

② 　学校の設置者又はその設置する学校は、前項の規定による調査を行ったときは、当該調査に係るいじめを受けた児童等及びその保護者に対し、当該調査に係る重大事態の事実関係等その他の必要な情報を適切に提供するものとする。

③ 　第1項の規定により学校が調査を行う場合においては、当該学校の設置者は、同項の規定による調査及び前項の規定による情報の提供について必要な指導及び支援を行うものとする。

（国立大学に附属して設置される学校に係る対処）

第29条 　国立大学法人（国立大学法人法（平成15年法律第112号）第2条第1項に規定する国立大学法人をいう。以下この条において同じ。）が設置する国立大学に附属して設置される学校は、前条第1項各号に掲げる場合には、当該国立大学法人の学長を通じて、重大事態が発生した旨を、文部科学大臣に報告しなければならない。

② 　前項の規定による報告を受けた文部科学大臣は、当該報告に係る重大事態への対処又は当該重大事態と同種の事態の発生の防止のため必要があると認めるときは、前条第1項の規定による調査の結果について調査を行うことができる。

③ 　文部科学大臣は、前項の規定による調査の結果を踏まえ、当該調査に係る国立大学法人又はその設置する国立大学に附属して設置される学校が当該調査に係る重大事態への対処又は当該重大事態と同種の事態の発生の防止のために必要な措置を講ずることができるよう、国立大学法人法第35条において準用する独立行政法人通則法（平成11年法律第103号）第64条第1項に規定する権限の適切な行使その他の必要な措置を講ずるものとする。

（公立の学校に係る対処）

第30条 　地方公共団体が設置する学校は、

第28条第1項各号に掲げる場合には、当該地方公共団体の教育委員会を通じて、重大事態が発生した旨を、当該地方公共団体の長に報告しなければならない。

② 　前項の規定による報告を受けた地方公共団体の長は、当該報告に係る重大事態への対処又は当該重大事態と同種の事態の発生の防止のため必要があると認めるときは、附属機関を設けて調査を行う等の方法により、第28条第1項の規定による調査の結果について調査を行うことができる。

③ 　地方公共団体の長は、前項の規定による調査を行ったときは、その結果を議会に報告しなければならない。

④ 　第2項の規定は、地方公共団体の長に対し、地方教育行政の組織及び運営に関する法律（昭和31年法律第162号）第23条に規定する事務を管理し、又は執行する権限を与えるものと解釈してはならない。

⑤ 　地方公共団体の長及び教育委員会は、第2項の規定による調査の結果を踏まえ、自らの権限及び責任において、当該調査に係る重大事態への対処又は当該重大事態と同種の事態の発生の防止のために必要な措置を講ずるものとする。

（私立の学校に係る対処）

第31条 　学校法人（私立学校法（昭和24年法律第270号）第3条に規定する学校法人をいう。以下この条において同じ。）が設置する学校は、第28条第1項各号に掲げる場合には、重大事態が発生した旨を、当該学校を所轄する都道府県知事（以下この条において単に「都道府県知事」という。）に報告しなければならない。

② 　前項の規定による報告を受けた都道府県知事は、当該報告に係る重大事態への対処又は当該重大事態と同種の事態の発生の防止のため必要があると認めるときは、附属機関を設けて調査を行う等の方法により、第28条第1項の規定による調査の結果について調査を行うことができる。

③ 都道府県知事は、前項の規定による調査の結果を踏まえ、当該調査に係る学校法人又はその設置する学校が当該調査に係る重大事態への対処又は当該重大事態と同種の事態の発生の防止のために必要な措置を講ずることができるよう、私立学校法第六条に規定する権限の適切な行使その他の必要な措置を講ずるものとする。

④ 前二項の規定は、都道府県知事に対し、学校法人が設置する学校に対して行使することができる権限を新たに与えるものと解釈してはならない。

**第32条** 学校設置会社（構造改革特別区域法（平成14年法律第189号）第12条第2項に規定する学校設置会社をいう。以下この条において同じ。）が設置する学校は、第28条第1項各号に掲げる場合には、当該学校設置会社の代表取締役又は代表執行役を通じて、重大事態が発生した旨を、同法第12条第1項の規定による認定を受けた地方公共団体の長（以下「認定地方公共団体の長」という。）に報告しなければならない。

② 前項の規定による報告を受けた認定地方公共団体の長は、当該報告に係る重大事態への対処又は当該重大事態と同種の事態の発生の防止のため必要があると認めるときは、附属機関を設けて調査を行う等の方法により、第28条第1項の規定による調査の結果について調査を行うことができる。

③ 認定地方公共団体の長は、前項の規定による調査の結果を踏まえ、当該調査に係る学校設置会社又はその設置する学校が当該調査に係る重大事態への対処又は当該重大事態と同種の事態の発生の防止のために必要な措置を講ずることができるよう、構造改革特別区域法第12条第10項に規定する権限の適切な行使その他の必要な措置を講ずるものとする。

④ 前二項の規定は、認定地方公共団体の長に対し、学校設置会社が設置する学校に対して行使することができる権限を新たに与えるものと解釈してはならない。

⑤ 第1項から前項までの規定は、学校設置非営利法人（構造改革特別区域法第13条第2項に規定する学校設置非営利法人をいう。）が設置する学校について準用する。この場合において、第1項中「学校設置会社の代表取締役又は代表執行役」とあるのは「学校設置非営利法人の代表権を有する理事」と、「第12条第1項」とあるのは「第13条第1項」と、第2項中「前項」とあるのは「第5項において準用する前項」と、第3項中「前項」とあるのは「第5項において準用する前項」と、「学校設置会社」とあるのは「学校設置非営利法人」と、「第12条第10項」とあるのは「第13条第3項において準用する同法第12条第10項」と、前項中「前2項」とあるのは「次項において準用する前2項」と読み替えるものとする。

（文部科学大臣又は都道府県の教育委員会の指導、助言及び援助）

**第33条** 地方自治法（昭和22年法律第67号）第245条の4第1項の規定によるほか、文部科学大臣は都道府県又は市町村に対し、都道府県の教育委員会は市町村に対し、重大事態への対処に関する都道府県又は市町村の事務の適正な処理を図るため、必要な指導、助言又は援助を行うことができる。

## 第6章 雑則

（学校評価における留意事項）

**第34条** 学校の評価を行う場合においていじめの防止等のための対策を取り扱うに当たっては、いじめの事実が隠蔽されず、並びにいじめの実態の把握及びいじめに対する措置が適切に行われるよう、いじめの早期発見、いじめの再発を防止するための取組等について適正に評価が行われるようにしなければならない。

（高等専門学校における措置）

**第35条**　高等専門学校（学校教育法第1条に規定する高等専門学校をいう。以下この条において同じ。）の設置者及びその設置する高等専門学校は、当該高等専門学校の実情に応じ、当該高等専門学校に在籍する学生に係るいじめに相当する行為の防止、当該行為の早期発見及び当該行為への対処のための対策に関し必要な措置を講ずるよう努めるものとする。

## 附則

（施行期日）

**第1条**　この法律は、公布の日から起算して3月を経過した日から施行する。

（検討）

**第2条**　いじめの防止等のための対策については、この法律の施行後3年を目途として、この法律の施行状況等を勘案し、検討が加えられ、必要があると認められるときは、その結果に基づいて必要な措置が講ぜられるものとする。

**②**　政府は、いじめにより学校における集団の生活に不安又は緊張を覚えることとなったために相当の期間学校を欠席することを余儀なくされている児童等が適切な支援を受けつつ学習することができるよう、当該児童等の学習に対する支援の在り方についての検討を行うものとする。

## 理由

　いじめが、いじめを受けた児童等の教育を受ける権利を著しく侵害し、その心身の健全な成長及び人格の形成に重大な影響を与えるのみならず、その生命又は身体に重大な危険を生じさせるおそれがあるものであることに鑑み、いじめの防止等のための対策を総合的かつ効果的に推進するため、いじめの防止等のための対策に関し、基本理念を定め、国及び地方公共団体等の責務を明らかにし、並びにいじめの防止等のための対策に関する基本的な方針の策定について定めるとともに、いじめの防止等のための対策の基本となる事項を定める必要がある。これが、この法律案を提出する理由である。

# いじめ防止対策推進法案に対する附帯決議
## （平成25年6月19日衆議院文部科学委員会）

　政府及び関係者は、いじめ問題の克服の重要性に鑑み、本法の施行に当たり、次の事項について特段の配慮をすべきである。

一　いじめには多様な態様があることに鑑み、本法の対象となるいじめに該当するか否かを判断するに当たり、「心身の苦痛を感じているもの」との要件が限定して解釈されることのないよう努めること。

二　教職員はいじめを受けた児童等を徹底して守り通す責務を有するものとして、いじめに係る研修の実施等により資質の向上を図ること。

三　本法に基づき設けられるいじめの防止等のための対策を担う附属機関その他の組織においては、適切にいじめの問題に対処する観点から、専門的な知識及び経験を有する第三者等の参加を図り、公平性・中立性が確保されるよう努めること。

四　いじめを受けた児童等の保護者に対する支援を行うに当たっては、必要に応じていじめ事案に関する適切な情報提供が行われるよう努めること。

五　重大事態への対処に当たっては、いじめを受けた児童等やその保護者からの申立てがあったときは、適切かつ真摯に対応すること。

六　いじめ事案への適切な対応を図るため、教育委員会制度の課題について検討を行うこと。

七　教職員による体罰は、児童等の心身の健全な成長及び人格の形成に重大な影響を与えるものであることに鑑み、体罰の禁止の徹底に向け、必要な対策を講ずること。

# いじめ防止対策推進法案に対する附帯決議
## （平成25年6月20日参議院文教科学委員会）

政府及び関係者は、いじめ問題の克服の重要性に鑑み、本法の施行に当たり、次の事項について特段の配慮をすべきである。

一、いじめには多様な態様があることに鑑み、本法の対象となるいじめに該当するか否かを判断するに当たり、「心身の苦痛を感じているもの」との要件が限定して解釈されることのないよう努めること。

二、いじめは学校種を問わず発生することから、専修学校など本法の対象とはならない学校種においても、それぞれの実情に応じて、いじめに対して適切な対策が講ぜられるよう努めること。

三、本法の運用に当たっては、いじめの被害者に寄り添った対策が講ぜられるよう留意するとともに、いじめ防止等について児童等の主体的かつ積極的な参加が確保できるよう留意すること。

四、国がいじめ防止基本方針を策定するに当たっては、いじめ防止等の対策を実効的に行うようにするため、専門家等の意見を反映するよう留意するとともに、本法の施行状況について評価を行い、その結果及びいじめの情勢の推移等を踏まえ、適時適切の見直しその他必要な措置を講じること。

五、いじめの実態把握を行うに当たっては、必要に応じて質問票の使用や聴取り調査を行うこと等により、早期かつ効果的に発見できるよう留意すること。

六、本法に基づき設けられるいじめの防止等のための対策を担う附属機関その他の組織においては、適切にいじめの問題に対処する観点から、専門的な知識及び経験を有する第三者等の参加を図り、公平性・中立性が確保されるよう努めること。

七、いじめが起きた際の質問票を用いる等による調査の結果等について、いじめを受けた児童等の保護者と適切に共有されるよう、必要に応じて専門的な知識及び経験を有する者の意見を踏まえながら対応すること。

八、いじめには様々な要因があることに鑑み、第25条の運用に当たっては、懲戒を加える際にはこれまでどおり教育的配慮に十分に留意すること。
右決議する。

# いじめの防止等のための基本的な方針

（平成25年10月11日25文科初第814号）

**最終改定　平成29年3月14日**

## はじめに

いじめは、いじめを受けた児童生徒の教育を受ける権利を著しく侵害し、その心身の健全な成長及び人格の形成に重大な影響を与えるのみならず、その生命又は身体に重大な危険を生じさせるおそれがあるものである。

本基本的な方針（以下「国の基本方針」という。）は、児童生徒の尊厳を保持する目的の下、国、地方公共団体、学校、地域住民、家庭その他の関係者の連携の下、いじめの問題の克服に向けて取り組むよう、いじめ防止対策推進法（平成25年法律第71号。以下「法」という。）第11条第1項の規定に基づき、文部科学大臣は、いじめの防止等（いじめの防止、いじめの早期発見及びいじめへの対処をいう。以下同じ。）のための対策を総合的かつ効果的に推進するために策定するものである。[1]

## 第1　いじめの防止等のための対策の基本的な方向に関する事項

### 1　いじめ防止対策推進法制定の意義

いじめの問題への対応は学校における最重要課題の一つであり、一人の教職員が抱え込むのではなく、学校が一丸となって組織的に対応することが必要である。また、関係機関や地域の力も積極的に取り込むことが必要であり、これまでも、国や各地域、学校において、様々な取組が行われてきた。

しかしながら、未だ、いじめを背景として、児童生徒の生命や心身に重大な危険が生じる事案が発生している。

大人社会のパワーハラスメントやセクシュアルハラスメントなどといった社会問題も、いじめと同じ地平で起こる。いじめの問題への対応力は、我が国の教育力と国民の成熟度の指標であり、子供が接するメディアやインターネットを含め、他人の弱みを笑いものにしたり、暴力を肯定していると受け取られるような行為を許容したり、異質な他者を差別したりといった大人の振る舞いが、子供

---

1 ○　いじめ防止対策推進法（平成25年法律第71号）
（目的）
第1条　この法律は、いじめが、いじめを受けた児童等の教育を受ける権利を著しく侵害し、その心身の健全な成長及び人格の形成に重大な影響を与えるのみならず、その生命又は身体に重大な危険を生じさせるおそれがあるものであることに鑑み、児童等の尊厳を保持するため、いじめの防止等（いじめの防止、いじめの早期発見及びいじめへの対処をいう。以下同じ。）のための対策に関し、基本理念を定め、国及び地方公共団体等の責務を明らかにし、並びにいじめの防止等のための対策に関する基本的な方針の策定について定めるとともに、いじめの防止等のための対策の基本となる事項を定めることにより、いじめの防止等のための対策を総合的かつ効果的に推進することを目的とする。
（いじめ防止基本方針）
第11条　文部科学大臣は、関係行政機関の長と連携協力して、いじめの防止等のための対策を総合的かつ効果的に推進するための基本的な方針（以下「いじめ防止基本方針」という。）を定めるものとする。
2　いじめ防止基本方針においては、次に掲げる事項を定めるものとする。
　一　いじめの防止等のための対策の基本的な方向に関する事項
　二　いじめの防止等のための対策の内容に関する事項
　三　その他いじめの防止等のための対策に関する重要事項

に影響を与えるという指摘もある。

いじめから一人でも多くの子供を救うためには、子供を取り囲む大人一人一人が、「いじめは絶対に許されない」、「いじめは卑怯な行為である」、「いじめはどの子供にも、どの学校でも、起こりうる」との意識を持ち、それぞれの役割と責任を自覚しなければならず、いじめの問題は、心豊かで安全・安心な社会をいかにしてつくるかという、学校を含めた社会全体に関する国民的な課題である。このように、社会総がかりでいじめの問題に対峙するため、基本的な理念や体制を整備することが必要であり、平成25年6月、「いじめ防止対策推進法」が成立した。

## 2 いじめの防止等の対策に関する基本理念[2]

いじめは、全ての児童生徒に関係する問題である。いじめの防止等の対策は、全ての児童生徒が安心して学校生活を送り、様々な活動に取り組むことができるよう、学校の内外を問わず、いじめが行われなくなるように

することを旨として行われなければならない。

また、全ての児童生徒がいじめを行わず、いじめを認識しながら放置することがないよう、いじめの防止等の対策は、いじめが、いじめられた児童生徒の心身に深刻な影響を及ぼす許されない行為であることについて、児童生徒が十分に理解できるようにすることを旨としなければならない。

加えて、いじめの防止等の対策は、いじめを受けた児童生徒の生命・心身を保護することが特に重要であることを認識しつつ、国、地方公共団体、学校、地域住民、家庭その他の関係者の連携の下、いじめの問題を克服することを目指して行われなければならない。

## 3 法が規定するいじめの防止等への組織的対策
### (1) 基本方針の策定

国、地方公共団体、学校は、それぞれ「国の基本方針」「地方いじめ防止基本方針」「学校いじめ防止基本方針」を策定する(法第11条～13条)[3]

---

2 ○ いじめ防止対策推進法(平成25年法律第71号)
(基本理念)
第3条 いじめの防止等のための対策は、いじめが全ての児童等に関係する問題であることに鑑み、児童等が安心して学習その他の活動に取り組むことができるよう、学校の内外を問わずいじめが行われなくなるようにすることを旨として行われなければならない。
2 いじめの防止等のための対策は、全ての児童等がいじめを行わず、及び他の児童等に対して行われるいじめを認識しながらこれを放置することがないようにするため、いじめが児童等の心身に及ぼす影響その他のいじめの問題に関する児童等の理解を深めることを旨として行われなければならない。
3 いじめの防止等のための対策は、いじめを受けた児童等の生命及び心身を保護することが特に重要であることを認識しつつ、国、地方公共団体、学校、地域住民、家庭その他の関係者の連携の下、いじめの問題を克服することを目指して行われなければならない。
3 ○ いじめ防止対策推進法(平成25年法律第71号)
(いじめ防止基本方針)
第11条 文部科学大臣は、関係行政機関の長と連携協力して、いじめの防止等のための対策を総合的かつ効果的に推進するための基本的な方針(以下「いじめ防止基本方針」という。)を定めるものとする。
2 いじめ防止基本方針においては、次に掲げる事項を定めるものとする。
  一 いじめの防止等のための対策の基本的な方向に関する事項
  二 いじめの防止等のための対策の内容に関する事項
  三 その他いじめの防止等のための対策に関する重要事項
(地方いじめ防止基本方針)
第12条 地方公共団体は、いじめ防止基本方針を参酌し、その地域の実情に応じ、当該地方公共団体におけるいじめの防止等のための対策を総合的かつ効果的に推進するための基本的な方針(以下「地方いじめ防止基本方針」という。)を定めるよう努めるものとする。
(学校いじめ防止基本方針)
第13条 学校は、いじめ防止基本方針又は地方いじめ防止基本方針を参酌し、その学校の実情に応じ、当該学校におけるいじめの防止等のための対策に関する基本的な方針を定めるものとする。

※国、学校は策定の義務、地方公共団体は策定の努力義務

## (2) いじめの防止等のための組織等

(別添1)【いじめ防止対策推進法に定める組織】参照)

① 地方公共団体は、学校・教育委員会・児童相談所・法務局又は地方法務局・都道府県警察その他の関係者により構成される「いじめ問題対策連絡協議会」を置くことができる（法第14条第1項）

② 教育委員会は、「いじめ問題対策連絡協議会」との連携の下に「地方いじめ防止基本方針」に基づく対策を実効的に行うため、「附属機関」を置くことができる（法第14条第3項）

③ 学校は、当該学校におけるいじめの防止等に関する措置を実効的に行うため、複数の教職員・心理や福祉等の専門的知識を有する者その他の関係者により構成される「いじめの防止等の対策のための組織」（以下「学校いじめ対策組織」という。）を置くものとする（法第22条）

④ 学校の設置者又はその設置する学校は、重大事態に対処し、及び当該重大事態と同種の事態の発生の防止に資するため、速やかに、当該学校の設置者又はその設置する学校の下に組織を設け、質問票の使用その他の適切な方法により当該重大事態に係る事実関係を明確にするための調査を行う（法第28条）

⑤ 地方公共団体の長等は、重大事態への対処又は当該重大事態と同種の事態の発生の防止のため必要があると認めるときは、「附属機関」を設けて調査を行う等の方法により、学校の設置者又は学校の調査の結果について調査を行うことができる（法第29条～第32条第2項）

（以下、上記①～⑤の連絡協議会、附属機関、組織をあわせて「組織等」という）

## 4 国の基本方針の内容

　国の基本方針は、いじめの問題への対策を社会総がかりで進め、いじめの防止、早期発見、いじめへの対処、地域や家庭・関係機関間の連携等をより実効的なものにするため、法により新たに規定された、地方公共団体や学校における基本方針の策定や組織体制、いじめへの組織的な対応、重大事態への対処等に関する具体的な内容や運用を明らかにするとともに、これまでのいじめ対策の蓄積を生かしたいじめ防止等のための取組を定めるものである。

　国の基本方針の実現には、学校・地方公共団体・社会に法の意義を普及啓発し、いじめに対する意識改革を喚起し、いじめの問題への正しい理解の普及啓発や、児童生徒をきめ細かく見守る体制の整備、教職員の資質能力向上などを図り、これまで以上の意識改革の取組とその点検、その実現状況の継続的な検証の実施が必要である。[4]

## 5 いじめの定義

（定義）

第2条　この法律において「いじめ」とは、児童等に対して、当該児童等が在籍する学校に在籍している等当該児童等と一定の人的関係にある他の児童等が行う心理的又は物理的な影響を与える行為（インターネットを通じて行われるものを含む。）であって、当該行為の対象となった児童等が心身の苦痛を感じているものをいう。

2　この法律において「学校」とは、学校教育法（昭和22年法律第26号）第1条に規定する小学校、中学校、義務教育学校、高等学校、中等教育学校及び特別支援学校（幼稚部を除く。）をいう。

---

4　［いじめ防止対策推進法案に対する附帯決議（平成25年6月20日　参議院文教科学委員会）］

四、国がいじめ防止基本方針を策定するに当たっては、いじめ防止等の対策を実効的に行うようにするため、専門家等の意見を反映するよう留意するとともに、本法の施行状況について評価を行い、その結果及びいじめの情勢の推移等を踏まえ、適時適切の見直しその他必要な措置を講じること。

3 この法律において「児童等」とは、学校に在籍する児童又は生徒をいう。

4 この法律において「保護者」とは、親権を行う者（親権を行う者のないときは、未成年後見人）をいう。

個々の行為が「いじめ」に当たるか否かの判断は、表面的・形式的にすることなく、いじめられた児童生徒の立場に立つことが必要である。

この際、いじめには、多様な態様があることに鑑み、法の対象となるいじめに該当するか否かを判断するに当たり、「心身の苦痛を感じているもの」との要件が限定して解釈されることのないよう努めることが必要である。5例えばいじめられていても、本人がそれを否定する場合が多々あることを踏まえ、当該児童生徒の表情や様子をきめ細かく観察するなどして確認する必要がある。

ただし、このことは、いじめられた児童生徒の主観を確認する際に、行為の起こったときのいじめられた児童生徒本人や周辺の状況等を客観的に確認することを排除するものではない。

なお、いじめの認知は、特定の教職員のみによることなく、法第22条の学校いじめ対策組織を活用して行う。

「一定の人的関係」とは、学校の内外を問わず、同じ学校・学級や部活動の児童生徒や、塾やスポーツクラブ等当該児童生徒が関わっている仲間や集団（グループ）など、当該児童生徒と何らかの人的関係を指す。

また、「物理的な影響」とは、身体的な影響のほか、金品をたかられたり、隠されたり、嫌なことを無理矢理させられたりすることなどを意味する。けんかやふざけ合いであって

も、見えない所で被害が発生している場合もあるため、背景にある事情の調査を行い、児童生徒の感じる被害性に着目し、いじめに該当するか否かを判断するものとする。

なお、例えばインターネット上で悪口を書かれた児童生徒がいたが、当該児童生徒がそのことを知らずにいるような場合など、行為の対象となる児童生徒本人が心身の苦痛を感じるに至っていないケースについても、加害行為を行った児童生徒に対する指導等については法の趣旨を踏まえた適切な対応が必要である。

加えて、いじめられた児童生徒の立場に立って、いじめに当たると判断した場合にも、その全てが厳しい指導を要する場合であるとは限らない。例えば、好意から行った行為が意図せずに相手側の児童生徒に心身の苦痛を感じさせてしまったような場合、軽い言葉で相手を傷つけたが、すぐに加害者が謝罪し教員の指導によらずして良好な関係を再び築くことができた場合等においては、学校は、「いじめ」という言葉を使わず指導するなど、柔軟な対応による対処も可能である。ただし、これらの場合であっても、法が定義するいじめに該当するため、事案を法第22条の学校いじめ対策組織へ情報共有することは必要となる。

具体的ないじめの態様は、以下のようなものがある。

➢ 冷やかしやからかい、悪口や脅し文句、嫌なことを言われる

➢ 仲間はずれ、集団による無視をされる

➢ 軽くぶつかられたり、遊ぶふりをして叩かれたり、蹴られたりする

➢ ひどくぶつかられたり、叩かれたり、蹴

5 ［いじめ防止対策推進法案に対する附帯決議（平成25年6月19日　衆議院文部科学委員会）］
一　いじめには多様な態様があることに鑑み、本法の対象となるいじめに該当するか否かを判断するに当たり、「心身の苦痛を感じているもの」との要件が限定して解釈されることのないよう努めること。
　［いじめ防止対策推進法案に対する附帯決議（平成25年6月20日　参議院文教科学委員会）］
一、いじめには多様な態様があることに鑑み、本法の対象となるいじめに該当するか否かを判断するに当たり、「心身の苦痛を感じているもの」との要件が限定して解釈されることのないよう努めること。
三、本法の運用に当たっては、いじめの被害者に寄り添った対策が講ぜられるよう留意するとともに、いじめ防止等について児童等の主体的かつ積極的な参加が確保できるよう留意すること。

られたりする

- ➤ 金品をたかられる
- ➤ 金品を隠されたり、盗まれたり、壊されたり、捨てられたりする
- ➤ 嫌なことや恥ずかしいこと、危険なことをされたり、させられたりする
- ➤ パソコンや携帯電話等で、誹謗中傷や嫌なことをされる　等

　これらの「いじめ」の中には、犯罪行為として取り扱われるべきと認められ、早期に警察に相談することが重要なものや、児童生徒の生命、身体又は財産に重大な被害が生じるような、直ちに警察に通報することが必要なものが含まれる。これらについては、教育的な配慮や被害者の意向への配慮の上で、早期に警察に相談・通報の上、警察と連携した対応を取ることが必要である。

## 6　いじめの理解

　いじめは、どの子供にも、どの学校でも、起こりうるものである。とりわけ、嫌がらせやいじわる等の「暴力を伴わないいじめ」は、多くの児童生徒が入れ替わりながら被害も加害も経験する。また、「暴力を伴わないいじめ」であっても、何度も繰り返されたり多くの者から集中的に行われたりすることで、「暴力を伴ういじめ」とともに、生命又は身体に重大な危険を生じさせうる。

　国立教育政策研究所によるいじめ追跡調査6の結果によれば、暴力を伴わないいじめ（仲間はずれ・無視・陰口）について、小学校4年生から中学校3年生までの6年間で、被害経験を全く持たなかった児童生徒は1割程度、加害経験を全く持たなかった児童生徒も1割程度であり、多くの児童生徒が入れ替わり被害や加害を経験している。

　加えて、いじめの加害・被害という二者関係だけでなく、学級や部活動等の所属集団の構造上の問題（例えば無秩序性や閉塞性）、「観衆」としてはやし立てたり面白がったり

する存在や、周辺で暗黙の了解を与えている「傍観者」の存在にも注意を払い、集団全体にいじめを許容しない雰囲気が形成されるようにすることが必要である。

## 7　いじめの防止等に関する基本的考え方
### (1)　いじめの防止

　いじめは、どの子供にも、どの学校でも起こりうることを踏まえ、より根本的ないじめの問題克服のためには、全ての児童生徒を対象としたいじめの未然防止の観点が重要であり、全ての児童生徒を、いじめに向かわせることなく、心の通う対人関係を構築できる社会性のある大人へと育み、いじめを生まない土壌をつくるために、関係者が一体となった継続的な取組が必要である。

　このため、学校の教育活動全体を通じ、全ての児童生徒に「いじめは決して許されない」ことの理解を促し、児童生徒の豊かな情操や道徳心、自分の存在と他人の存在を等しく認め、お互いの人格を尊重し合える態度など、心の通う人間関係を構築する能力の素地を養うことが必要である。また、いじめの背景にあるストレス等の要因に着目し、その改善を図り、ストレスに適切に対処できる力を育む観点が必要である。加えて、全ての児童生徒が安心でき、自己有用感や充実感を感じられる学校生活づくりも未然防止の観点から重要である。

　また、これらに加え、あわせて、いじめの問題への取組の重要性について国民全体に認識を広め、地域、家庭と一体となって取組を推進するための普及啓発が必要である。

### (2)　いじめの早期発見

　いじめの早期発見は、いじめへの迅速な対処の前提であり、全ての大人が連携し、児童生徒のささいな変化に気付く力を高めることが必要である。このため、いじめは大人の目に付きにくい時間や場所で行われたり、遊びやふざけあいを装って行われたりす

---

6　平成28年6月　国立教育政策研究所生徒指導・進路指導研究センター「いじめ追跡調査2013-2015」

るなど、大人が気付きにくく判断しにくい形で行われることを認識し、ささいな兆候であっても、いじめではないかとの疑いを持って、早い段階から的確に関わりを持ち、いじめを隠したり軽視したりすることなく積極的にいじめを認知することが必要である。

いじめの早期発見のため、学校や学校の設置者は、定期的なアンケート調査や教育相談の実施、電話相談窓口の周知等により、児童生徒がいじめを訴えやすい体制を整えるとともに、地域、家庭と連携して児童生徒を見守ることが必要である。

### ⑶　いじめへの対処

いじめがあることが確認された場合、学校は直ちに、いじめを受けた児童生徒やいじめを知らせてきた児童生徒の安全を確保し詳細を確認した上で、いじめたとされる児童生徒に対して事情を確認し適切に指導する等、組織的な対応を行うことが必要である。また、家庭や教育委員会への連絡・相談や、事案に応じ、関係機関との連携が必要である。

このため、教職員は平素より、いじめを把握した場合の対処の在り方について、理解を深めておくことが必要であり、また、学校における組織的な対応を可能とするような体制整備が必要である。

### ⑷　地域や家庭との連携について

社会全体で児童生徒を見守り、健やかな成長を促すため、学校関係者と地域、家庭との連携が必要である。例えばPTAや地域の関係団体等と学校関係者が、いじめの問題について協議する機会を設けたり、学校運営協議会制度（コミュニティ・スクール）を活用したりするなど、いじめの問題について地域、家庭と連携した対策を推進することが必要である。

また、より多くの大人が子供の悩みや相談を受け止めることができるようにするため、学校と地域、家庭が組織的に連携・協働する体制を構築する。

### ⑸　関係機関との連携について

いじめの問題への対応においては、例えば、学校や教育委員会においていじめる児童生徒に対して必要な教育上の指導を行っているにもかかわらず、その指導により十分な効果を上げることが困難な場合などには、関係機関（警察、児童相談所、医療機関、法務局等の人権擁護機関、都道府県私立学校主管部局等を想定）との適切な連携が必要であり、警察、児童相談所、法務局等の人権擁護機関等との適切な連携を図るため、平素から、学校や学校の設置者と関係機関の担当者の窓口交換や連絡会議の開催など、情報共有体制を構築しておくことが必要である。

例えば、教育相談の実施に当たり必要に応じて、医療機関などの専門機関との連携を図ったり、法務局など、学校以外の相談窓口についても児童生徒へ適切に周知したりするなど、学校や学校の設置者が、関係機関による取組と連携することも重要である。

## 第2　いじめの防止等のための対策の内容に関する事項

### 1　いじめの防止等のために国が実施する施策

国は、いじめの防止等のための対策を総合的に策定し推進する。また、これに必要な財政上の措置その他の必要な措置を講ずる。[7]

### ⑴　国が実施すべき基本的事項

① 文部科学大臣が関係行政機関の長と連携協力し「いじめ防止基本方針」を定め、これに基づく対策を総合的かつ効果的に

---

7　○　いじめ防止対策推進法（平成25年法律第71号）（国の責務）
第5条　国は、第三条の基本理念（以下「基本理念」という。）にのっとり、いじめの防止等のための対策を総合的に策定し、及び実施する責務を有する。

推進（法第11条）

② いじめ防止等のための対策を推進するために必要な財政上の措置（法第10条）

③ いじめに関する通報及び相談を受け付けるための体制の整備に必要な施策（法第16条）

④ 関係省庁相互間その他関係機関、学校、家庭、地域社会及び民間団体の間の連携の強化、民間団体の支援その他必要な体制の整備（法第17条）

⑤ 教員の養成及び研修を通じた資質の向上、生徒指導体制の充実のための教員や養護教諭等の配置、心理、福祉等の専門的知識を有する者でいじめの防止を含む教育相談等に応じるものの確保、多様な外部人材の確保（法第18条）

⑥ インターネットを通じて行われるいじめに児童生徒が巻き込まれていないかパトロールする機関・団体の取組支援や、このようないじめに対処する体制の整備（法第19条）

⑦ いじめの防止等のために必要な事項と対策の実施状況に関する調査研究及び検証とその成果の普及（法第20条）

⑧ いじめが児童生徒の心身に及ぼす影響、いじめを防止することの重要性、相談制度や救済制度等について、普及啓発（法第21条）

⑵ **いじめ防止基本方針の策定と組織等の設置等**

○ いじめ防止基本方針の策定

地方公共団体は、国の基本方針を参酌して、地方いじめ防止基本方針を策定するよう努め（法第12条）、学校は、国の基本方針又は地方いじめ防止基本方針を参酌して、学校いじめ防止基本方針を策定する（法第13条）。このような意味で、国の基本方針は、国と地方公共団体・学校との連携の骨幹となるものである。

また、文部科学省は、法や国の基本方針の内容をより具体的かつ詳細に示すため、協議会を設けるなどして、具体的な運用等

の在り方に関する指針を策定する。

○ いじめ防止対策推進法に基づく取組状況の把握と検証

国においては、毎年度、いじめ防止基本方針の策定状況等、いじめの問題への取組状況を調査するとともに、「いじめ防止対策協議会」を設置し、いじめの問題への効果的な対策が講じられているかどうかを検証する。また、各地域の学校関係者の集まる普及啓発協議会を定期的に開催し、検証の結果を周知する。

○ 関係機関との連携促進

いじめが犯罪行為として取り扱われるべきものであると認めるときや、児童生徒の生命、身体又は財産に重大な被害が生じるおそれがあるときの警察との適切な連携を促進する。

また、文部科学省は、法務省、厚生労働省、警察庁などと適切に連携し、「いじめ問題対策連絡協議会」設置による連携が円滑に行われるよう支援するとともに、各地域における、学校や学校の設置者等と、警察や法務局、児童相談所など関係機関との適切な連携を促進する。

○ 各地域における組織等の設置に対する支援

地方公共団体・学校の設置者・学校が組織等を設ける場合、特に各地域における重大事態の調査において、公平・中立な調査組織を立ち上げる場合には、弁護士、医師、心理や福祉の専門家であるスクールカウンセラー・スクールソーシャルワーカー、学校教育に係る学識経験者などの専門的知識を有する第三者の参画が有効であることから、この人選が適切かつ迅速に行われるに資するよう、文部科学省は、それら専門家の職能団体や大学、学会等の団体との連絡体制を構築する。

⑶ **いじめの防止等のために国が実施すべき施策**

① いじめの防止

○ 学校の教育活動全体を通じた豊かな心

の育成

社会性や規範意識、思いやりなどの豊かな心を育むため、学校の教育活動全体を通じた道徳教育を推進する。児童生徒がいじめの問題を自分のこととして捉え、考え、議論することにより、いじめに正面から向き合うことができるよう、具体的な実践事例の提供や、道徳教育に関する教職員の指導力向上のための施策を推進するとともに、各地域の実態に応じた道徳教育を推進するため、地域教材の作成や外部講師の活用をはじめとする自治体等の取組を支援する。

また、学校において、児童生徒の発達段階に応じ、自分の大切さとともに他の人の大切さを認めることができるようになり、それが様々な場面で具体的な態度や行動に現れるようにするために行われる取組を推進する。

加えて、児童生徒の豊かな情操や他人とのコミュニケーション能力、読解力、思考力、判断力、表現力等を育むため、読書活動や対話・創作・表現活動等を取り入れた教育活動を推進する。また、生命や自然を大切にする心や他人を思いやる優しさ、社会性、規範意識などを育てるため、学校における自然体験活動や集団宿泊体験等の様々な体験活動を推進する。

さらに、これらの取組が、学校の教育活動全体を通じて実践され、子供一人一人の健全な成長が促されるようにすることが重要である。

○ 児童生徒の主体的な活動の推進[8]

道徳科の授業はもとより、学級活動、児童会・生徒会活動等の特別活動において、児童生徒が自らいじめの問題について考え、議論する活動や、校内でいじめ撲滅や命の大切さを呼びかける活動、相談箱を置くなどして子供同士で悩みを聞き合う活動等、子供自身の主体的な活動を推進する。

○ いじめの防止等のための対策に従事する人材の確保

生徒指導に専任的に取り組む教職員の配置や養護教諭を含めた教職員の配置など、教職員の目が行き届き、児童生徒一人一人に対してきめ細かく対応できる環境を整備する。

また、心理や福祉の専門家であるスクールカウンセラー・スクールソーシャルワーカー、教員・警察官経験者など、外部専門家等の活用を推進する。

○ いじめの防止等のための対策に従事する人材の資質能力向上[9]

全ての教職員がいじめ防止対策推進法の内容を理解し、いじめの問題に対して、その態様に応じた適切な対処ができるよう、心理や福祉の専門家であるスクールカウンセラー・スクールソーシャルワーカー等を活用し、教職員のカウンセリング能力等の向上のための校内研修を推進する。また、独立行政法人教職員支援機構や教育委員会と連携し、教職員研修の充実を図る。

また、大学の教員養成課程や免許更新講習において、いじめをはじめとする生徒指導上の課題等に適切に対応できる能力を高めるような実践的な内容の充実を促す。

なお、教職員の不適切な認識や言動がいじめの発生を許しいじめの深刻化を招きうることに注意する。また、特に体罰については、暴力を容認するものであり、児童生徒の健全な成長と人格の形成を阻害し、いじめの遠因となりうるものであることから、教職

---

8 ［いじめ防止対策推進法案に対する附帯決議（平成25年6月20日　参議院文教科学委員会）］
三、本法の運用に当たっては、いじめの被害者に寄り添った対策が講ぜられるよう留意するとともに、いじめ防止等について児童等の主体的かつ積極的な参加が確保できるよう留意すること。
9 ［いじめ防止対策推進法案に対する附帯決議（平成25年6月19日　衆議院文部科学委員会）］
二　教職員はいじめを受けた児童等を徹底して守り通す責務を有するものとして、いじめに係る研修の実施等により資質の向上を図ること。

員研修等により体罰禁止の徹底を図る。[10]

○　いじめに関する調査研究等の実施

　いじめの認知件数や学校におけるいじめの問題に対する日常の取組等、いじめの問題の全国的な状況を調査する。

　また、いじめの防止及び早期発見のための方策（学校いじめ防止プログラム、早期発見・事案対処のマニュアルの在り方、学校いじめ対策組織の活動の在り方等）や、いじめ加害の背景などいじめの起こる要因、いじめがもたらす被害、いじめのない学級づくり、各地方公共団体によるいじめの重大事態に係る調査結果の収集・分析等について、国立教育政策研究所や各地域、大学等の研究機関、関係学会等と連携して、調査研究を実施し、その成果を普及する。

○　いじめの問題に関する正しい理解の普及啓発

　国の基本方針やいじめの問題に関係する通知等を周知徹底するため、各地域の学校関係者の集まる普及啓発協議会を定期的に開催する。

　また、保護者など国民に広く、いじめの問題やこの問題への取組についての理解を深めるべく、PTAや地域の関係団体等との連携を図りながら、法の趣旨及び法に基づく対応に係る広報啓発を充実する。

②　早期発見

○　教育相談体制の充実

　心理や福祉の専門家であるスクールカウンセラー・スクールソーシャルワーカー等を活用し、教育相談体制を整備するとともに、「24時間子供SOSダイヤル」など、電話相談体制を整備する。

○　地域や家庭との連携促進

　より多くの大人が子供の悩みや相談を受け止めることができるようにするため、PTAや地域の関係団体等との連携促進や、学校運営協議会制度や学校支援地域本部、放課後子供教室など、学校と地域、家庭が組織的に連携・協働する体制を構築する。

③　いじめへの対処

○　多様な外部人材の活用等による問題解決支援

　解決困難な問題への対応を支援するため、弁護士や教員・警察官経験者など、多様な人材を活用できる体制を構築する。また、各地域におけるいじめの問題等を第三者的立場から調整・解決する取組を促進する。

○　インターネットや携帯電話を利用したいじめ（以下「インターネット上のいじめ」という。）への対応

　児童生徒に情報モラルを身に付けさせる指導の充実を図る。インターネット上のいじめは、外部から見えにくい・匿名性が高いなどの性質を有するため児童生徒が行動に移しやすい一方で、一度インターネット上で拡散してしまったいじめに係る画像、動画等の情報を消去することは極めて困難であること、一つの行為がいじめの被害者にとどまらず学校、家庭及び地域社会に多大な被害を与える可能性があることなど、深刻な影響を及ぼすものである。また、インターネット上のいじめは、刑法上の名誉毀損罪や侮辱罪、民事上の損害賠償請求の対象となり得る。学校の設置者及び学校は、児童生徒に対して、インターネット上のいじめが重大な人権侵害に当たり、被害者等に深刻な傷を与えかねない行為であることを理解させる取組を行う。併せて、インターネット上の不適切なサイトや書き込み等を発見するためのネットパトロールなど、インターネット上のいじめに対処する体制を整備する。

④　教職員が子供と向き合うことのできる体制の整備

　教職員が子供たちに適切に向き合い、い

---

10　［いじめ防止対策推進法案に対する附帯決議（平成25年6月19日　衆議院文部科学委員会）］
七　教職員による体罰は、児童等の心身の健全な成長及び人格の形成に重大な影響を与えるものであることに鑑み、体罰の禁止の徹底に向け、必要な対策を講ずること。

じめの防止等に学校として一丸となって組織的に取り組んでいくことができるような体制の整備が重要であり、教職員定数の改善措置や外部人材の活用促進、校務の改善に資する取組の促進などを行う。

## 2　いじめの防止等のために地方公共団体等が実施すべき施策

### ⑴　いじめ防止基本方針の策定と組織等の設置等

別添1【いじめ防止対策推進法が定める組織】参照

① いじめ防止基本方針の策定

地方公共団体は、「地方いじめ防止基本方針」を策定するよう努める（法第12条）

② 組織等の設置

ⅰ） 地方公共団体は、「いじめ問題対策連絡協議会」を設置することができる（法第14条第1項）

ⅱ） 教育委員会は、「附属機関」を設置することができる（法第14条第3項）

ⅲ） 学校の設置者又はその設置する学校は、その下に組織を設け、重大事態に係る事実関係を明確にするための調査を行う（法第28条）

ⅳ） 地方公共団体の長等は、附属機関を設けて調査を行う等の方法により、上記ⅲ）の結果について調査を行うことができる（法第29条〜第32条第2項）

### ⑵　地方いじめ防止基本方針の策定

（地方いじめ防止基本方針）

第12条　地方公共団体は、いじめ防止基本方針を参酌し、その地域の実情に応じ、当該地方公共団体におけるいじめの防止等のための対策を総合的かつ効果的に推進するための基本的な方針（以下「地方いじめ防止基本方針」という。）を定めるよう努めるものとする。

地方公共団体は、法の趣旨を踏まえ、国の基本方針を参考にして、当該地方公共団体におけるいじめ防止等のための対策を総合的かつ効果的に推進するため、地方いじめ防止基本方針を定めることが望ましい。

地方いじめ防止基本方針は国の基本方針と学校いじめ防止基本方針の結節点となるものであって、各学校のいじめの防止等の取組の基盤となるものである。地域内の対策の格差を生じさせない観点からも、特に、教育委員会にあっては特段の理由がある場合を除き、地方いじめ防止基本方針を策定することが望ましい。なお、都道府県教育委員会にあっては、策定に向けて検討している区域内の市区町村（例：人的体制が不十分）を支援することにより、地方いじめ防止基本方針の策定を促進する。

地方いじめ防止基本方針は、当該地方公共団体の実情に応じ、いじめの防止等の対策の基本的な方向を示すとともに、いじめの防止や早期発見、いじめへの対処が、当該地域において体系的かつ計画的に行われるよう、講じるべき対策の内容を具体的に記載することが想定される。

例えば、いじめの防止等に係る日常的な取組の検証・見直しを図る仕組みを定めたり、当該地域におけるいじめの防止に資する啓発活動や教育的取組を具体的に定めたりするなど、より実効的な地方いじめ防止基本方針とするため、地域の実情に応じた工夫がなされることが望ましい。

また、より実効性の高い取組を実施するため、地方いじめ防止基本方針が、当該地域の実情に即して適切に機能しているかを点検し、必要に応じて見直す、というPDCAサイクルを、地方いじめ防止基本方針に盛り込んでおくことが望ましい。

なお、地方いじめ防止基本方針は、当該地方公共団体におけるいじめの防止等のための対策を総合的かつ効果的に推進するためのものであることから、都道府県の場合は私立学校も対象に含めて作成することが求められる。また、市町村が国立大学に附属して設置される学校（以下「国立学校」という。）や、私立学校をどう扱うかについては、それぞれの地方公共団体において、地域の

実情に応じ判断する。

### （3） いじめ問題対策連絡協議会の設置

（いじめ問題対策連絡協議会）

第14条　地方公共団体は、いじめの防止等に関係する機関及び団体の連携を図るため、条例の定めるところにより、学校、教育委員会、児童相談所、法務局又は地方法務局、都道府県警察その他の関係者により構成されるいじめ問題対策連絡協議会を置くことができる。

2　都道府県は、前項のいじめ問題対策連絡協議会を置いた場合には、当該いじめ問題対策連絡協議会におけるいじめの防止等に関係する機関及び団体の連携が当該都道府県の区域内の市町村が設置する学校におけるいじめの防止等に活用されるよう、当該いじめ問題対策連絡協議会と当該市町村の教育委員会との連携を図るために必要な措置を講ずるものとする。

学校と地域の関係機関等とのいじめの問題の対応に係る連携を確保するため、地方公共団体においては、法に基づき、「いじめ問題対策連絡協議会」を設置することが望ましく、その構成員は、地域の実情に応じて決定する。

例えば都道府県に置く場合、学校（国私立を含む）、教育委員会、私立学校主管部局、児童相談所、法務局又は地方法務局、都道府県警察などが想定される。この他に弁護士、医師、心理や福祉の専門家であるスクールカウンセラー・スクールソーシャルワーカー等に係る職能団体や民間団体などが考えられる。[11]教育委員会をはじめとする学校の設置者及び都道府県私立学校主管部局は、平素より、いじめ問題対策連絡協

議会における地域の関係機関等との連携を通じ、いじめの重大事態の調査を行うための組織（第三者調査委員会等）の委員を確保しておくことも重要である。

なお、この会議の名称は、必ずしも「いじめ問題対策連絡協議会」とする必要はない。

また、法に定める「いじめ問題対策連絡協議会」は条例で設置されるものであるが、機動的な運営に必要な場合などは、条例を設置根拠としない会議体であっても、法の趣旨を踏まえた会議を設けることは可能である。

都道府県が「いじめ問題対策連絡協議会」を置く場合、連絡協議会での連携が、区域内の市町村が設置する学校におけるいじめの防止等に活用されるよう、区域内の市町村の教育委員会等との連携が必要である（例えば、都道府県の連絡協議会に市町村教育委員会も参加させたり、域内の連携体制を検討したりする際に、市町村単位でも連携が進むよう各関係機関の連携先の窓口を明示するなど）。

なお、規模が小さいために関係機関の協力が得にくく連絡協議会の設置が難しい市町村においては、近隣の市町村と連携したり、法第14条第2項に基づき、都道府県の連絡協議会と連携したりすることが考えられる。

### （4） 法第14条第3項に規定する教育委員会の附属機関の設置

第14条第3項　前2項の規定を踏まえ、教育委員会といじめ問題対策連絡協議会との円滑な連携の下に、地方いじめ防止基本方針に基づく地域におけるいじめの防止等のための対策を実効的に行うように

---

11　［いじめ防止対策推進法案に対する附帯決議（平成25年6月19日　衆議院文部科学委員会）］

三　本法に基づき設けられるいじめの防止等のための対策を担う附属機関その他の組織においては、適切にいじめの問題に対処する観点から、専門的な知識及び経験を有する第三者等の参加を図り、公平性・中立性が確保されるよう努めること。

　　［いじめ防止対策推進法案に対する附帯決議（平成25年6月20日　参議院文教科学委員会）］

六、本法に基づき設けられるいじめの防止等のための対策を担う附属機関その他の組織においては、適切にいじめの問題に対処する観点から、専門的な知識及び経験を有する第三者等の参加を図り、公平性・中立性が確保されるよう努めること。

するため必要があるときは、教育委員会に附属機関として必要な組織を置くことができるものとする。

地方公共団体においては、法の趣旨を踏まえ地方いじめ防止基本方針を定めることが望ましく、さらにはその地方いじめ防止基本方針に基づくいじめ防止等の対策を実効的に行うため、地域の実情に応じ、附属機関を設置することが望ましい。

なお、小規模の自治体など、設置が困難な地域も想定されることを踏まえ、都道府県教育委員会においては、これらの地域を支援するため、職能団体や大学、学会等の協力を得られる体制を平素から整えておくことなどが望まれる。

ただし、この附属機関は教育委員会の附属機関であるため、地方公共団体が自ら設置する公立学校におけるいじめの防止等のための対策の実効的実施が直接の設置目的となる。

「附属機関」とは、地方自治法上、法令又は条例の定めるところにより、普通地方公共団体の執行機関の行政執行のため、又は行政執行に必要な調停、審査、審議、諮問又は調査等のための機関である。[12]本法に基づき附属機関を設置する場合においても、

別に設置根拠となる条例が必要であり、当該条例で定めるべき附属機関の担当事項等とは、附属機関の目的・機能などである。

また、法第14条第3項の附属機関には、専門的な知識及び経験を有する第三者等の参加を図り、公平性・中立性が確保されるよう努めることが必要である。[13]

附属機関の機能について、例えば、以下が想定される。

➢　教育委員会の諮問に応じ、地方いじめ防止基本方針に基づくいじめの防止等のための調査研究等、有効な対策を検討するため専門的知見からの審議を行う。

➢　当該地方公共団体が設置する公立学校におけるいじめに関する通報や相談を受け、第三者機関として当事者間の関係を調整するなどして問題の解決を図る。

➢　当該地方公共団体が設置する公立学校におけるいじめの事案について、設置者である地方公共団体の教育委員会が、設置する学校からいじめの報告を受け、法第24条[14]に基づき自ら調査を行う必要がある場合に当該組織を活用する。

なお、各地方公共団体がそれぞれ定める地方いじめ防止基本方針における対策の内容に応じて、附属機関の機能も地方公共団

---

12○　地方自治法（昭和22年法律第67号）
第138条の4　普通地方公共団体にその執行機関として普通地方公共団体の長の外、法律の定めるところにより、委員会又は委員を置く。
2　（略）
3　普通地方公共団体は、法律又は条例の定めるところにより、執行機関の附属機関として自治紛争処理委員、審査会、審議会、調査会その他の調停、審査、諮問又は調査のための機関を置くことができる。ただし、政令で定める執行機関については、この限りでない。
13　［いじめ防止対策推進法案に対する附帯決議（平成25年6月19日　衆議院文部科学委員会）］
三　本法に基づき設けられるいじめの防止等のための対策を担う附属機関その他の組織においては、適切にいじめの問題に対処する観点から、専門的な知識及び経験を有する第三者等の参加を図り、公平性・中立性が確保されるよう努めること。
　　［いじめ防止対策推進法案に対する附帯決議（平成25年6月20日　参議院文教科学委員会）］
六、本法に基づき設けられるいじめの防止等のための対策を担う附属機関その他の組織においては、適切にいじめの問題に対処する観点から、専門的な知識及び経験を有する第三者等の参加を図り、公平性・中立性が確保されるよう努めること。
14○　いじめ防止対策推進法（平成25年法律第71号）
（学校の設置者による措置）
第24条　学校の設置者は、前条第二項の規定による報告を受けたときは、必要に応じ、その設置する学校に対し必要な支援を行い、若しくは必要な措置を講ずることを指示し、又は当該報告に係る事案について自ら必要な調査を行うものとする。

体ごとに異なる。

この際、重大事態が起きてから急遽附属機関を立ち上げることは困難である点から、地域の実情に応じて、平時から「附属機関」を設置しておくことが望ましい。なお、小規模の自治体など、設置が困難な地域も想定されることを踏まえ、都道府県教育委員会においては、これらの地域を支援するため、職能団体や大学、学会等の協力を得られる体制を平素から整えておくことなどが望まれる。（重大事態への対処については「4　重人事態への対処」に詳述）

法は教育委員会の附属機関を規定しているが、例えば、地方公共団体の下に置く行政部局に、学校の設置者に関わらず、第三者的立場からの解決を図るなどのための附属機関を置くといったことも、妨げられるものではない。

### ⑸　地方公共団体等が実施すべき施策

上記のほか、地方公共団体（学校の設置者としての地方公共団体を含む）が実施すべき施策については、各地域の実情に応じた検討が求められる。

なお、法の求める施策を「地方公共団体」「学校の設置者」の主体の別で整理すると以下のとおりである。

① 地方公共団体として実施すべき施策

○ いじめの防止等のための対策を推進するために必要な財政上の措置その他の人的体制の整備等の必要な措置を講ずるよう努める。

○ いじめに関する通報及び相談を受け付けるための体制の整備

　・ 電話やメール等、いじめの通報・相談を受け付ける体制整備・周知・スクールカウンセラー・スクールソーシャルワーカーの配置

　・ 都道府県と市町村が円滑に連携（例えば都道府県が、「24時間子供SOSダイヤル」や教育相談センターにおける教育相談の充実等、多様な相談窓口を確保し、市町村が、設置された窓口を域内の関係各者に周知徹底する等）

　・ スクールカウンセラー、スクールソーシャルワーカー、教育相談センター等のいじめに関する通報及び相談体制を整備した場合、児童生徒から活用されるよう、自らの取組を積極的に周知する（スクールカウンセラーの相談日の案内、教育相談センター職員による学校訪問、教育相談センターの見学会の実施等）。特に、スクールカウンセラー、スクールソーシャルワーカーは、学校のいじめ対策組織の構成員となっている場合は、自らその一員であることを児童生徒、保護者等に積極的に伝える取組を行う。

　・ 周知の際には、相談の結果、いじめの解決につながった具体的な事例（プロセス）を示すなど、児童生徒に自ら周囲に援助を求めることの重要性を理解させる。

○ いじめの防止等のための対策が関係者の連携の下に適切に行われるよう関係機関、学校、家庭、地域社会及び民間団体の間の連携の強化、民間団体の支援その他必要な体制の整備

　・ 民間団体としては、子供の相談を受け付けるための電話回線を開設する団体等が想定される。

○ 保護者が、法に規定された保護者の責務等を踏まえて子供の規範意識を養うための指導等を適切に行うことができるよう、保護者を対象とした啓発活動や相談窓口の設置など、家庭への支援を行う。

○ いじめの未然防止に向けて、幼児期の教育においても、発達段階に応じて幼児が他の幼児と関わる中で相手を尊重する気持ちを持って行動できるよう、取組を促す。また、就学前のガイダンス等の機会を捉え、幼児や保護者に対するいじめの未然防止に係る取組を企画・提案する。

○ いじめの防止等のための対策が専門的知識に基づき適切に行われるよう、教職

員の研修の充実を通じた教職員の資質能力の向上、生徒指導に係る体制等の充実のための教諭、養護教諭その他の教職員の配置、心理、福祉等に関する専門的知識を有する者であっていじめの防止を含む教育相談に応じる者の確保、いじめへの対処に関し助言を行うために学校の求めに応じて派遣される者の確保等必要な措置

・ 「心理、福祉等に関する専門的知識を有する者」や「いじめへの対処に関し助言を行うために学校の求めに応じて派遣される者」として、心理や福祉の専門家であるスクールカウンセラー・スクールソーシャルワーカー、教員経験者やスクールサポーター等の警察官経験者、弁護士等が想定される。

○ 児童生徒がインターネット上のいじめに巻き込まれていないかどうかを監視する関係機関又は関係団体の取組支援、インターネット上のいじめに関する事案に対処する体制の整備

・ 具体的には学校ネットパトロールの実施、情報モラルを身に付けさせるための教育の充実等が想定される。

・ 都道府県と市町村が円滑に連携（例えば、都道府県がネットパトロールの実施体制を整備し、市町村は都道府県の実施するネットパトロールへの必要な協力をする等）

○ いじめの防止及び早期発見のための方策等、いじめを受けた児童生徒又はその保護者に対する支援及びいじめを行った児童生徒に対する指導又はその保護者に対する助言の在り方、インターネット上のいじめへの対応の在り方その他のいじめの防止等のために必要な事項やいじめの防止等のための対策の実施の状況についての調査研究及び検証、その成果の普及

・ 自ら調査研究をするのみならず、特に市町村においては、国や都道府県の調査研究結果をいじめの防止等の対策に

活用することが想定される。

○ いじめが児童生徒の心身に及ぼす影響、いじめを防止することの重要性、いじめに係る相談制度又は救済制度等について必要な広報その他の啓発活動

○ いじめを受けた児童生徒といじめを行った児童生徒が同じ学校に在籍していない場合であっても、学校がいじめを受けた児童生徒又はその保護者に対する支援及びいじめを行った児童生徒に対する指導又はその保護者に対する助言を適切に行うことができるようにするため、学校相互間の連携協力体制を整備

○ 学校におけるいじめの防止等の取組の点検・充実

・ いじめの実態把握の取組状況等、設置する学校における定期的なアンケート調査、個人面談の取組状況等を点検するとともに、教師向けの指導用資料やチェックリストの作成・配布などを通じ、学校におけるいじめの防止等の取組の充実を促す。

○ 学校と地域、家庭が組織的に連携・協働する体制構築

・ より多くの大人が子供の悩みや相談を受け止めることができるようにするため、PTAや地域の関係団体等との連携促進や、学校運営協議会制度や学校支援地域本部、放課後子供教室など、学校と地域、家庭が組織的に連携・協働する体制を構築

○ 重大事態への対処

・ 公立学校を設置する地方公共団体：

a) 公立学校を設置する地方公共団体の長は、法第28条に定める「重大事態」発生の報告を受け、当該報告に係る重大事態への対処又は当該重大事態と同種の事態の発生の防止のため必要があると認めるときは、附属機関を設けて調査を行う等の方法により、学校の設置者又は学校による調査の結果について調査を行うことができ、調査を行ったと

きは、その結果を議会に報告しなければならない。

b) 地方公共団体の長及び教育委員会は、調査の結果を踏まえ、自らの権限及び責任において、当該調査に係る重大事態への対処又は当該重大事態と同種の事態の発生の防止のために必要な措置を講ずる。

・ 私立学校の所轄庁である都道府県知事：

a) 私立学校の所轄庁である都道府県知事は、重大事態発生の報告を受け、当該報告に係る重大事態への対処又は当該重大事態と同種の事態の発生の防止のため必要があると認めるときは、附属機関を設けて調査を行う等の方法により、学校の設置者又は学校による調査の結果について調査を行うことができる。

b) 都道府県知事は、調査の結果を踏まえ、当該調査に係る学校法人又はその設置する学校が当該調査に係る重大事態への対処又は当該重大事態と同種の事態の発生の防止のために必要な措置を講ずることができるよう、私立学校法第6条に規定する権限の適切な行使その他の必要な措置を講ずる。

○ 都道府県私立学校主管部局の体制
都道府県私立学校主管部局において、所管する学校における定期的なアンケート調査、個人面談の取組状況等を把握するとともに、重大事態があった場合等に適切に対応できるよう、体制を整備する。

② 学校の設置者として実施すべき施策
以下の事項それぞれの性質に応じ、学校の設置者として自ら実施したり、設置する学校において適切に実施されるようにしたりするなどの対応が求められる。

○ 児童生徒の豊かな情操と道徳心を培い、心の通う人間関係を構築する能力の素地を養うことが、いじめの防止に資することを踏まえ、全ての教育活動を通じた

道徳教育及び体験活動等の充実

○ 当該学校に在籍する児童生徒が自主的にいじめの問題について考え、議論すること等のいじめの防止に資する活動に対する支援、当該学校に在籍する児童生徒及びその保護者並びに当該学校の教職員に対するいじめを防止することの重要性に関する理解を深めるための啓発その他必要な措置を講ずる。

○ いじめを早期に発見するため、当該学校に在籍する児童生徒に対する定期的なアンケート調査、個人面談その他の必要な措置を講ずる。また、学校の設置者として、その設置する学校におけるアンケート調査、個人面談の取組状況を把握しておく。

○ 当該学校に在籍する児童生徒及びその保護者並びに当該学校の教職員がいじめに係る相談を行うことができるようにするため、スクールカウンセラー・スクールソーシャルワーカーの配置、弁護士等の専門家の派遣、人権擁護機関等の関係機関との連携等の体制整備を図る。生徒指導専任教員の配置を含む、いじめに適切に対応できる学校指導体制の整備を推進するとともに、部活動休養日の設定、部活動指導員の配置、教員が行う業務の明確化を含む教職員の業務負担の軽減を図る。

○ 当該学校の教職員に対し、いじめの防止等のための対策に関する研修の実施その他のいじめの防止等のための対策に関する資質能力の向上に必要な措置を講ずる。全ての教職員の共通理解を図るため、年に複数回、いじめの問題に関する校内研修を実施するよう、取組を促す。

○ 当該学校に在籍する児童生徒及びその保護者が、発信された情報の高度の流通性、発信者の匿名性その他のインターネットを通じて送信される情報の特性を踏まえて、インターネット上のいじめを防止し、及び効果的に対処することができるよう、これらの者に対する、必要な啓発活動

を実施する。

○　いじめに対する措置

・　学校の設置者は、法第23条第2項の規定による報告を受けたときは、必要に応じ、その設置する学校に対し必要な支援を行い、若しくは必要な措置を講ずることを指示する。支援とは、具体的には、指導主事等の職員、スクールカウンセラー・スクールソーシャルワーカー、弁護士等の専門家の派遣、警察等関係機関との連携等が考えられる。学校の設置者は、その設置する学校に対し、いじめへの対処の際にこれらの支援を行うことを、予め周知しておく必要がある。さらに、学校の設置者として、学校からの報告に係る事案について自ら必要な調査を行う。公立学校におけるこの調査については、必要に応じ、法第14条第3項の附属機関を活用することも想定される。

・　市町村の教育委員会は、いじめを行った児童生徒の保護者に対して学校教育法（昭和22年法律第26号）第35条第1項（同法第49条において準用する場合を含む。）の規定に基づき当該児童生徒の出席停止を命ずる[15]等、いじめを受けた児童生徒その他の児童生徒が安心して教育を受けられるようにするために必要な措置を速やかに講ずる。いじめの加害者である児童生徒に対して出席停止の措置を行った場合には、出席停止の期間における学習への支援など教育上必要な措置を講じ、当該児童生徒の立ち直りを支援する。

また、市町村の教育委員会は、いじめられた児童生徒又はその保護者が希望する場合には、就学校の指定の変更や区域外就学等の弾力的な対応を検討する。

○　重大事態への対処（学校の設置者又は学校）

・　学校の設置者又は学校は、法第28条に定める「重大事態」に対処し、及び当該重大事態と同種の事態の発生の防止に資するため、速やかに、当該学校の設置者又はその設置する学校の下に組織を設け、質問票の使用その他の適切な方法により当該重大事態に係る事実関係を明確にするための調査を実施する。

学校の設置者又はその設置する学校は、重大事態に係る調査を行ったときは、当該調査に係るいじめを受けた児童生徒及びその保護者に対し、当該調査に係る重大事態の事実関係等その他の必要な情報について情報を適切に提供する責任がある。

・　学校が調査を行う場合においては、当該学校の設置者は、調査及び情報の提供について必要な指導及び支援を実施する。

○　市町村教育委員会は、出席停止の手続きに関し必要な事項を教育委員会規則で定め、学校や保護者へ周知を図る。

---

15 ○　学校教育法（昭和22年法律第26号）
第35条　市町村の教育委員会は、次に掲げる行為の一又は二以上を繰り返し行う等性行不良であつて他の児童の教育に妨げがあると認める児童があるときは、その保護者に対して、児童の出席停止を命ずることができる。
　一　他の児童に傷害、心身の苦痛又は財産上の損失を与える行為
　二　職員に傷害又は心身の苦痛を与える行為
　三　施設又は設備を損壊する行為
　四　授業その他の教育活動の実施を妨げる行為
2　市町村の教育委員会は、前項の規定により出席停止を命ずる場合には、あらかじめ保護者の意見を聴取するとともに、理由及び期間を記載した文書を交付しなければならない。
3　前項に規定するもののほか、出席停止の命令の手続に関し必要な事項は、教育委員会規則で定めるものとする。
4　市町村の教育委員会は、出席停止の命令に係る児童の出席停止の期間における学習に対する支援その他の教育上必要な措置を講ずるものとする。

○　学校評価の留意点、教員評価の留意点

・　学校評価においていじめの問題を取り扱うに当たっては、学校評価の目的を踏まえ、いじめの有無やその多寡のみを評価するのではなく、日常の児童生徒理解、未然防止や早期発見、いじめが発生した際の迅速かつ適切な情報共有や組織的な対応等が評価されることを教職員に周知徹底するとともに、児童生徒や地域の状況を十分踏まえて目標を立て、目標に対する具体的な取組状況や達成状況を評価し、評価結果を踏まえてその改善に取り組むようにしなければならない。

　したがって、各教育委員会は、学校いじめ防止基本方針に基づく取組（いじめが起きにくい・いじめを許さない環境づくり、早期発見・事案対処のマニュアルの実行、定期的・必要に応じたアンケート、個人面談・保護者面談の実施、校内研修の実施等）の実施状況を学校評価の評価項目に位置付けるよう、各学校に対して必要な指導・助言を行う。16

・　教員評価において、学校におけるいじめ防止等の対策の取組状況を積極的に評価するよう促すことも重要である。その際、各教育委員会は、教員評価において、いじめの問題を取り扱うに当たっては、いじめの有無やその多寡のみを評価するのではなく、日常の児童生徒理解、未然防止や早期発見、いじめが発生した際に問題を隠さず、迅速かつ適切に対応すること、組織的な取組等を評価するよう、実施要領の策定や評価記録書の作成、各学校における教員評価への必要な指導・助言を行う。

○　学校運営改善の支援

・　教職員が子供と向き合い、保護者、地域住民、関係機関等との連携を図りつつ、いじめの防止等に適切に取り組んでいくことができるようにするため、生徒指導専任教員の配置を含む、いじめに適切に対応できる学校指導体制の整備を推進するとともに、事務機能の強化など学校マネジメントを担う体制の整備を図るなど、学校運営の改善を支援する。

・　保護者や地域住民が学校運営に参画する学校運営協議会制度の導入や地域学校協働活動の推進により、いじめの問題など、学校が抱える課題を共有し地域ぐるみで対応する仕組みづくりを推進する。

・　学校評議員や地域学校協働本部等が整備されている場合には、学校は当該学校のいじめに係る状況及び対策について情報提供するとともに、連携・協働による取組を進める。これらの仕組みが設けられていない場合には、民生委員や町内会等の地域の関係団体等に働きかけながら、地域との連携・協働を進める。

## 3　いじめの防止等のために学校が実施すべき施策

　学校は、いじめの防止等のため、学校いじめ防止基本方針に基づき、学校いじめ対策組織を中核として、校長の強力なリーダーシップの下、一致協力体制を確立し、学校の設置者とも適切に連携の上、学校の実情に応じた対策を推進することが必要である。

---

16○　いじめ防止対策推進法（平成25年法律第71号）
（学校評価における留意事項）
第34条　学校の評価を行う場合においていじめの防止等のための対策を取り扱うに当たっては、いじめの事実が隠蔽されず、並びにいじめの実態の把握及びいじめに対する措置が適切に行われるよう、いじめの早期発見、いじめの再発を防止するための取組等について適正に評価が行われるようにしなければならない。

## ⑴ いじめ防止基本方針の策定と組織等の設置

別添1【いじめ防止対策推進法が定める組織】参照

① いじめ防止基本方針の策定

学校は、国の基本方針又は地方いじめ防止基本方針を参酌し、その学校の実情に応じ、「学校いじめ防止基本方針」を定める（法第13条）

② 組織等の設置

ⅰ） 学校は、当該学校におけるいじめの防止等に関する措置を実効的に行うため、複数の教職員・心理、福祉等の専門的知識を有する者その他の関係者により構成される「組織」を置くものとする（法第22条）

ⅱ） 学校の設置者又はその設置する学校は、重大事態に対処し、及び当該重大事態と同種の事態の発生の防止に資するため、速やかに、当該学校の設置者又はその設置する学校の下に組織を設け、質問票の使用その他の適切な方法により当該重大事態に係る事実関係を明確にするための調査を行う（法第28条）

## ⑵ 学校いじめ防止基本方針の策定

（学校いじめ防止基本方針）

第13条　学校は、いじめ防止基本方針又は地方いじめ防止基本方針を参酌し、その学校の実情に応じ、当該学校におけるいじめの防止等のための対策に関する基本的な方針を定めるものとする。

各学校は、国の基本方針、地方いじめ防止基本方針を参考にして、自らの学校として、どのようにいじめの防止等の取組を行うかについての基本的な方向や、取組の内容等を「学校いじめ防止基本方針」として定めることが必要である。

学校いじめ防止基本方針を定める意義としては、次のようなものがある。

・　学校いじめ防止基本方針に基づく対応が徹底されることにより、教職員がいじめを抱え込まず、かつ、学校のいじめへの対応が個々の教職員による対応ではなく組織として一貫した対応となる。

・　いじめの発生時における学校の対応をあらかじめ示すことは、児童生徒及びその保護者に対し、児童生徒が学校生活を送る上での安心感を与えるとともに、いじめの加害行為の抑止につながる。

・　加害者への成長支援の観点を基本方針に位置付けることにより、いじめの加害者への支援につながる。

学校いじめ防止基本方針には、いじめの防止のための取組、早期発見・いじめ事案への対処（以下「事案対処」という。）の在り方、教育相談体制、生徒指導体制、校内研修などを定めることが想定され、いじめの防止、いじめの早期発見、事案対処などいじめの防止等全体に係る内容であることが必要である。

その中核的な内容としては、いじめに向かわない態度・能力の育成等のいじめが起きにくい・いじめを許さない環境づくりのために、年間の学校教育活動全体を通じて、いじめの防止に資する多様な取組が体系的・計画的に行われるよう、包括的な取組の方針を定めたり、その具体的な指導内容のプログラム化を図ること（「学校いじめ防止プログラム」の策定等）が必要である。

また、アンケート、いじめの通報、情報共有、適切な対処等のあり方についてのマニュアルを定め（「早期発見・事案対処のマニュアル」の策定等）、それを徹底するため、「チェックリストを作成・共有して全教職員で実施する」などといったような具体的な取組を盛り込む必要がある。そして、これらの学校いじめ防止基本方針の中核的な策定事項は、同時に学校いじめ対策組織の取組による未然防止、早期発見及び事案対処の行動計画となるよう、事案対処に関する教職員の資質能力向上を図る校内研修の取組も含めた、年間を通じた当該組織の活動が具体的に記載されるものとする。

さらに、いじめの加害児童生徒に対する成長支援の観点から、加害児童生徒が抱え

る問題を解決するための具体的な対応方針を定めることも望ましい。

加えて、より実効性の高い取組を実施するため、学校いじめ防止基本方針が、当該学校の実情に即して適切に機能しているかを学校いじめ対策組織を中心に点検し、必要に応じて見直す、というPDCAサイクルを、学校いじめ防止基本方針に盛り込んでおく必要がある。

学校いじめ防止基本方針に基づく取組の実施状況を学校評価の評価項目に位置付ける。学校いじめ防止基本方針において、いじめの防止等のための取組（いじめが起きにくい・いじめを許さない環境づくりに係る取組、早期発見・事案対処のマニュアルの実行、定期的・必要に応じたアンケート、個人面談・保護者面談の実施、校内研修の実施等）に係る達成目標を設定し、学校評価において目標の達成状況を評価する。各学校は、評価結果を踏まえ、学校におけるいじめの防止等のための取組の改善を図る必要がある。

学校いじめ防止基本方針を策定するに当たっては、方針を検討する段階から保護者、地域住民、関係機関等の参画を得た学校いじめ防止基本方針になるようにすることが、学校いじめ防止基本方針策定後、学校の取組を円滑に進めていく上でも有効であることから、これらの関係者と協議を重ねながら具体的ないじめ防止等の対策に係る連携について定めることが望ましい。また、児童生徒とともに、学校全体でいじめの防止等に取り組む観点から、学校いじめ防止基本方針の策定に際し、児童生徒の意見を取り入れるなど、いじめの防止等について児童生徒の主体的かつ積極的な参加が確保できるよう留意する。

さらに、策定した学校いじめ防止基本方針については、各学校のホームページへの掲載その他の方法により、保護者や地域住民が学校いじめ防止基本方針の内容を容易に確認できるような措置を講ずるとともに、その内容を、必ず入学時・各年度の開始時に児童生徒、保護者、関係機関等に説明する。

## (3) 学校におけるいじめの防止等の対策のための組織

（学校におけるいじめの防止等の対策のための組織）
第22条　学校は、当該学校におけるいじめの防止等に関する措置を実効的に行うため、当該学校の複数の教職員、心理、福祉等に関する専門的な知識を有する者その他の関係者により構成されるいじめの防止等の対策のための組織を置くものとする。

法第22条は、学校におけるいじめの防止、いじめの早期発見及びいじめへの対処等に関する措置を実効的に行うため、組織的な対応を行うため中核となる常設の組織を置くことを明示的に規定したものであるが、これは、いじめについては、特定の教職員で問題を抱え込まず学校が組織的に対応することにより、複数の目による状況の見立てが可能となること、また、必要に応じて、心理や福祉の専門家であるスクールカウンセラー・スクールソーシャルワーカー、弁護士、医師、警察官経験者など外部専門家等が参加しながら対応することなどにより、より実効的ないじめの問題の解決に資することが期待されることから、規定されたものである。

また、学校いじめ防止基本方針に基づく取組の実施や具体的な年間計画（学校いじめ防止プログラム等）の作成や実施に当たっては、保護者や児童生徒の代表、地域住民などの参加を図ることが考えられる。

学校いじめ対策組織は、学校が組織的かつ実効的にいじめの問題に取り組むに当たって中核となる役割を担う。具体的には、次に掲げる役割が挙げられる。

【未然防止】
❖　いじめの未然防止のため、いじめが起きにくい・いじめを許さない環境づくりを行う役割

【早期発見・事案対処】

- ✧ いじめの早期発見のため、いじめの相談・通報を受け付ける窓口としての役割
- ✧ いじめの早期発見・事案対処のため、いじめの疑いに関する情報や児童生徒の問題行動などに係る情報の収集と記録、共有を行う役割
- ✧ いじめに係る情報（いじめが疑われる情報や児童生徒間の人間関係に関する悩みを含む。）があった時には緊急会議を開催するなど、情報の迅速な共有、及び関係児童生徒に対するアンケート調査、聴き取り調査等により事実関係の把握といじめであるか否かの判断を行う役割
- ✧ いじめの被害児童生徒に対する支援・加害児童生徒に対する指導の体制・対応方針の決定と保護者との連携といった対応を組織的に実施する役割

【学校いじめ防止基本方針に基づく各種取組】

- ✧ 学校いじめ防止基本方針に基づく取組の実施や具体的な年間計画の作成・実行・検証・修正を行う役割
- ✧ 学校いじめ防止基本方針における年間計画に基づき、いじめの防止等に係る校内研修を企画し、計画的に実施する役割
- ✧ 学校いじめ防止基本方針が当該学校の実情に即して適切に機能しているかについての点検を行い、学校いじめ防止基本方針の見直しを行う役割（PDCAサイクルの実行を含む。）

などが想定される。

いじめが起きにくい・いじめを許さない環境づくりを実効的に行うためには、学校いじめ対策組織は、児童生徒及び保護者に対して、自らの存在及び活動が容易に認識される取組（例えば、全校集会の際にいじめ対策組織の教職員が児童生徒の前で取組を説明する等）を実施する必要がある。また、いじめの早期発見のためには、学校いじめ対策組織は、いじめを受けた児童生徒を徹底して守り通し、事案を迅速かつ適切に解決する相談・通報の窓口であると児童生徒

から認識されるようにしていく必要がある。

教育委員会をはじめとする学校の設置者及び都道府県私立学校主管部局においては、以上の組織の役割が果たされているかどうか確認し、必要な指導・助言を行う。

さらに、児童生徒に対する定期的なアンケートを実施する際に、児童生徒が学校いじめ対策組織の存在、その活動内容等について具体的に把握・認識しているか否かを調査し、取組の改善につなげることも有効である。

学校いじめ対策組織は、いじめの防止等の中核となる組織として、的確にいじめの疑いに関する情報を共有し、共有された情報を基に、組織的に対応できるような体制とすることが必要である。特に、事実関係の把握、いじめであるか否かの判断は組織的に行うことが必要であり、当該組織が、情報の収集と記録、共有を行う役割を担うため、教職員は、ささいな兆候や懸念、児童生徒からの訴えを、抱え込まずに、又は対応不要であると個人で判断せずに、直ちに全て当該組織に報告・相談する。加えて、当該組織に集められた情報は、個別の児童生徒ごとなどに記録し、複数の教職員が個別に認知した情報の集約と共有化を図る。

学校として、学校いじめ防止基本方針やマニュアル等において、いじめの情報共有の手順及び情報共有すべき内容（いつ、どこで、誰が、何を、どのように等）を明確に定めておく必要がある。

これらのいじめの情報共有は、個々の教職員の責任追及のために行うものではなく、気付きを共有して早期対応につなげることが目的であり、学校の管理職は、リーダーシップをとって情報共有を行いやすい環境の醸成に取り組む必要がある。

また、当該組織は、各学校の学校いじめ防止基本方針の策定や見直し、各学校で定めたいじめの取組が計画どおりに進んでいるかどうかのチェックや、いじめの対処がうまくいかなかったケースの検証、必要に応じ

た計画の見直しなど、各学校のいじめの防止等の取組についてPDCAサイクルで検証を担う役割が期待される。

法第22条においては、学校いじめ対策組織は「当該学校の複数の教職員、心理、福祉等に関する専門的な知識を有する者その他の関係者により構成される」とされているところ、「当該学校の複数の教職員」については、学校の管理職や主幹教諭、生徒指導担当教員、学年主任、養護教諭、学級担任、教科担任、部活動指導に関わる教職員、学校医等から、組織的対応の中核として機能するような体制を、学校の実情に応じて決定する。さらに、可能な限り、同条の「心理、福祉等に関する専門的な知識を有する者」として、心理や福祉の専門家であるスクールカウンセラー・スクールソーシャルワーカー、弁護士、医師、警察官経験者等の外部専門家を当該組織に参画させ、実効性のある人選とする必要がある。これに加え、個々のいじめの防止・早期発見・対処に当たって関係の深い教職員を追加する。

いじめの未然防止・早期発見の実効化とともに、教職員の経験年数やクラス担任制の垣根を越えた、教職員同士の日常的なつながり・同僚性を向上させるためには、児童生徒に最も接する機会の多い学級担任や教科担任等が参画し、学校いじめ対策組織にこれらの機能や目的を十分に果たせるような人員配置とする必要がある。このため、学校のいじめ対策の企画立案、事案対処等を、学級担任を含めた全ての教職員が経験することができるようにするなど、未然防止・早期発見・事案対処の実効化のため、組織の構成を適宜工夫・改善できるよう、柔軟な組織とすることが有効である。

さらに、当該組織を実際に機能させるに当たっては、適切に外部専門家の助言を得つつも機動的に運用できるよう、構成員全体の会議と日常的な関係者の会議に役割分担しておくなど、学校の実情に応じて工夫することも必要である。

なお、法第28条第1項に規定する重大事態の調査のための組織について、学校がその調査を行う場合は、この組織を母体としつつ、当該事案の性質に応じて適切な専門家を加えるなどの方法によって対応することも考えられる。(重大事態への対処については「4 重大事態への対処」に詳述)

### ⑷ 学校におけるいじめの防止等に関する措置[17]

学校の設置者及び学校は、連携して、いじめの防止や早期発見、いじめが発生した際の対処等に当たる(別添2【学校における「いじめの防止」「早期発見」「いじめに対する措置」のポイント】参照))。

ⅰ) いじめの防止

いじめはどの子供にも起こりうるという事実を踏まえ、全ての児童生徒を対象に、いじめに向かわせないための未然防止の取組として、児童生徒が自主的にいじめの問題について考え、議論すること等のいじめの防止に資する活動に取り組む。

また、未然防止の基本は、児童生徒が、心の通じ合うコミュニケーション能力を育み、規律正しい態度で授業や行事に主体的に参加・活躍できるような授業づくりや集団づくりを行う。

児童生徒に対するアンケート・聴き取り調査によって初めていじめの事実が把握される例も多く、いじめの被害者を助けるためには児童生徒の協力が必要となる場合がある。このため、学校は児童生徒に対して、傍観者とならず、学校いじめ対策組織への報告をはじめとするいじめを止めさせるための行動をとる重要性を理解させるよう努める。

加えて、集団の一員としての自覚や自信を育むことにより、いたずらにストレスにとらわれることなく、互いを認め合える人間関係・学校風土をつくる。

---

17 別添2「学校における『いじめの防止』『早期発見』『いじめに対する措置』のポイント」参照

168

さらに、教職員の言動が、児童生徒を傷つけたり、他の児童生徒によるいじめを助長したりすることのないよう、指導の在り方に細心の注意を払う。

ⅱ）　早期発見

　いじめは大人の目に付きにくい時間や場所で行われたり、遊びやふざけあいを装って行われたりするなど、大人が気付きにくく判断しにくい形で行われることが多いことを教職員は認識し、ささいな兆候であっても、いじめではないかとの疑いを持って、早い段階から的確に関わりを持ち、いじめを隠したり軽視したりすることなく、いじめを積極的に認知することが必要である。

　このため、日頃から児童生徒の見守りや信頼関係の構築等に努め、児童生徒が示す変化や危険信号を見逃さないようアンテナを高く保つ。あわせて、学校は定期的なアンケート調査や教育相談の実施等により、児童生徒がいじめを訴えやすい体制を整え、いじめの実態把握に取り組む。

　各学校は、学校いじめ防止基本方針において、アンケート調査、個人面談の実施や、それらの結果の検証及び組織的な対処方法について定めておく必要がある。

　アンケート調査や個人面談において、児童生徒が自らSOSを発信すること及びいじめの情報を教職員に報告することは、当該児童生徒にとっては多大な勇気を要するものであることを教職員は理解しなければならない。これを踏まえ、学校は、児童生徒からの相談に対しては、必ず学校の教職員等が迅速に対応することを徹底する。

ⅲ）　いじめに対する措置

　法第23条第1項は、「学校の教職員、地方公共団体の職員その他の児童等からの相談に応じる者及び保護者は、児童等からいじめに係る相談を受けた場合において、いじめの事実があると思われるときは、いじめを受けたと思われる児童等が在籍する学校への通報その他の適切な措置をとるものとする。」としており、学校の教職員がいじめを発見し、又は相談を受けた場合には、速やかに、学校いじめ対策組織に対し当該いじめに係る情報を報告し、学校の組織的な対応につなげなければならない。すなわち、学校の特定の教職員が、いじめに係る情報を抱え込み、学校いじめ対策組織に報告を行わないことは、同項の規定に違反し得る。

　また、各教職員は、学校の定めた方針等に沿って、いじめに係る情報を適切に記録しておく必要がある。

　学校いじめ対策組織において情報共有を行った後は、事実関係の確認の上、組織的に対応方針を決定し、被害児童生徒を徹底して守り通す。

　加害児童生徒に対しては、当該児童生徒の人格の成長を旨として、教育的配慮の下、毅然とした態度で指導する。これらの対応について、教職員全員の共通理解、保護者の協力、関係機関・専門機関との連携の下で取り組む。

　いじめは、単に謝罪をもって安易に解消とすることはできない。いじめが「解消している」状態とは、少なくとも次の2つの要件が満たされている必要がある。ただし、これらの要件が満たされている場合であっても、必要に応じ、他の事情も勘案して判断するものとする。

①　いじめに係る行為が止んでいること

　被害者に対する心理的又は物理的な影響を与える行為（インターネットを通じて行われるものを含む。）が止んでいる状態が相当の期間継続していること。この相当の期間とは、少なくとも3か月を目安とする。ただし、いじめの被害の重大性等からさらに長期の期間が必要であると判断される場合は、この目安にかかわらず、学校の設置者又は学校いじめ対策組織の判断により、より長期の期間を設定するものとする。学校の教職員は、相当の期間が経過するまでは、被害・加害児童生徒の様子を含め状況を注視し、期間が経過した段階で判断を行う。行為が止んでいない場合は、改めて、相当の期間

を設定して状況を注視する。

② 被害児童生徒が心身の苦痛を感じていないこと

いじめに係る行為が止んでいるかどうかを判断する時点において、被害児童生徒がいじめの行為により心身の苦痛を感じていないと認められること。被害児童生徒本人及びその保護者に対し、心身の苦痛を感じていないかどうかを面談等により確認する。

学校は、いじめが解消に至っていない段階では、被害児童生徒を徹底的に守り通し、その安全・安心を確保する責任を有する。学校いじめ対策組織においては、いじめが解消に至るまで被害児童生徒の支援を継続するため、支援内容、情報共有、教職員の役割分担を含む対処プランを策定し、確実に実行する。

上記のいじめが「解消している」状態とは、あくまで、一つの段階に過ぎず、「解消している」状態に至った場合でも、いじめが再発する可能性が十分にあり得ることを踏まえ、学校の教職員は、当該いじめの被害児童生徒及び加害児童生徒については、日常的に注意深く観察する必要がある。

iv) その他

国立学校及び私立学校における、いじめの問題への対応について、必要に応じて、教育委員会からのスクールカウンセラー・スクールソーシャルワーカー、弁護士等の専門家・関係機関の紹介や、研修機会の提供等の支援が受けられるよう、日常的に、国立学校の設置者は国及び教育委員会との連携確保、都道府県私立学校主管部局は、教育委員会との連携確保に努める。

## 4 重大事態への対処

### (1) 学校の設置者又は学校による調査

いじめの重大事態については、本基本方針及び「いじめの重大事態の調査に関するガイドライン（平成29年3月文部科学省）」により適切に対応する。

i) 重大事態の発生と調査

（学校の設置者又はその設置する学校による対処）

第28条　学校の設置者又はその設置する学校は、次に掲げる場合には、その事態（以下「重大事態」という。）に対処し、及び当該重大事態と同種の事態の発生の防止に資するため、速やかに、当該学校の設置者又はその設置する学校の下に組織を設け、質問票の使用その他の適切な方法により当該重大事態に係る事実関係を明確にするための調査を行うものとする。

一　いじめにより当該学校に在籍する児童等の生命、心身又は財産に重大な被害が生じた疑いがあると認めるとき。

二　いじめにより当該学校に在籍する児童等が相当の期間学校を欠席することを余儀なくされている疑いがあると認めるとき。

2　学校の設置者又はその設置する学校は、前項の規定による調査を行ったときは、当該調査に係るいじめを受けた児童等及びその保護者に対し、当該調査に係る重大事態の事実関係等その他の必要な情報を適切に提供するものとする。

3　第1項の規定により学校が調査を行う場合においては、当該学校の設置者は、同項の規定による調査及び前項の規定による情報の提供について必要な指導及び支援を行うものとする。

① 重大事態の意味について

「いじめにより」とは、各号に規定する児童生徒の状況に至る要因が当該児童生徒に対して行われるいじめにあることを意味する。

また、法第1号の「生命、心身又は財産に重大な被害」については、いじめを受ける児童生徒の状況に着目して判断する。例えば、

○ 児童生徒が自殺を企図した場合
○ 身体に重大な傷害を負った場合
○ 金品等に重大な被害を被った場合
○ 精神性の疾患を発症した場合

などのケースが想定される。

法第2号の「相当の期間」については、不登校の定義[18]を踏まえ、年間30日を目安とする。ただし、児童生徒が一定期間、連続して欠席しているような場合には、上記目安にかかわらず、学校の設置者又は学校の判断により、迅速に調査に着手することが必要である。

また、児童生徒や保護者から、いじめにより重大な被害が生じたという申立てがあったときは、その時点で学校が「いじめの結果ではない」あるいは「重大事態とはいえない」と考えたとしても、重大事態が発生したものとして報告・調査等に当たる。[19]児童生徒又は保護者からの申立ては、学校が把握していない極めて重要な情報である可能性があることから、調査をしないまま、いじめの重大事態ではないと断言できないことに留意する。

②　重大事態の報告

学校は、重大事態が発生した場合、国立学校は国立大学法人の学長を通じて文部科学大臣へ、公立学校は当該学校を設置する地方公共団体の教育委員会を通じて同地方公共団体の長へ、私立学校は当該学校を所轄する都道府県知事へ、学校設置会社が設置する学校は当該学校設置会社の代表取締役又は代表執行役を通じて認定地方公共団体の長へ、事態発生について報告する。

③　調査の趣旨及び調査主体について

法第28条の調査は、重大事態に対処するとともに、同種の事態の発生の防止に資するために行うものである。

学校は、重大事態が発生した場合には、直ちに学校の設置者に報告し、学校の設置者は、その事案の調査を行う主体や、どのような調査組織とするかについて判断する。

調査の主体は、学校が主体となって行う場合と、学校の設置者が主体となって行う場合が考えられるが、従前の経緯や事案の特性、いじめられた児童生徒又は保護者の訴えなどを踏まえ、学校主体の調査では、重大事態への対処及び同種の事態の発生の防止に必ずしも十分な結果を得られないと学校の設置者が判断する場合や、学校の教育活動に支障が生じるおそれがあるような場合には、学校の設置者において調査を実施する。

学校が調査主体となる場合であっても、法第28条第3項に基づき、学校の設置者は調査を実施する学校に対して必要な指導、また、人的措置も含めた適切な支援を行わなければならない。

なお、法第28条で、組織を設けて調査を行う主体としては「学校の設置者又は学校は」と規定されているが、このうち公立学校の場合の「学校の設置者」とは、学校を設置・管理する教育委員会である。[20]

また、国立学校の設置者は国立大学法人であり、私立学校の設置者は学校法人である。

なお、従前の経緯や事案の特性から必要な場合や、いじめられた児童生徒又は保護者が望む場合には、法第28条第1項の調査に並行して、地方公共団体の長等による調査を実施することも想定しうる。この場合、調査対象となる児童生徒等への心理的な負担を考慮し、重複した調査とならないよう、法第28条第1項の調査主体と、並行して行われる調査主体とが密接に連携し、適切に役割分担を図ることが求められる（例えば、アンケートの収集などの初期的な調査を学

18 文部科学省「児童生徒の問題行動等生徒指導上の諸問題に関する調査」における定義
19 ［いじめ防止対策推進法案に対する附帯決議（平成25年6月19日　衆議院文部科学委員会）］
五　重大事態への対処に当たっては、いじめを受けた児童等やその保護者からの申立てがあったときは、適切かつ真摯に対応すること。
20 公立学校における「学校の設置者」は、学校を設置する地方公共団体である。また、公立学校について、法第28条の調査を行う「学校の設置者」とは、地方公共団体のいずれの部局がその事務を担当するかについては、地方教育行政の組織及び運営に関する法律（昭和31年法律第162号）により、学校の設置・管理を行う教育委員会である。

校の設置者又は学校が中心となって行い、収集した資料に基づく分析及び追加調査を、並行して行われる調査で実施する等が考えられる）。

④ 調査を行うための組織について

学校の設置者又は学校は、その事案が重大事態であると判断したときは、当該重大事態に係る調査を行うため、速やかに、その下に組織を設けることとされている。

この組織の構成については、弁護士や精神科医、学識経験者、心理や福祉の専門家であるスクールカウンセラー・スクールソーシャルワーカー等の専門的知識及び経験を有する者であって、当該いじめ事案の関係者と直接の人間関係又は特別の利害関係を有しない者（第三者）について、職能団体や大学、学会からの推薦等により参加を図ることにより、当該調査の公平性・中立性を確保するよう努めることが求められる。21

重大事態が起きてから急遽調査を行うための組織を立ち上げることは困難である点から、地域の実情に応じて、平時から調査を行うための組織を設置しておくことが望ましい。公立学校における調査において、学校の設置者が調査主体となる場合、法第14条第3項の教育委員会に設置される附属機関を、調査を行うための組織とすることも考えられる。なお、小規模の自治体など、設置が困難な地域も想定されることを踏まえ、都道府県教育委員会においては、これらの地域を支援するため、職能団体や大学、学会等の協力を得られる体制を平素から整えておくことなどが望まれる。

なお、この場合、調査を行うための組織の構成員に、調査対象となるいじめ事案の関係者と直接の人間関係又は特別の利害関係を有する者がいる場合には、その者を除いた構成員で調査に当たる等、当該調査の公平性・中立性確保の観点からの配慮に努めることが求められる。

また、学校が調査の主体となる場合、調査を行うための組織を重大事態の発生の都度設けることも考えられるが、それでは迅速性に欠けるおそれがあるため、法第22条に基づき学校に必ず置かれることとされている学校いじめ対策組織を母体として、当該重大事態の性質に応じて適切な専門家を加えるなどの方法によることも考えられる。

⑤ 事実関係を明確にするための調査の実施

「事実関係を明確にする」とは、重大事態に至る要因となったいじめ行為が、いつ（いつ頃から）、誰から行われ、どのような態様であったか、いじめを生んだ背景事情や児童生徒の人間関係にどのような問題があったか、学校・教職員がどのように対応したかなどの事実関係を、可能な限り網羅的に明確にすることである。この際、因果関係の特定を急ぐべきではなく、客観的な事実関係を速やかに調査すべきである。

この調査は、民事・刑事上の責任追及やその他の争訟等への対応を直接の目的とするものでないことは言うまでもなく、学校とその設置者が事実に向き合うことで、当該事態への対処や同種の事態の発生防止を図るものである。

法第28条の調査を実りあるものにするためには、学校の設置者・学校自身が、たとえ不都合なことがあったとしても、事実にしっかりと向き合おうとする姿勢が重要である。

21 ［いじめ防止対策推進法案に対する附帯決議（平成25年6月19日　衆議院文部科学委員会）］
　三　本法に基づき設けられるいじめの防止等のための対策を担う附属機関その他の組織において、適切にいじめの問題に対処する観点から、専門的な知識及び経験を有する第三者等の参加を図り、公平性・中立性が確保されるよう努めること。
　［いじめ防止対策推進法案に対する附帯決議（平成25年6月20日　参議院文教科学委員会）］
　六、本法に基づき設けられるいじめの防止等のための対策を担う附属機関その他の組織において、適切にいじめの問題に対処する観点から、専門的な知識及び経験を有する第三者等の参加を図り、公平性・中立性が確保されるよう努めること。

学校の設置者又は学校は、附属機関等に対して積極的に資料を提供するとともに、調査結果を重んじ、主体的に再発防止に取り組まなければならない。

ア）　いじめられた児童生徒からの聴き取りが可能な場合

いじめられた児童生徒からの聴き取りが可能な場合、いじめられた児童生徒から十分に聴き取るとともに、在籍児童生徒や教職員に対する質問紙調査や聴き取り調査を行うことなどが考えられる。この際、いじめられた児童生徒や情報を提供してくれた児童生徒を守ることを最優先とした調査実施が必要である（例えば、質問票の使用に当たり個別の事案が広く明らかになり、被害児童生徒の学校復帰が阻害されることのないよう配慮する等）。

調査による事実関係の確認とともに、いじめた児童生徒への指導を行い、いじめ行為を止める。

いじめられた児童生徒に対しては、事情や心情を聴取し、いじめられた児童生徒の状況にあわせた継続的なケアを行い、落ち着いた学校生活復帰の支援や学習支援等をすることが必要である。

これらの調査を行うに当たっては、別添2の「学校における『いじめの防止』『早期発見』『いじめに対する措置』のポイント」を参考にしつつ、事案の重大性を踏まえて、学校の設置者がより積極的に指導・支援したり、関係機関ともより適切に連携したりして、対応に当たることが必要である。

イ）　いじめられた児童生徒からの聴き取りが不可能な場合

児童生徒の入院や死亡など、いじめられた児童生徒からの聴き取りが不可能な場合は、当該児童生徒の保護者の要望・意見を十分に聴取し、迅速に当該保護者に今後の

調査について協議し、調査に着手する必要がある。調査方法としては、在籍児童生徒や教職員に対する質問紙調査や聴き取り調査などが考えられる。

（自殺の背景調査における留意事項）

児童生徒の自殺という事態が起こった場合の調査の在り方については、その後の自殺防止に資する観点から、自殺の背景調査を実施することが必要である。この調査においては、亡くなった児童生徒の尊厳を保持しつつ、その死に至った経過を検証し再発防止策を構ずることを目指し、遺族の気持ちに十分配慮しながら行うことが必要である。

いじめがその要因として疑われる場合の背景調査については、法第28条第1項に定める調査に相当することとなり、その在り方については、以下の事項に留意のうえ、「子供の自殺が起きたときの背景調査の指針（改訂版）」（平成26年7月文部科学省・児童生徒の自殺予防に関する調査研究協力者会議）を参考とするものとする。[22]

○　背景調査に当たり、遺族が、当該児童生徒を最も身近に知り、また、背景調査について切実な心情を持つことを認識し、その要望・意見を十分に聴取するとともに、できる限りの配慮と説明を行う。

○　在校生及びその保護者に対しても、できる限りの配慮と説明を行う。

○　死亡した児童生徒が置かれていた状況として、いじめの疑いがあることを踏まえ、学校の設置者又は学校は、遺族に対して主体的に、在校生へのアンケート調査や一斉聴き取り調査を含む詳しい調査の実施を提案する。

○　詳しい調査を行うに当たり、学校の設置者又は学校は、遺族に対して、調査の目的・目標、調査を行う組織の構成等、調査の概ねの期間や方法、入手した資料

---

22 なお、国は、児童生徒の自殺が起きたときの調査の指針策定後の、各自治体における運用状況や、いじめ防止対策推進法における重大事態への対処の規定等を踏まえ、背景調査の在り方について、必要な見直しを検討し、可能な限り速やかに、一定の結論を得る

の取り扱い、遺族に対する説明の在り方や調査結果の公表に関する方針などについて、できる限り、遺族と合意しておくことが必要である。

○　調査を行う組織については、弁護士や精神科医、学識経験者、心理や福祉の専門家であるスクールカウンセラー・スクールソーシャルワーカー等の専門的知識及び経験を有する者であって、当該いじめ事案の関係者と直接の人間関係又は特別の利害関係を有する者ではない者（第三者）について、職能団体や大学、学会からの推薦等により参加を図ることにより、当該調査の公平性・中立性を確保するよう努める。

○　背景調査においては、自殺が起きた後の時間の経過等に伴う制約の下で、できる限り、偏りのない資料や情報を多く収集し、それらの信頼性の吟味を含めて、客観的に、特定の資料や情報にのみ依拠することなく総合的に分析評価を行うよう努める。

○　客観的な事実関係の調査を迅速に進めることが必要であり、それらの事実の影響についての分析評価については、専門的知識及び経験を有する者の援助を求めることが必要であることに留意する。

○　学校が調査を行う場合においては、当該学校の設置者は、情報の提供について必要な指導及び支援を行うこととされており、学校の設置者の適切な対応が求められる。

○　情報発信・報道対応については、プライバシーへの配慮のうえ、正確で一貫した情報提供が必要であり、初期の段階で情報がないからといって、トラブルや不適切な対応がなかったと決めつけたり、断片的な情報で誤解を与えたりすることのないよう留意する。なお、亡くなった児童生徒の尊厳の保持や、子供の自殺は連鎖（後追い）の可能性があることなどを踏まえ、報道の在り方に特別の注意が必要であり、WHO（世界保健機関）による自殺報道への提言を参考にする必要がある。

⑥　その他留意事項

　法第23条第2項[23]においても、いじめの事実の有無の確認を行うための措置を講ずるとされ、学校において、いじめの事実の有無の確認のための措置を講じた結果、重大事態であると判断した場合も想定されるが、それのみでは重大事態の全貌の事実関係が明確にされたとは限らず、未だその一部が解明されたにすぎない場合もあり得ることから、法第28条第1項の「重大事態に係る事実関係を明確にするための調査」として、法第23条第2項で行った調査資料の再分析や、必要に応じて新たな調査を行うこととする。ただし、法第23条第2項による措置にて事実関係の全貌が十分に明確にされたと判断できる場合は、この限りでない。

　また、事案の重大性を踏まえ、学校の設置者の積極的な支援が必要となる場合がある。例えば、特に市町村教育委員会においては、義務教育段階の児童生徒に関して、出席停止措置の活用や、いじめられた児童生徒又はその保護者が希望する場合には、就学校の指定の変更や区域外就学等の弾力的な対応を検討することも必要である。

---

23○　いじめ防止対策推進法（平成25年法律第71号）
（いじめに対する措置）
第23条　学校の教職員、地方公共団体の職員その他の児童等からの相談に応じる者及び児童等の保護者は、児童等からいじめに係る相談を受けた場合において、いじめの事実があると思われるときは、いじめを受けたと思われる児童等が在籍する学校への通報その他の適切な措置をとるものとする。
2　学校は、前項の規定による通報を受けたときその他当該学校に在籍する児童等がいじめを受けていると思われるときは、速やかに、当該児童等に係るいじめの事実の有無の確認を行うための措置を講ずるとともに、その結果を当該学校の設置者に報告するものとする。
3～6　（略）

また重大事態が発生した場合に、関係のあった児童生徒が深く傷つき、学校全体の児童生徒や保護者や地域にも不安や動揺が広がったり、時には事実に基づかない風評等が流れたりする場合もある。学校の設置者及び学校は、児童生徒や保護者への心のケアと落ち着いた学校生活を取り戻すための支援に努めるとともに、予断のない一貫した情報発信、個人のプライバシーへの配慮に留意する必要がある。

ii） 調査結果の提供及び報告

① いじめを受けた児童生徒及びその保護者に対する情報を適切に提供する責任

（学校の設置者又はその設置する学校による対処）

第28条第2項 学校の設置者又はその設置する学校は、前項の規定による調査を行ったときは、当該調査に係るいじめを受けた児童等及びその保護者に対し、当該調査に係る重大事態の事実関係等その他の必要な情報を適切に提供するものとする。

学校の設置者又は学校は、いじめを受けた児童生徒やその保護者に対して、事実関係等その他の必要な情報を提供する責任を有することを踏まえ、調査により明らかになった事実関係（いじめ行為がいつ、誰から行われ、どのような態様であったか、学校がどのように対応したか）について、いじめを受けた児童生徒やその保護者に対して説明する。この情報の提供に当たっては、適時・適切な方法で、経過報告があることが望ましい。[24]

これらの情報の提供に当たっては、学校の設置者又は学校は、他の児童生徒のプライバシー保護に配慮するなど、関係者の個人情報に十分配慮し、適切に提供する。

ただし、いたずらに個人情報保護を盾に説明を怠るようなことがあってはならない。

質問紙調査の実施により得られたアンケートについては、いじめられた児童生徒又はその保護者に提供する場合があることをあらかじめ念頭におき、調査に先立ち、その旨を調査対象となる在校生やその保護者に説明する等の措置が必要であることに留意する。[25]

また、学校が調査を行う場合においては、当該学校の設置者は、情報の提供の内容・方法・時期などについて必要な指導及び支援を行うこととされており、学校の設置者の適切な対応が求められる。

② 調査結果の報告

調査結果については、国立学校に係る調査結果は文部科学大臣に、公立学校に係る調査結果は当該地方公共団体の長に、私立学校に係る調査結果は、当該学校を所轄する都道府県知事に、学校設置会社が設置する学校に係る調査結果は当該学校設置会社の代表取締役等を通じて認定地方公共団体の長に、それぞれ報告する。

上記①の説明の結果を踏まえて、いじめを受けた児童生徒又はその保護者が希望する場合には、いじめを受けた児童生徒又はその保護者の所見をまとめた文書の提供を受け、調査結果の報告に添えて地方公共団体の長等に送付する。

(2) 調査結果の報告を受けた文部科学大臣、地方公共団体の長又は都道府県知事による再調査及び措置

ⅰ） 再調査

（国立大学に附属して設置される学校に係る対処）

第29条第2項 前項の規定による報告を受

---

24 ［いじめ防止対策推進法案に対する附帯決議（平成25年6月19日　衆議院文部科学委員会）］
四 いじめを受けた児童等の保護者に対する支援を行うに当たっては、必要に応じていじめ事案に関する適切な情報提供が行われるよう努めること。
25 ［いじめ防止対策推進法案に対する附帯決議（平成25年6月20日　参議院文教科学委員会）］
七、いじめが起きた際の質問票を用いる等による調査の結果等について、いじめを受けた児童等の保護者と適切に共有されるよう、必要に応じて専門的な知識及び経験を有する者の意見を踏まえながら対応すること。

けた文部科学大臣は、当該報告に係る重大事態への対処又は当該重大事態と同種の事態の発生の防止のため必要があると認めるときは、前条第1項の規定による調査の結果について調査を行うことができる。

（公立の学校に係る対処）

第30条第2項　前項の規定による報告を受けた地方公共団体の長は、当該報告に係る重大事態への対処又は当該重大事態と同種の事態の発生の防止のため必要があると認めるときは、附属機関を設けて調査を行う等の方法により、第28条第1項の規定による調査の結果について調査を行うことができる。

（私立の学校に係る対処）

第31条第2項　前項の規定による報告を受けた都道府県知事は、当該報告に係る重大事態への対処又は当該重大事態と同種の事態の発生の防止のため必要があると認めるときは、附属機関を設けて調査を行う等の方法により、第28条第1項の規定による調査の結果について調査を行うことができる。

　上記②の報告を受けた文部科学大臣、地方公共団体の長、都道府県知事は、当該報告に係る重大事態への対処又は当該重大事態と同種の事態の発生の防止のため必要があると認めるときは、法第28条第1項の規定による調査の結果について調査（以下「再調査」という。）を行うことができる。

　法第30条第2項及び第31条第2項で規定する「附属機関を設けて調査を行う等の方法」とは、当該再調査を行うに当たって、専門的な知識又は経験を有する第三者等による附属機関を設けて行うことを主な方法と

して念頭に置いたものであるが、「等」としては、地方公共団体が既に設置している附属機関や監査組織等を活用しながら調査を進めることなども考えられる。

　これらの附属機関については、弁護士や精神科医、学識経験者、心理や福祉の専門家であるスクールカウンセラー・スクールソーシャルワーカー等の専門的な知識及び経験を有する者であって、当該いじめ事案の関係者と直接の人間関係又は特別の利害関係を有する者ではない者（第三者）について、職能団体や大学、学会からの推薦等により参加を図り、当該調査の公平性・中立性を図るよう努めることが求められる。[26]

　また、附属機関を置く場合、重大事態の発生の都度、条例により機関を設置することは、迅速性という観点から必ずしも十分な対応ができないおそれがあるため、あらかじめ法にいう重大事態に対応するための附属機関を設けておくことも考えられる。

　国立学校・私立学校について、法により、文部科学大臣・都道府県知事に新たな権限が付与されるものではないが、文部科学大臣・都道府県知事は、当該事案に係る資料の提供等を求め、資料の精査や分析を改めて行うこと等が考えられる。

　なお、従前の経緯や事案の特性から必要な場合や、いじめられた児童生徒又は保護者が望む場合には、法第28条第1項の調査に並行して、地方公共団体の長等による調査を実施することも想定しうる。この場合、調査対象となる児童生徒等への心理的な負担を考慮し、重複した調査とならないよう、法第28条第1項の調査主体と、並行して行われる調査主体とが密接に連携し、適切に

26　［いじめ防止対策推進法案に対する附帯決議（平成25年6月19日　衆議院文部科学委員会）］
三　本法に基づき設けられるいじめの防止等のための対策を担う附属機関その他の組織においては、適切にいじめの問題に対処する観点から、専門的な知識及び経験を有する第三者等の参加を図り、公平性・中立性が確保されるよう努めること。
　［いじめ防止対策推進法案に対する附帯決議（平成25年6月20日　参議院文教科学委員会）］
六、本法に基づき設けられるいじめの防止等のための対策を担う附属機関その他の組織においては、適切にいじめの問題に対処する観点から、専門的な知識及び経験を有する第三者等の参加を図り、公平性・中立性が確保されるよう努めること。

役割分担を図ることが求められる（例えば、アンケートの収集などの初期的な調査を学校の設置者又は学校が中心となって行い、収集した資料に基づく分析及び追加調査を、並行して行われる調査で実施する等が考えられる）。【再掲】

再調査についても、学校の設置者又は学校等による調査同様、再調査の主体は、いじめを受けた児童生徒及びその保護者に対して、情報を適切に提供する責任があるものと認識し、適時・適切な方法で、調査の進捗状況等及び調査結果を説明する。

ⅱ）　再調査の結果を踏まえた措置等

公立学校の場合、地方公共団体の長及び教育委員会は、再調査の結果を踏まえ、自らの権限及び責任において、当該調査に係る重大事態への対処又は当該重大事態と同種の事態の発生の防止のために必要な措置を講ずるものとすることとされている。国立学校・私立学校等についても、本法により特別に新たな権限が与えられるものではないが、国立大学法人法において準用する独立行政法人通則法の規定や私立学校法の規定等に定める権限に基づき、必要な措置を講ずることとされている。

「必要な措置」としては、教育委員会においては、例えば、指導主事や教育センターの専門家の派遣による重点的な支援、生徒指導に専任的に取り組む教職員の配置など人的体制の強化、心理や福祉の専門家であるスクールカウンセラー・スクールソーシャルワーカー、教員・警察官経験者など外部専門家の追加配置等、多様な方策が考えられる。首長部局においても、必要な教育予算の確保や児童福祉や青少年健全育成の観点からの措置が考えられる。

また、公立学校について再調査を行ったとき、地方公共団体の長はその結果を議会に報告しなければならないこととされている。議会へ報告する内容については、個々の事案の内容に応じ、各地方公共団体において適切に設定されることとなるが、個人のプラ

イバシーに対しては必要な配慮を確保することが当然求められる。

## 第3　その他いじめの防止等のための対策に関する重要事項

高等専門学校（学校教育法第1条に規定する高等専門学校をいう。）の設置者及びその設置する高等専門学校は、その実情に応じ、当該高等専門学校に在籍する学生に係るいじめに相当する行為の防止、早期発見及び当該行為への対処のための対策に関し、スクールカウンセラー・スクールソーシャルワーカーの配置、弁護士等の専門家の派遣、関係機関との連携等の体制整備をはじめとする必要な措置を講ずるよう努める。高等専門学校が、いじめの問題への対応において、必要に応じて、教育委員会からのスクールカウンセラー・スクールソーシャルワーカー、弁護士等の専門家・関係機関の紹介や、研修機会の提供等の支援が受けられるよう、高等専門学校の設置者は、日常的に教育委員会との連携確保に努める。

また、国は、当該基本方針の策定から3年の経過を目途として、法の施行状況等を勘案して、国の基本方針の見直しを検討し、必要があると認められるときは、その結果に基づいて必要な措置を講じる。

加えて、国は都道府県・政令市における地方いじめ防止基本方針について、都道府県は市町村における地方いじめ防止基本方針について、地方公共団体は自ら設置する学校における学校いじめ防止基本方針について、それぞれ策定状況を確認し、公表する。

## いじめ防止対策推進法に定める組織

◎は必置

| 地方公共団体 | いじめ問題対策連絡協議会 | 地方公共団体は、いじめの防止等に関係する機関及び団体の連携を図るため、条例の定めるところにより、学校、教育委員会、児童相談所、法務局又は地方法務局、都道府県警察その他の関係者により構成されるいじめ問題対策連絡協議会を置くことができる。（第14条①） |
| | 教育委員会の附属機関 | 教育委員会といじめ問題対策連絡協議会との円滑な連携の下に、地方いじめ防止基本方針に基づく地域におけるいじめの防止等のための対策を実効的に行うようにするため必要があるときは、教育委員会に附属機関として必要な組織を置くことができるものとする。（第14条③）<br>※「附属機関」は地方自治法により、条例設置、構成員は非常勤。<br>※「附属機関」が担当する職務は、地域基本方針の内容に応じ、条例で定める。<br>※ 教育委員会の附属機関であるため、公立学校を対象とする。 |
| 学校 | いじめ防止等の対策のための組織（◎） | 学校は、当該学校におけるいじめの防止等に関する措置を実効的に行うため、当該学校の複数の教職員、心理、福祉等に関する専門的な知識を有する者その他の関係者により構成されるいじめの防止等の対策のための組織を置くものとする。（第22条） |
| 重大事態発生時 | 学校又は学校の設置者の置く調査組織（◎） | 学校の設置者又はその設置する学校は、次に掲げる場合には、その事態（以下「重大事態」という。）に対処し、及び当該重大事態と同種の事態の発生の防止に資するため、速やかに、当該学校の設置者又はその設置する学校の下に組織を設け、質問票の使用その他の適切な方法により当該重大事態に係る事実関係を明確にするための調査を行うものとする。（第28条①）<br>① いじめにより当該学校に在籍する児童等の生命、心身又は財産に重大な被害が生じた疑いがあると認めるとき。<br>② いじめにより当該学校に在籍する児童等が相当の期間学校を欠席することを余儀なくされている疑いがあると認めるとき。 |
| | 附属機関<br>公立：地方公共団体の長<br>私立：都道府県知事 | 報告を受けた地方公共団体の長（私立学校の場合は都道府県知事）は、当該報告に係る重大事態への対処又は当該重大事態と同種の事態の発生の防止のため必要があると認めるときは、附属機関を設けて調査を行う等の方法により、第28条第1項の規定による調査の結果について調査を行うことができる。（第30条②、第31条②）<br>※「附属機関」は地方自治法により、条例設置、構成員は非常勤<br>※「附属機関」設置以外による調査（地方公共団体内の常設の行政部局が第三者等の意見を求めながら調査を実施することや、地方公共団体が独自に設置している監査組織等を活用することなど）も考えられる |

## 組織の設置イメージ

実線は法律上必置の組織。点線は法律上任意設置の組織。星印（☆、★）の組織は兼ねることも考えられる

【星印の組織を兼ねることとする場合の留意事項】
☆：附属機関の構成員に、調査対象となるいじめ事案の関係者と直接の人間関係又は特別の利害関係を有する者がいる場合には、その者を除いた構成員で調査に当たる等、当該調査の公平性・中立性確保の観点からの配慮に努めることが求められる

★：法第22条に規定する組織を母体として、当該重大事態の性質に応じて適切な専門家を加えるなどの方法によることも考えられる

# 学校における「いじめの防止」「早期発見」「いじめに対する措置」のポイント

別添2

・ 学校及び学校の設置者は、連携して、いじめの防止や早期発見、いじめが発生した際の対処等に当たる

## (1) いじめの防止

### ① 基本的考え方

いじめはどの子供にも起こりうる、どの子供も被害者にも加害者にもなりうるという事実を踏まえ、児童生徒の尊厳が守られ、児童生徒をいじめに向かわせないための未然防止に、全ての教職員が取り組むことからはじめていく必要がある。

未然防止の基本となるのは、児童生徒が、周囲の友人や教職員と信頼できる関係の中、安心・安全に学校生活を送ることができ、規律正しい態度で授業や行事に主体的に参加・活躍できるような授業づくりや集団づくり、学校づくりを行っていくことである。児童生徒に集団の一員としての自覚や自信が育まれることにより、いたずらにストレスにとらわれることなく、互いを認め合える人間関係・学校風土を児童生徒自らが作り出していくものと期待される。

そうした未然防止の取組が着実に成果を上げているかどうかについては、日常的に児童生徒の行動の様子を把握したり、定期的なアンケート調査や児童生徒の欠席日数などで検証したりして、どのような改善を行うのか、どのような新たな取組を行うかを定期的に検討し、体系的・計画的にPDCAサイクルに基づく取組を継続することが大切である。

### ② いじめの防止のための措置

ア）いじめについての共通理解

いじめの態様や特質、原因・背景、具体的な指導上の留意点などについて、校内研修や職員会議で周知を図り、平素から教職員全員の共通理解を図っていくことが大切である。また、児童生徒に対しても、全校集会や学級活動（ホームルーム活動）などで校長や教職員が、日常的にいじめの問題について触れ、「いじめは人間として絶対に許されない」との雰囲気を学校全体に醸成していくことが大切である。その際、いじめの未然防止のための授業（「いじめとは何か。いじめはなぜ許されないのか。」等）を、学校いじめ対策組織の構成員である教職員が講師を務め実施するなど、学校いじめ対策組織の存在及び活動が児童生徒に容易に認識される取組を行うことが有効である。常日頃から、児童生徒と教職員がいじめとは何かについて具体的な認識を共有する手段として、何がいじめなのかを具体的に列挙して目につく場所に掲示するなどが考えられる。

イ）いじめに向かわない態度・能力の育成

学校の教育活動全体を通じた道徳教育や人権教育の充実、読書活動・体験活動などの推進により、児童生徒の社会性を育むとともに、幅広い社会体験・生活体験の機会を設け、他人の気持ちを共感的に理解できる豊かな情操を培い、自分の存在と他人の存在を等しく認め、お互いの人格を尊重する態度を養う。[1]また、自他の意見の相違があっても、互いを認め合いながら建設的に調整し、解決していける力や、自分の言動が相手や周りにどのような影響を与えるかを判断して行動できる力など、児童生徒が

---

1 教育振興基本計画（平成25年6月14日閣議決定）

円滑に他者とコミュニケーションを図る能力を育てる。[2]

　指導に当たっては、発達の段階に応じて、児童生徒がいじめの問題を自分のこととして捉え、考え、議論することにより、正面から向き合うことができるよう、実践的な取組を行う。また、その際、

・いじめは重大な人権侵害に当たり、被害者、加害者及び周囲の児童生徒に大きな傷を残すものであり、決して許されないこと、
・いじめが刑事罰の対象となり得ること、不法行為に該当し損害賠償責任が発生し得ること

等についても、実例（裁判例等）を示しながら、人権を守ることの重要性やいじめの法律上の扱いを学ぶといった取組を行う。

ウ）いじめが生まれる背景と指導上の注意

　いじめ加害の背景には、勉強や人間関係等のストレスが関わっていることを踏まえ、授業についていけない焦りや劣等感などが過度なストレスとならないよう、一人一人を大切にした分かりやすい授業づくりを進めていくこと、学級や学年、部活動等の人間関係を把握して一人一人が活躍できる集団づくりを進めていくことが求められる。また、ストレスを感じた場合でも、それを他人にぶつけるのではなく、運動・スポーツや読書などで発散したり、誰かに相談したりするなど、ストレスに適切に対処できる力を育むことも大切である。

　なお、教職員の不適切な認識や言動が、児童生徒を傷つけたり、他の児童生徒によるいじめを助長したりすることのないよう、指導の在り方には細心の注意を払う。教職

員による「いじめられる側にも問題がある」という認識や発言は、いじめている児童生徒や、周りで見ていたり、はやし立てたりしている児童生徒を容認するものにほかならず、いじめられている児童生徒を孤立させ、いじめを深刻化する。

○発達障害を含む、障害のある児童生徒がかかわるいじめについては、教職員が個々の児童生徒の障害の特性への理解を深めるとともに、個別の教育支援計画や個別の指導計画を活用した情報共有を行いつつ、当該児童生徒のニーズや特性、専門家の意見を踏まえた適切な指導及び必要な支援を行うことが必要である。

○海外から帰国した児童生徒や外国人の児童生徒、国際結婚の保護者を持つなどの外国につながる児童生徒は、言語や文化の差から、学校での学びにおいて困難を抱える場合も多いことに留意し、それらの差からいじめが行われることがないよう、教職員、児童生徒、保護者等の外国人児童生徒等に対する理解を促進するとともに、学校全体で注意深く見守り、必要な支援を行う。

○性同一性障害や性的指向・性自認に係る児童生徒に対するいじめを防止するため、性同一性障害や性的指向・性自認について、教職員への正しい理解の促進や、学校として必要な対応について周知する。

○東日本大震災により被災した児童生徒又は原子力発電所事故により避難している児童生徒（以下「被災児童生徒」という。）については、被災児童生徒が受けた心身への多大な影響や慣れない環境への不安感等を教職員が十分に理解し、当該児童

---

2　児童生徒の社会性の構築に向けた取組例としては、以下のようなものがある。
「ソーシャルスキル・トレーニング」：
　　「人間関係についての基本的な知識」「相手の表情などから隠された意図や感情を読み取る方法」「自分の意思を状況や雰囲気に合わせて相手に伝えること」などについて説明を行い、また、ロールプレイング（役割演技）を通じて、グループの間で練習を行う取組
「ピア（仲間）・サポート」：
　　異学年等の交流を通じ、「お世話される体験」と成長したあとに「お世話する体験の両方を経験し、自己有用感や自ら進んで他者とかかわろうとする意欲などを培う取組

生徒に対する心のケアを適切に行い、細心の注意を払いながら、被災児童生徒に対するいじめの未然防止・早期発見に取り組む。

上記の児童生徒を含め、学校として特に配慮が必要な児童生徒については、日常的に、当該児童生徒の特性を踏まえた適切な支援を行うとともに、保護者との連携、周囲の児童生徒に対する必要な指導を組織的に行う。

エ）自己有用感や自己肯定感を育む

ねたみや嫉妬などいじめにつながりやすい感情を減らすために、全ての児童生徒が、認められている、満たされているという思いを抱くことができるよう、学校の教育活動全体を通じ、児童生徒が活躍でき、他者の役に立っていると感じ取ることのできる機会を全ての児童生徒に提供し、児童生徒の自己有用感が高められるよう努める。その際、当該学校の教職員はもとより、家庭や地域の人々などにも協力を求めていくことで、幅広い大人から認められているという思いが得られるよう工夫することも有効である。また、自己肯定感を高められるよう、困難な状況を乗り越えるような体験の機会などを積極的に設けることも考えられる。

なお、社会性や自己有用感・自己肯定感などは、発達段階に応じて身に付いていくものであることを踏まえ、異学校種や同学校種間で適切に連携して取り組むことが考えられる。幅広く長く多様な眼差しで児童生徒を見守ることができるだけでなく、児童生徒自らも長い見通しの中で自己の成長発達を感じ取り、自らを高めることができる。

オ）児童生徒自らがいじめについて学び、取り組む

児童生徒自らがいじめの問題について学び、そうした問題を児童生徒自身が主体的に考え、児童生徒自身がいじめの防止を訴えるような取組を推進（児童会・生徒会によるいじめ撲滅の宣言や相談箱の設置など）する。例えば、「いじめられる側にも問題がある」「大人に言いつける（チクる）ことは卑怯である」「いじめを見ているだけなら問題はない」などの考え方は誤りであることを学ぶ。あるいは、ささいな嫌がらせや意地悪であっても、しつこく繰り返したり、みんなで行ったりすることは、深刻な精神的危害になることなどを学ぶ。

なお、児童会・生徒会がいじめの防止に取り組む事は推奨されることであるが、熱心さのあまり教職員主導で児童生徒が「やらされている」だけの活動に陥ったり、一部の役員等だけが行う活動に陥ったりする例もある。教職員は、全ての児童生徒がその意義を理解し、主体的に参加できる活動になっているかどうかをチェックするとともに、教職員は陰で支える役割に徹するよう心がける。

**(2) 早期発見**

**① 基本的考え方**

いじめは大人の目に付きにくい時間や場所で行われたり、遊びやふざけあいを装って行われたりするなど、大人が気付きにくく判断しにくい形で行われることを認識する。たとえ、ささいな兆候であっても、いじめではないかとの疑いを持って、早い段階から複数の教職員で的確に関わり、いじめを隠したり軽視したりすることなく、いじめを積極的に認知する。

日頃からの児童生徒の見守りや信頼関係の構築等に努め、児童生徒が示す小さな変化や危険信号を見逃さないようアンテナを高く保つとともに、教職員相互が積極的に児童生徒の情報交換を行い、情報を共有することが大切である。

なお、指導に困難を抱える学級や学校では、暴力を伴わないいじめの発見や早期対応が一層難しくなる点に注意する。また、例えば暴力をふるう児童生徒のグループ内で行われるいじめ等、特定の児童生徒のグループ内で行われるいじめについては、被害者からの訴えがなかったり、周りの児童生徒も教職員も見逃しやすかったりするので注意深く対応する必要がある。

② いじめの早期発見のための措置

学校は、定期的なアンケート調査や定期的な教育相談の実施等により、いじめの実態把握に取り組むとともに3、児童生徒が日頃からいじめを訴えやすい雰囲気をつくる。4また、保護者用のいじめチェックシートなどを活用し、家庭と連携して児童生徒を見守り、健やかな成長を支援していくことも有効である。

児童生徒及びその保護者、教職員が、抵抗なくいじめに関して相談できる体制を整備するとともに、児童生徒や保護者の悩みを積極的に受け止められているか、適切に機能しているかなど、定期的に体制を点検すること、保健室や相談室の利用、電話相談窓口について広く周知することが必要である。なお、教育相談等で得た、児童生徒の個人情報については、対外的な取扱いの方針を明確にし、適切に扱う。

定期的なアンケートや教育相談以外にも、いじめの早期発見の手立ては、休み時間や放課後の雑談の中などで児童生徒の様子に目を配ったり、個人ノートや生活ノート等、教職員と児童生徒の間で日常行われている日記等を活用して交友関係や悩みを把握したり、個人面談や家庭訪問の機会を活用したりすることなどが考えられる。なお、これらにより集まったいじめに関する情報についても学校の教職員全体で共有することが必要である。

⑶ いじめに対する措置

① 基本的な考え方

発見・通報を受けた場合には、特定の教職員で抱え込まず、速やかに組織的に対応する。被害児童生徒を守り通すとともに、教育的配慮の下、毅然とした態度で加害児童生徒を指導する。その際、謝罪や責任を形式的に問うことに主眼を置くのではなく、社会性の向上等、児童生徒の人格の成長に主眼を置いた指導を行うことが大切である。

教職員全員の共通理解の下、保護者の協力を得て、関係機関・専門機関と連携し、対応に当たる。

② いじめの発見・通報を受けたときの対応

遊びや悪ふざけなど、いじめと疑われる行為を発見した場合、その場でその行為を止める。児童生徒や保護者から「いじめではないか」との相談や訴えがあった場合には、真摯に傾聴する。ささいな兆候であっても、いじめの疑いがある行為には、早い段階から的確に関わりを持つことが必要である。その際、いじめられた児童生徒やいじめを知らせてきた児童生徒の安全を確保する。

発見・通報を受けた教職員は一人で抱え込まず、学校いじめ対策組織に直ちに情報を共有する。その後は、当該組織が中心となり、速やかに関係児童生徒から事情を聴き取るなどして、いじめの事実の有無の確認を行う。事実確認の結果は、校長が責任を持って学校の設置者に報告するとともに被害・加害児童生徒の保護者に連絡する。

児童生徒から学校の教職員にいじめ（疑いを含む）に係る情報の報告・相談があった時に、学校が当該事案に対して速やかに具体的な行動をとらなければ、児童生徒は「報

---

3 アンケートは、安心していじめを訴えられるよう無記名にするなど工夫し、学期ごとなどの節目で児童生徒の生活や人間関係の状況を把握できるよう、全ての学校において年度当初に適切に計画を立て実施するとともに、全児童生徒との面談等に役立することが必要である。ただし、アンケートはあくまで手法の一つであり、教員と児童生徒の信頼関係の上で初めてアンケートを通じたいじめの訴えや発見がありうること、アンケートを実施した後に起きたいじめについては把握できないことなどに留意する。（平成22年9月14日文部科学省初等中等教育局児童生徒課長通知『「平成21年度児童生徒の問題行動等生徒指導上の諸問題に関する調査」結果について（通知）』及び国立教育政策研究所生徒指導・進路指導研究センター「生徒指導リーフ4いじめアンケート」等を参照）
4 児童生徒に対して多忙やイライラした態度を見せ続けることは避ける。児童生徒の相談に対し、「大したことではない」「それはいじめではない」などと悩みを過小評価したり、相談を受けたにもかかわらず真摯に対応しなかったりすることは、あってはならない。

告・相談しても何もしてくれない」と思い、今後、いじめに係る情報の報告・相談を行わなくなる可能性がある。このため、いじめに係る情報が教職員に寄せられた時は、教職員は、他の業務に優先して、かつ、即日、当該情報を速やかに学校いじめ対策組織に報告し、学校の組織的な対応につなげる必要がある。

学校や学校の設置者が、いじめる児童生徒に対して必要な教育上の指導を行っているにもかかわらず、その指導により十分な効果を上げることが困難な場合において、いじめが犯罪行為として取り扱われるべきものと認めるときは、いじめられている児童生徒を徹底して守り通すという観点から、学校はためらうことなく所轄警察署と相談して対処する。

なお、児童生徒の生命、身体又は財産に重大な被害が生じるおそれがあるときは、直ちに所轄警察署に通報し、適切に援助を求める。

③　いじめられた児童生徒又はその保護者への支援

いじめられた児童生徒から、事実関係の聴取を行う。その際、いじめられている児童生徒にも責任があるという考え方はあってはならず、「あなたが悪いのではない」ことをはっきりと伝えるなど、自尊感情を高めるよう留意する。また、児童生徒の個人情報の取扱い等、プライバシーには十分に留意して以後の対応を行っていく。

家庭訪問等により、その日のうちに迅速に保護者に事実関係を伝える。いじめられた児童生徒や保護者に対し、徹底して守り通すことや秘密を守ることを伝え、できる限り不安を除去するとともに、事態の状況に応じて、複数の教職員の協力の下、当該児童生徒の見守りを行うなど、いじめられた児童生徒の安全を確保する。

あわせて、いじめられた児童生徒にとって信頼できる人（親しい友人や教職員、家族、地域の人等）と連携し、いじめられた児童生徒に寄り添い支える体制をつくる。いじめられた児童生徒が安心して学習その他の活動に取り組むことができるよう、必要に応じていじめた児童生徒を別室において指導することとしたり、状況に応じて出席停止制度を活用したりして、いじめられた児童生徒が落ち着いて教育を受けられる環境の確保を図る。状況に応じて、心理や福祉等の専門家、教員経験者・警察官経験者など外部専門家の協力を得る。さらに、必要に応じ、被害児童生徒の心的外傷後ストレス障害（PTSD）等のいじめによる後遺症へのケアを行う。

いじめが解消したと思われる場合（本文第2の3(4)ⅲ）[P30] 参照）でも、継続して十分な注意を払い、折りに触れ必要な支援を行うことが大切である。また、事実確認のための聴き取りやアンケート等により判明した情報を適切に提供する。

④　いじめた児童生徒への指導又はその保護者への助言

いじめたとされる児童生徒からも事実関係の聴取を行い、いじめがあったことが確認された場合、学校は、複数の教職員が連携し、必要に応じて心理や福祉等の専門家、教員・警察官経験者など外部専門家の協力を得て、組織的に、いじめをやめさせ、その再発を防止する措置をとる。

また、事実関係を聴取したら、迅速に保護者に連絡し、事実に対する保護者の理解や納得を得た上、学校と保護者が連携して以後の対応を適切に行えるよう保護者の協力を求めるとともに、保護者に対する継続的な助言を行う。

いじめた児童生徒への指導に当たっては、いじめは人格を傷つけ、生命、身体又は財産を脅かす行為であることを理解させ、自らの行為の責任を自覚させる。なお、いじめた児童生徒が抱える問題など、いじめの背景にも目を向け、当該児童生徒の安心・安全、健全な人格の発達に配慮する。児童生徒の個人情報の取扱い等、プライバシーには十分に留意して以後の対応を行っていく。いじ

めの状況に応じて、心理的な孤立感・疎外感を与えないよう一定の教育的配慮の下、特別の指導計画による指導のほか、さらに出席停止や警察との連携による措置も含め、毅然とした対応をする。教育上必要があると認めるときは、学校教育法第11条の規定に基づき、適切に、児童生徒に対して懲戒を加えることも考えられる。5

ただし、いじめには様々な要因があることに鑑み、懲戒を加える際には、主観的な感情に任せて一方的に行うのではなく、教育的配慮に十分に留意し、いじめた児童生徒が自ら行為の悪質性を理解し、健全な人間関係を育むことができるよう成長を促す目的で行う。

⑤　いじめが起きた集団への働きかけ

いじめを見ていた児童生徒に対しても、自分の問題として捉えさせる。たとえ、いじめを止めさせることはできなくても、誰かに知らせる勇気を持つよう伝える。また、はやしたてるなど同調していた児童生徒に対しては、それらの行為はいじめに加担する行為であることを理解させる。なお、学級全体で話し合うなどして、いじめは絶対に許されない行為であり、根絶しようという態度を行き渡らせるようにする。

いじめが解消している状態に至った上で（本文第2の3⑷ⅲ）［P30］参照）、児童生徒が真にいじめの問題を乗り越えた状態とは、加害児童生徒による被害児童生徒に対する謝罪だけではなく、被害児童生徒の回復、加害児童生徒が抱えるストレス等の問題の除去、被害児童生徒と加害児童生徒をはじめとする他の児童生徒との関係の修復を経て、双方の当事者や周りの者全員を含む集団が、好ましい集団活動を取り戻し、新たな活動に踏み出すことをもって達成されるものである。全ての児童生徒が、集団の一員として、互いを尊重し、認め合う人間関係を構築できるような集団づくりを進めていくことが望まれる。

⑥　インターネット上のいじめへの対応

インターネット上の不適切な書き込み等については、被害の拡大を避けるため、直ちに削除する措置をとる。名誉毀損やプライバシー侵害等があった場合、プロバイダは違法な情報発信停止を求めたり、情報を削除したりできるようになっている6ので、プロバイダに対して速やかに削除を求めるなど必要な措置を講じる。こうした措置をとるに当たり、必要に応じて法務局又は地方法務局の協力を求める。なお、児童生徒の生命、身体又は財産に重大な被害が生じるおそれがあるときは、直ちに所轄警察署に通報し、適切に援助を求める。

早期発見の観点から、学校の設置者等と連携し、学校ネットパトロールを実施することにより、インターネット上のトラブルの早期発見に努める。また、児童生徒が悩みを抱え込まないよう、法務局・地方法務局におけるインターネット上の人権侵害情報に関する相談の受付など、関係機関の取組についても周知する。

パスワード付きサイトやSNS（ソーシャルネットワーキングサービス）、携帯電話のメールを利用したいじめなどについては、より大人の目に触れにくく、発見しにくいため、学校における情報モラル教育を進めるとともに、保護者においてもこれらについての理解を求めていくことが必要である。

⑷　その他の留意事項

①　組織的な指導体制

---

5　懲戒とは、学校教育法施行規則に定める退学（公立義務教育諸学校に在籍する学齢児童生徒を除く。）、停学（義務教育諸学校に在籍する学齢児童生徒を除く。）、訓告のほか、児童生徒に肉体的苦痛を与えるものでない限り、通常、懲戒権の範囲内と判断されると考えられる行為として、注意、叱責、居残り、別室指導、起立、宿題、清掃、学校当番の割当て、文書指導などがある

6　プロバイダ責任制限法に基づく。削除依頼の手順等については、平成24年3月文部科学省「学校ネットパトロールに関する調査研究協力者会議『学校ネットパトロールに関する取組事例・資料集』」参照

いじめへの対応は、校長を中心に全教職員が一致協力体制を確立することが重要である。

一部の教職員や特定の教職員が抱え込むのではなく、学校いじめ対策組織で情報を共有し、組織的に対応することが必要であり、いじめがあった場合の組織的な対処を可能とするよう、平素からこれらの対応の在り方について、全ての教職員で共通理解を図る。このため、学校においては、学校いじめ対策組織の構成・人員配置を工夫することが必要である（例えば、日常的に最も身近に児童生徒と過ごしている学級担任を、各学年ごとに複数名参画させるなど）。

いじめの問題等に関する指導記録を保存し、児童生徒の進学・進級や転学に当たって、適切に引き継いだり情報提供したりできる体制をとる。

また、必要に応じて、心理や福祉の専門家、弁護士、医師、教員・警察官経験者など外部専門家等が参加しながら対応することにより、より実効的ないじめの問題の解決に資することが期待される。

加えて、学校基本方針に基づく取組の実施や具体的な年間計画の作成や実施に当たっては、保護者や児童生徒の代表、地域住民などの参加を図ることが考えられる。

② 校内研修の充実

全ての教職員の共通認識を図るため、年に複数回、いじめをはじめとする生徒指導上の諸問題等に関する校内研修を行う。教職員の異動等によって、教職員間の共通認識が形骸化してしまわないためにも、年間計画に位置づけた校内研修の実施が望まれる。

③ 校務の効率化

教職員が児童生徒と向き合い、いじめの防止等に適切に取り組んでいくことができるようにするため、学校の管理職は、一部の教職員に過重な負担がかからないように校務分掌を適正化し、組織的体制を整えるなど、校務の効率化を図る。

④ 学校評価と教員評価

学校評価において、いじめの問題を取り扱うに当たっては、学校評価の目的を踏まえて行うことが求められる。この際、いじめの有無やその多寡のみを評価するのではなく、問題を隠さず、いじめの実態把握や対応が促されるよう、児童生徒や地域の状況を十分踏まえた目標の設定や、目標に対する具体的な取組状況や達成状況を評価し、学校は評価結果を踏まえてその改善に取り組む。

教員評価において、いじめの問題を取り扱うに当たっては、いじめの問題に関する目標設定や目標への対応状況を評価する。この際、いじめの有無やその多寡のみを評価するのではなく、日頃からの児童生徒理解、未然防止や早期発見、いじめが発生した際の、問題を隠さず、迅速かつ適切な対応、組織的な取組等が評価されるよう、留意する。

⑤ 地域や家庭との連携について

学校基本方針等について地域や保護者の理解を得ることで、地域や家庭に対して、いじめの問題の重要性の認識を広めるとともに、家庭訪問や学校通信などを通じて家庭との緊密な連携協力を図る。例えば、学校、PTA、地域の関係団体等がいじめの問題について協議する機会を設けたり、学校運営協議会を活用したりするなど、地域と連携した対策を推進する。

より多くの大人が子供の悩みや相談を受け止めることができるようにするため、学校と家庭、地域が組織的に連携・協働する体制を構築する。

# いじめの重大事態の調査に関するガイドライン
### 平成29年3月　文部科学省

## はじめに

○　平成25年9月28日、いじめ防止対策推進法（平成25年法律第71号。以下「法」という。）が施行され、法第28条第1項においていじめの「重大事態」に係る調査について規定された。これにより、学校の設置者又は学校は、重大事態に対処し、及び当該重大事態と同種の事態の発生の防止に資するため、速やかに、当該学校の設置者又は学校の下に組織を設け、質問票の使用その他の適切な方法により当該重大事態に係る事実関係を明確にするための調査を行うものとされた。同規定の施行を受け、文部科学大臣が法第11条第1項に基づき「いじめの防止等のための基本的な方針」（平成25年10月11日文部科学大臣決定。以下「基本方針」という。）を定め、「重大事態への対処」に関し、学校の設置者又は学校による調査の方法や留意事項等を示した。更に、基本方針の策定を受け、いじめが背景にあると疑われる自殺が起きた場合の重大事態の調査について、「子供の自殺が起きたときの背景調査の指針」が改訂されるとともに（平成26年7月）、法第28条第1項第2号の不登校重大事態の場合の調査についても、「不登校重大事態に係る調査の指針」（平成28年3月）が策定された。

○　しかしながら、基本方針やこれらの調査の指針が策定された後も、学校の設置者又は学校において、いじめの重大事態が発生しているにもかかわらず、法、基本方針及び調査の指針に基づく対応を行わないなどの不適切な対応があり、児童生徒に深刻な被害を与えたり、保護者等に対して大きな不信を与えたりした事案が発生している。

○　法附則第2条第1項は、「いじめの防止等のための対策については、この法律の施行後三年を目途として、この法律の施行状況等を勘案し、検討が加えられ、必要があると認められるときは、その結果に基づいて必要な措置が講ぜられるものとする。」としている。同項の規定を踏まえ、文部科学省が設置した「いじめ防止対策協議会」において法の施行状況について検証を行った結果、平成28年11月2日、同協議会より「いじめ防止対策推進法の施行状況に関する議論のとりまとめ」（以下「議論のとりまとめ」という。）が提言された。議論のとりまとめの「重大事態への対応」に係る項目において、「重大事態の被害者及びその保護者の意向が全く反映されないまま調査が進められたり、調査結果が適切に被害者及びその保護者に提供されないケースがある。」などといった現状・課題が指摘され、併せて、このような現状・課題に対して、「重大事態の調査の進め方についてガイドラインを作成する。」という対応の方向性が提言されたところである。

○　以上を踏まえ、文部科学省として、法第28条第1項のいじめの重大事態への対応について、学校の設置者及び学校における法、基本方針等に則った適切な調査の実施に資するため、「いじめの重大事態の調査に関するガイドライン」を以下のとおり策定する。

## 第1　学校の設置者及び学校の基本的姿勢
（基本的姿勢）

○　学校の設置者及び学校は、いじめを受

けた児童生徒やその保護者（以下「被害
児童生徒・保護者」という。）のいじめの
事実関係を明らかにしたい、何があった
のかを知りたいという切実な思いを理解
し、対応に当たること。

○ 学校の設置者及び学校として、自らの
対応にたとえ不都合なことがあったとして
も、全てを明らかにして自らの対応を真摯
に見つめ直し、被害児童生徒・保護者に
対して調査の結果について適切に説明を
行うこと。

○ 重大事態の調査は、民事・刑事上の責
任追及やその他の争訟等への対応を直接
の目的とするものではなく、いじめの事実
の全容解明、当該いじめの事案への対処
及び同種の事案の再発防止が目的である
ことを認識すること。学校の設置者及び
学校として、調査により膿を出し切り、い
じめの防止等の体制を見直す姿勢をもつ
ことが、今後の再発防止に向けた第一歩
となる。

○ 学校の設置者及び学校は、詳細な調査
を行わなければ、事案の全容は分からな
いということを第一に認識し、軽々に「い
じめはなかった」、「学校に責任はない」と
いう判断をしないこと。状況を把握できて
いない中で断片的な情報を発信すると、
それが一人歩きしてしまうことに注意する
こと。また、被害者である児童生徒やその
家庭に問題があったと発言するなど、被
害児童生徒・保護者の心情を害すること
は厳に慎むこと。

○ 特に、自殺事案の場合、学校外のこと
で児童生徒が悩みを抱えていたと考えら
れるとしても、自殺に至るまでに学校が気
付き、救うことができた可能性がある。し
たがって、いじめが背景にあるか否かに
かかわらず、学校の設置者及び学校とし
て、適切に事実関係を調査し、再発防止
策を講ずる責任を有しているということを
認識すること。

○ 被害児童生徒・保護者が詳細な調査

や事案の公表を望まない場合であっても、
学校の設置者及び学校が、可能な限り自
らの対応を振り返り、検証することは必要
となる。それが再発防止につながり、又は
新たな事実が明らかになる可能性もある。
このため、決して、被害児童生徒・保護
者が望まないことを理由として、自らの対
応を検証することを怠ってはならない。重
大事態の調査は、被害児童生徒・保護者
が希望する場合は、調査の実施自体や調
査結果を外部に対して明らかにしないま
ま行うことも可能であり、学校の設置者及
び学校は、被害児童生徒・保護者の意向
を的確に把握し、調査方法を工夫しなが
ら調査を進めること。決して、安易に、重
大事態として取り扱わないことを選択する
ようなことがあってはならない。

○ 以上のことを踏まえた上で、学校の設
置者又は学校は、被害児童生徒・保護者
に対して自発的・主体的に、詳細な調査
の実施を提案すること。

（自殺事案における遺族に対する接し方）

○ 自殺事案の場合、子供を亡くしたという
心情から、学校の設置者又は学校が遺族
に対する調査の説明を進める際に、時間
を要する場合があるが、そのような状況は
当然起こり得ることであり、御遺族の心情
を理解して丁寧に対応すること。学校の
設置者及び学校は、必要な時間をとりな
がら丁寧に説明を尽くし、根気よく信頼
関係の構築に努め、被害児童生徒・保護
者に寄り添いながら調査を進めること。

**第2 重大事態を把握する端緒**
（重大事態の定義）

○ 法第28条第1項においては、いじめの
重大事態の定義は「いじめにより当該学
校に在籍する児童等の生命、心身又は財
産に重大な被害が生じた疑いがあると認
めるとき」（同項第1号。以下「生命心身
財産重大事態」という。）、「いじめにより
当該学校に在籍する児童等が相当の期間

学校を欠席することを余儀なくされている疑いがあると認めるとき」（同項第2号。以下「不登校重大事態」という。）とされている。改めて、重大事態は、事実関係が確定した段階で重大事態としての対応を開始するのではなく、「疑い」が生じた段階で調査を開始しなければならないことを認識すること。

（重大事態として早期対応しなかったことにより生じる影響）

○　重大事態については、いじめが早期に解決しなかったことにより、被害が深刻化した結果であるケースが多い。したがって、「疑い」が生じてもなお、学校が速やかに対応しなければ、いじめの行為がより一層エスカレートし、被害が更に深刻化する可能性がある。最悪の場合、取り返しのつかない事態に発展することも想定されるため、学校の設置者及び学校は、重大事態への対応の重要性を改めて認識すること。

（重大事態の範囲）

○　重大事態の定義（事例）　※重大事態として扱われた事例【別紙】

○　誤った重大事態の判断を行った事例等
　①明らかにいじめにより心身に重大な被害（骨折、脳震盪という被害）が生じており、生命心身財産重大事態に該当するにもかかわらず、欠席日数が30日に満たないため不登校重大事態ではないと判断し、重大事態の調査を開始しなかった。結果、事態が深刻化し、被害者が長期にわたり不登校となってしまった。この場合、学校の設置者及び学校は、生命心身財産重大事態として速やかに対応しなければならなかった。
　②不登校重大事態の定義は、欠席日数が年間30日であることを目安としている。しかしながら、基本方針においては「ただし、児童生徒が一定期間、連続して欠席しているような場合には、上記目安にもかかわらず、学校の設置者又は学校の判断により、迅速に調査に着手することが必要である。」としている。それにもかかわらず、欠席日数が厳密に30日に至らないとして重大事態として取り扱わず、対応を開始しない例があった。このような学校の消極的な対応の結果、早期に対処すれば当該児童生徒の回復が見込めたものが、被害が深刻化して児童生徒の学校への復帰が困難となってしまった。
　③不登校重大事態は、いじめにより「相当の期間学校を欠席することを余儀なくされている疑いがあると認めるとき」と規定されている。高等学校や私立の小中学校等におけるいじめの事案で被害児童生徒が学校を退学した場合又はいじめの事案で被害児童生徒が転校した場合は、退学・転校に至るほど精神的に苦痛を受けていたということであるため、生命心身財産重大事態に該当することが十分に考えられ、適切に対応を行う必要がある。この点、児童生徒が欠席していないことから、不登校重大事態の定義には該当しないため詳細な調査を行わないなどといった対応がとられることのないよう、教育委員会をはじめとする学校の設置者及び都道府県私立学校担当部局は指導を行うこと。

（重大事態の発生に係る被害児童生徒・保護者からの申立てにより疑いが生じること）

○　被害児童生徒や保護者から、「いじめにより重大な被害が生じた」という申立てがあったとき（人間関係が原因で心身の異常や変化を訴える申立て等の「いじめ」という言葉を使わない場合を含む。）は、その時点で学校が「いじめの結果ではない」あるいは「重大事態とはいえない」と考えたとしても、重大事態が発生したものとして報告・調査等に当たること。児童生徒や保護者からの申立ては、学校が知り得ない極めて重要な情報である可能性があることから、調査をしないまま、いじめの

重大事態ではないとは断言できないこと
に留意する。

（不幸にして自殺が起きてしまったときの
初動対応）

○　学校の設置者及び学校は、「子供の自
殺が起きたときの緊急対応の手引き」（平
成22年3月文部科学省）及び「教師が知
っておきたい子どもの自殺予防」（平成21
年3月文部科学省）第5章や、各地方公
共団体において作成しているマニュアル
等を参照し、組織体制を整備して対応す
ること。

## 第3　重大事態の発生報告
（発生報告の趣旨）

○　学校は、重大事態が発生した場合（い
じめにより重大な被害が生じた疑いがあ
ると認めるとき。以下同じ。）、速やかに学
校の設置者を通じて、地方公共団体の長
等まで重大事態が発生した旨を報告する
義務が法律上定められている（法第29条
から第32条まで）。この対応が行われな
い場合、法に違反するばかりでなく、地方
公共団体等における学校の設置者及び学
校に対する指導・助言、支援等の対応に
遅れを生じさせることとなる。

○　学校が、学校の設置者や地方公共団体
の長等に対して重大事態発生の報告を速
やかに行うことにより、学校の設置者等に
より、指導主事、スクールカウンセラー、
スクールソーシャルワーカーをはじめとす
る職員の派遣等の支援が可能となる。重
大事態の発生報告が行われないことは、
そうした学校の設置者等による支援が迅
速に行われず、事態の更なる悪化につな
がる可能性があることを、学校の設置者
及び学校は認識しなければならない。

○　重大事態の発生報告を受けた学校の設
置者は、職員を学校に派遣するなどして、
適切な報道対応等が行われるよう、校長
と十分協議を行いながら学校を支援する
こと。

（支援体制の整備のための相談・連携）

○　必要に応じて、公立学校の場合、市町
村教育委員会から都道府県教育委員会
に対して、重大事態の対処について相談
を行い、支援を依頼すること。また、私立
学校が支援体制を十分に整備できない場
合等においては、都道府県私立学校所管
課は、適切な支援を行うこと。その際、都
道府県私立学校所管課は、都道府県教
育委員会に対して助言又は支援を適切に
求め、都道府県教育委員会と連携しなが
ら対応すること。国立大学附属学校が支
援体制を十分に整備できない場合等にお
いては、国立大学は、適切な支援を行う
こと。その際、国立大学は、文部科学省
及び都道府県教育委員会に対して助言又
は支援を適切に求め、文部科学省及び都
道府県教育委員会と連携しながら対応す
ること。

○　高等専門学校の設置者及び高等専門
学校は、法第35条により、その実情に応
じ、当該高等専門学校に在籍する学生に
係るいじめの防止等のための対策につい
て、必要な措置を講ずることとされている。
高等専門学校においていじめの重大事態
が発生した場合であって、学校の設置者
及び学校が支援体制を十分に整備できな
いなどの事情があるときは、設置者は、文
部科学省及び都道府県教育委員会に対
して助言又は支援を適切に求め、文部科
学省及び都道府県教育委員会と連携しな
がら対応すること。

## 第4　調査組織の設置
（調査組織の構成）

○　調査組織については、公平性・中立性
が確保された組織が客観的な事実認定を
行うことができるよう構成すること。このた
め、弁護士、精神科医、学識経験者、心
理・福祉の専門家等の専門的知識及び経
験を有するものであって、当該いじめの事
案の関係者と直接の人間関係又は特別

の利害関係を有しない者（第三者）について、職能団体や大学、学会からの推薦等により参加を図るよう努めるものとする。

（調査組織の種類）
○　重大事態の調査主体は、学校が主体となるか、学校の設置者（教育委員会等）が主体となるかの判断を学校の設置者として行うこと。また、その際、第三者のみで構成する調査組織とするか、学校や設置者の職員を中心とした組織に第三者を加える体制とするかなど、調査組織の構成についても適切に判断すること。

①学校の設置者が主体
a 公立学校の場合
・法第14条第3項の教育委員会に設置される附属機関（第三者により構成される組織）において実施する場合
・個々のいじめ事案について調査を行うための附属機関（第三者により構成される組織。いじめに限らず体罰や学校事故等、学校において発生した事案を調査対象とする附属機関も考えられる。）において実施する場合
b 私立学校及び国立大学附属学校の場合
・学校の設置者が第三者調査委員会を立ち上げる場合
②学校が主体
a 既存の学校のいじめの防止等の対策のための組織（法第22条。以下「学校いじめ対策組織」という。）に第三者を加える場合
b 学校が第三者調査委員会を立ち上げる場合

（第三者調査委員会を設けた調査を実施しない場合）
○　いじめの重大事態であると判断する前の段階で、学校いじめ対策組織が法第23条第2項に基づき、いじめの事実関係について調査を実施している場合がある。この場合、同項に基づく調査に係る調査資料の再分析を第三者（弁護士等）に依頼

したり、必要に応じて新たな調査を行うことで重大事態の調査とする場合もある。また、学校いじめ対策組織の法第23条第2項に基づく調査により、事実関係の全貌が十分に明らかにされており、関係者（被害児童生徒、加害児童生徒、それぞれの保護者）が納得しているときは、改めて事実関係の確認のための第三者調査委員会を立ち上げた調査を行わない場合がある。ただし、学校の設置者及び学校の対応の検証や、再発防止策の策定については、新たに第三者調査委員会等を立ち上げるかを適切に判断する必要がある。

## 第5　被害児童生徒・保護者等に対する調査方針の説明等

（説明時の注意点）
○　「いじめはなかった」などと断定的に説明してはならないこと。
　※詳細な調査を実施していない段階で、過去の定期的なアンケート調査を基に「いじめはなかった」、「学校に責任はない」旨の発言をしてはならない。
○　事案発生後、詳細な調査を実施するまでもなく、学校の設置者・学校の不適切な対応により被害児童生徒や保護者を深く傷つける結果となったことが明らかである場合は、学校の設置者・学校は、詳細な調査の結果を待たずして、速やかに被害児童生徒・保護者に当該対応の不備について説明し、謝罪等を行うこと。
○　被害児童生徒・保護者の心情を害する言動は、厳に慎むこと。
　※家庭にも問題がある等の発言（当該児童生徒をとりまく状況は、公正・中立な重大事態に係る調査の段階で確認されるものであり、学校が軽々に発言すべきものではない。）
　※持ち物、遺品を返還する際の配慮のない対応（一方的に被害児童生徒・保護者の自宅に送付すること、返還せずに処分することはあってはならない。）

○　独立行政法人日本スポーツ振興センターの災害共済給付の申請は、保護者に丁寧に説明を行った上で手続を進めること。

○　被害児童生徒・保護者に寄り添いながら対応することを第一とし、信頼関係を構築すること。

（説明事項）

○　調査実施前に、被害児童生徒・保護者に対して以下の①～⑥の事項について説明すること。説明を行う主体は、学校の設置者及び学校が行う場合と、第三者調査委員会等の調査組織が行う場合が考えられるが、状況に応じて適切に主体を判断すること。

①調査の目的・目標

重大事態の調査は、民事・刑事上の責任追及やその他の争訟等への対応を直接の目的とするものではなく、学校の設置者及び学校が事実に向き合うことで、事案の全容解明、当該事態への対処や、同種の事態の発生防止を図るものであることを説明すること。

②調査主体（組織の構成、人選）

被害児童生徒・保護者に対して、調査組織の構成について説明すること。調査組織の人選については、職能団体からの推薦を受けて選出したものであることなど、公平性・中立性が担保されていることを説明すること。必要に応じて、職能団体からも、専門性と公平・中立性が担保された人物であることの推薦理由を提出してもらうこと。

説明を行う中で、被害児童生徒・保護者から構成員の職種や職能団体について要望があり、構成員の中立性・公平性・専門性の確保の観点から、必要と認められる場合は、学校の設置者及び学校は調整を行う。

③調査時期・期間（スケジュール、定期報告）

被害児童生徒・保護者に対して、調査を開始する時期や調査結果が出るま

でにどのくらいの期間が必要となるのかについて、目途を示すこと。

調査の進捗状況について、定期的に及び適時のタイミングで経過報告を行うことについて、予め被害児童生徒・保護者に対して説明すること。

④調査事項（いじめの事実関係、学校の設置者及び学校の対応等）・調査対象（聴き取り等をする児童生徒・教職員の範囲）

予め、重大事態の調査において、どのような事項（いじめの事実関係、学校の設置者及び学校の対応等）を、どのような対象（聴き取り等をする児童生徒・教職員の範囲）に調査するのかについて、被害児童生徒・保護者に対して説明すること。その際、被害児童生徒・保護者が調査を求める事項等を詳しく聞き取ること。重大事態の調査において、調査事項等に漏れがあった場合、地方公共団体の長等による再調査を実施しなければならない場合があることに留意する必要がある。

なお、第三者調査委員会が調査事項や調査対象を主体的に決定する場合は、その方向性が明らかとなった段階で、適切に説明を行うこと。

⑤調査方法（アンケート調査の様式、聴き取りの方法、手順）

重大事態の調査において使用するアンケート調査の様式、聴き取りの方法、手順を、被害児童生徒・保護者に対して説明すること。説明した際、被害児童生徒・保護者から調査方法について要望があった場合は、可能な限り、調査の方法に反映すること。

⑥調査結果の提供（被害者側、加害者側に対する提供等）

・調査結果（調査の過程において把握した情報を含む。以下同じ。）の提供について、被害児童生徒・保護者に対して、どのような内容を提供するのか、予め

説明を行うこと。

・被害児童生徒・保護者に対し、予め、個別の情報の提供については、各地方公共団体の個人情報保護条例等に従って行うことを説明しておくこと。

・被害児童生徒・保護者に対して、アンケート調査等の結果、調査票の原本の扱いについて、予め、情報提供の方法を説明すること。アンケートで得られた情報の提供は、個人名や筆跡等の個人が識別できる情報を保護する（例えば、個人名は伏せ、筆跡はタイピングし直すなど）等の配慮の上で行う方法を採ること、又は一定の条件の下で調査票の原本を情報提供する方法を採ることを、予め説明すること。

・調査票を含む調査に係る文書の保存について、学校の設置者等の文書管理規則に基づき行うことを触れながら、文書の保存期間を説明すること。

・加害者に対する調査結果の説明の方法について、可能な限り、予め、被害児童生徒・保護者の同意を得ておくこと。

○ 調査を実施するに当たり、上記①〜⑥までの事項について、加害児童生徒及びその保護者に対しても説明を行うこと。その際、加害児童生徒及びその保護者からも、調査に関する意見を適切に聞き取ること。

（外部に説明を行う際の対応）

○ 記者会見、保護者会など外部に説明する際は、その都度、説明内容を事前に遺族に伝えること（配布資料等、文書として外部に出す際には、事前に文案の了解を取るよう努めること。）。事前に説明等が行われない場合、遺族は内容を報道等で先に知ることとなり、それが遺族が学校等に対して不信を抱く原因となることを、学校の設置者及び学校は理解する必要がある。

（自殺事案における他の児童生徒等に対する伝え方）

○ 自殺の事実を他の児童生徒をはじめと

する外部に伝えるにあたっては、遺族から了解をとるよう努めること。遺族が自殺であると伝えることを了解されない場合、学校が"嘘をつく"と児童生徒や保護者の信頼を失いかねないため、「急に亡くなられたと聞いています」という表現に留めるなどの工夫を行うこと。（「事故死であった」、「転校した」などと伝えてはならない。）

○ いじめの重大事態の調査を行う場合は、他の児童生徒に対して自殺であることを伝える必要が一定程度生じる。この際、学校内で教職員の伝え方が異なると、不要な憶測を生む原因となるため、伝え方については学校内で統一すること。

（被害児童生徒・保護者が詳細な調査や事案の公表を望まない場合）【再掲】

○ 被害児童生徒・保護者が詳細な調査や事案の公表を望まない場合であっても、学校の設置者及び学校が、可能な限り自らの対応を振り返り、検証することは必要となる。それが再発防止につながり、又は新たな事実が明らかになる可能性もある。このため、決して、被害児童生徒・保護者が望まないことを理由として、自らの対応を検証することを怠ってはならない。重大事態の調査は、被害児童生徒・保護者が希望する場合は、調査の実施自体や調査結果を外部に対して明らかにしないまま行うことも可能であり、学校の設置者及び学校は、被害児童生徒・保護者の意向を的確に把握し、調査方法を工夫しながら調査を進めること。

（被害児童生徒・保護者のケア）

○ 被害児童生徒・保護者が精神的に不安定になっている場合、カウンセリングや医療機関によるケアを受けるように勧めること。この際、可能な限り、学校の教職員やスクールカウンセラー・スクールソーシャルワーカー等が寄り添いながら、専門機関による支援につなげることが望ましい。また、被害児童生徒に学齢期の兄弟姉妹がいる場合には、必要に応じ、当該兄弟

姉妹の意思を尊重しながら、学校生活を
送る上でのケアを行うこと。

○ 学校の設置者として、学校への積極的
な支援を行うこと。特に市町村教育委員
会においては、いじめを受けた児童生徒
その他の児童生徒が安心して教育を受け
られるようにするため、いじめの加害児童
生徒に対する出席停止措置の活用や、被
害児童生徒・保護者が希望する場合には、
就学校の指定の変更、区域外就学等の弾
力的な対応を検討することも必要である。

## 第6 調査の実施

### ⑴ 調査実施に当たっての留意事項【共通】

（調査対象者、保護者等に対する説明等）

○ アンケートについては、学校の設置者
又は学校によるいじめの重大事態の調
査のために行うものであること（調査の目
的）、及び結果を被害児童生徒・保護者
に提供する場合があることを、予め、調査
対象者である他の児童生徒及びその保護
者に説明した上で実施すること。

○ 時間が経過するにつれて、児童生徒は
うわさや報道等に影響され、記憶が曖昧
になり、事実関係の整理そのものに大き
な困難が生じるおそれがあることから、可
能な限り速やかに実施するよう努めるこ
と。第三者調査委員会の立ち上げ等に時
間を要する場合があるが、当該調査主体
の十分な調査が可能となるよう、学校の
設置者及び学校は、状況に応じて早い段
階での聴き取りや、関係資料の散逸防止
に努めること。

○アンケートは、状況に応じて、無記名式の
様式により行うことも考えられる。

（児童生徒等に対する調査）

○ 被害児童生徒、その保護者、他の在籍
する児童生徒、教職員等に対して、アン
ケート調査や聴き取り調査等により、いじめ
の事実関係を把握すること。この際、被害
児童生徒やいじめに係る情報を提供して
くれた児童生徒を守ることを最優先とし、

調査を実施することが必要である。

○ 調査においては、加害児童生徒からも、
調査対象となっているいじめの事実関係
について意見を聴取し、公平性・中立性
を確保すること。

（記録の保存）

○ 調査により把握した情報の記録は、各
地方公共団体等の文書管理規則等に基
づき適切に保存すること。この記録につい
ては、重大事態の調査を行う主体（第三
者調査委員会等）が実施した調査の記録
のほか、いじめの重大事態として取り扱う
以前に法第23条第2項の調査において学
校の設置者及び学校が取得、作成した記
録（※）を含む。なお、原則として各地方
公共団体の文書管理規則等に基づき、こ
れらの記録を適切に保存するものとする
が、個別の重大事態の調査に係る記録に
ついては、指導要録の保存期間に合わせ
て、少なくとも5年間保存することが望ま
しい。

※学校が定期的に実施しているアンケー
ト・個人面談の記録、いじめの通報・
相談内容の記録、児童生徒に対する聴
き取り調査を行った際の記録等。教職
員による手書きのメモの形式をとるもの
であっても、各地方公共団体等の文書
管理規則の公文書（行政文書）に該当
する場合があることにも留意する。

○ これらの記録の廃棄については、被害
児童生徒・保護者に説明の上、行うこと
（無断で破棄して被害児童生徒・保護者
に学校に対する不信を与えたケースがあ
る。）。また、個々の記録の保存について、
被害児童生徒・保護者からの意見を踏ま
え、保存期限を改めて設定することも考え
られる。

（調査実施中の経過報告）

○ 学校の設置者及び学校は、調査中であ
ることを理由に、被害児童生徒・保護者
に対して説明を拒むようなことがあっては
ならず、調査の進捗等の経過報告を行う。

（分析）

○　調査においては、法第13条の学校いじめ防止基本方針に基づく対応は適切に行われていたか、学校いじめ対策組織の役割は果たされていたか、学校のいじめ防止プログラムや早期発見・事案対処のマニュアルはどのような内容で、適切に運用され機能していたかなどについて、分析を行うこと。

⑵　いじめが背景にあると疑われる自殺・自殺未遂である場合

○　「子供の自殺が起きたときの背景調査の指針（改訂版）」（平成26年7月文部科学省。以下「背景調査の指針」という。）に沿って行うこと。

⑶　自殺又は自殺未遂以外の重大事態の場合

①文書情報の整理

②アンケート調査（背景調査の指針P17を参考とする。）

　　結果については、被害者又はその保護者に提供する場合があることを、調査に先立ち、調査対象者に対して説明する。

③聴き取り調査（背景調査の指針P18を参考とする。）

④情報の整理（背景調査の指針P19を参考とする。）

　　①～③の調査により得られた情報を時系列にまとめるなどして整理し、情報について分析・評価を行う（外部の第三者の立場から、専門的に分析・評価が行われることが望ましい。）。

⑤再発防止策の検討（背景調査の指針P20を参考とする。）

⑥報告書のとりまとめ（背景調査の指針P20を参考とする。）

⑷　不登校重大事態である場合

○　「不登校重大事態に係る調査の指針」（平成28年3月文部科学省）に沿って行うこと。

## 第7　調査結果の説明・公表

（調査結果の報告）

○　重大事態の調査結果を示された学校の設置者及び学校は、調査結果及びその後の対応方針について、地方公共団体の長等に対して報告・説明すること（法第29条から第32条まで）。その際、公立学校の場合は、教育委員会会議において議題として取り扱い、総合教育会議において議題として取り扱うことも検討すること。また、私立学校の場合についても、総合教育会議において議題として取り扱うことを検討すること。

（地方公共団体の長等に対する所見の提出）

○　調査結果を地方公共団体の長等に報告する際、被害児童生徒・保護者は、調査結果に係る所見をまとめた文書を、当該報告に添えることができる。学校の設置者及び学校は、このことを、予め被害児童生徒・保護者に対して伝えること。

（被害児童生徒・保護者に対する情報提供及び説明）

○　法第28条第2項は「学校の設置者又はその設置する学校は、前項の規定による調査を行ったときは、当該調査に係るいじめを受けた児童等及びその保護者に対し、当該調査に係る重大事態の事実関係等その他の必要な情報を適切に提供するものとする。」と規定しており、被害児童生徒・保護者に対して調査に係る情報提供及び調査結果の説明を適切に行うことは、学校の設置者又は学校の法律上の義務である。被害児童生徒・保護者に対する情報提供及び説明の際は、このことを認識して行うこと。

○　学校の設置者及び学校は、各地方公共団体の個人情報保護条例等に従って、被害児童生徒・保護者に情報提供及び説明を適切に行うこと。その際、「各地方公共団体の個人情報保護条例等に照らして不開示とする部分」を除いた部分を適切に整理して行うこと。学校の設置者及び

学校は、いたずらに個人情報保護を盾に
情報提供及び説明を怠るようなことがあ
ってはならない。また、法28条第2項に基
づく被害児童生徒・保護者に対する調査
に係る情報提供を適切に行うために、各
地方公共団体の個人情報保護・情報公
開担当部局や専門家の意見を踏まえて検
討を行うなど、可能な限りの対応を行うこ
と。

○　事前に説明した方針に沿って、被害児
童生徒・保護者に調査結果を説明するこ
と。また、加害者側への情報提供に係る
方針について、被害児童生徒・保護者に
改めて確認した後、加害者側に対する情
報提供を実施すること。

（調査結果の公表、公表の方法等の確認）

○　いじめの重大事態に関する調査結果を
公表するか否かは、学校の設置者及び学
校として、事案の内容や重大性、被害児
童生徒・保護者の意向、公表した場合の
児童生徒への影響等を総合的に勘案し
て、適切に判断することとし、特段の支障
がなければ公表することが望ましい。学校
の設置者及び学校は、被害児童生徒・保
護者に対して、公表の方針について説明
を行うこと。

○　調査結果を公表する場合、調査組織の
構成員の氏名についても、特段の支障が
ない限り公表することが望ましい。

○　調査結果を公表する場合、公表の仕方
及び公表内容を被害児童生徒・保護者と
確認すること。

　　報道機関等の外部に公表する場合、他
の児童生徒又は保護者等に対して、可能
な限り、事前に調査結果を報告すること。
学校の設置者及び学校として、自ら再発
防止策（対応の方向性を含む）とともに調
査結果を説明しなければ、事実関係が正
確に伝わらず、他の児童生徒又は保護者
の間において憶測を生み、学校に対する
不信を生む可能性がある。

（加害児童生徒、他の児童生徒等に対する

調査結果の情報提供）

○　学校の設置者及び学校は、被害児童生
徒・保護者に説明した方針に沿って、加
害児童生徒及びその保護者に対していじ
めの事実関係について説明を行うこと。
学校は、調査方法等のプロセスを含め、
認定された事実を丁寧に伝え、加害児童
生徒が抱えている問題とその心に寄り添
いながら、個別に指導していじめの非に
気付かせ、被害児童生徒への謝罪の気持
ちを醸成させる。

○　報道機関等の外部に公表しない場合で
あっても、学校の設置者及び学校は、再
発防止に向けて、重大事態の調査結果に
ついて、他の児童生徒又は保護者に対し
て説明を行うことを検討する。

## 第8　個人情報の保護
（結果公表に際した個人情報保護）

○　調査結果の公表に当たり、個別の情報
を開示するか否かについては、各地方公
共団体の情報公開条例等に照らして適切
に判断すること。

○　学校の設置者及び学校が、調査報告書
における学校の対応や、学校に対する批
判に係る記述を個人情報と併せて不開示
とした場合、学校が事実関係を隠蔽して
いるなどと、外部からの不信を招く可能
性がある。学校の設置者及び学校として、
「各地方公共団体の情報公開条例等に
照らして不開示とする部分」を除いた部分
を適切に整理して開示すること。学校の
設置者及び学校は、いたずらに個人情報
保護を盾に説明を怠るようなことがあって
はならない。

## 第9　調査結果を踏まえた対応
（被害児童生徒への支援、加害児童生徒に
対する指導等）

○　被害児童生徒に対して、事情や心情を
聴取し、当該児童生徒の状況に応じた継
続的なケアを行い、被害児童生徒が不登

校となっている場合は学校生活への復帰に向けた支援や学習支援を行うこと。その際、必要に応じて、スクールカウンセラー・スクールソーシャルワーカー等の専門家を活用すること。

○　調査結果において、いじめが認定されている場合、加害者に対して、個別に指導を行い、いじめの非に気付かせ、被害児童生徒への謝罪の気持ちを醸成させる。加害児童生徒に対する指導等を行う場合は、その保護者に協力を依頼しながら行うこと。また、いじめの行為について、加害者に対する懲戒の検討も適切に行うこと。

【再掲】

○　学校の設置者として、学校への積極的な支援を行うこと。特に市町村教育委員会においては、いじめの加害児童生徒に対する出席停止措置の活用や、被害児童生徒・保護者が希望する場合には、就学校の指定の変更、区域外就学等の弾力的な対応を検討することも必要である。

（再発防止、教職員の処分等）

○　学校の設置者は、調査結果において認定された事実に基づき、いじめの未然防止、早期発見、対処、情報共有等の学校の設置者及び学校の対応について検証し、再発防止策の検討を行うこと。

○　学校の設置者及び学校におけるいじめ事案への対応において、法律や基本方針等に照らして、重大な過失等が指摘されている場合、教職員に対する聴き取りを行った上で客観的に事実関係を把握し、教職員の懲戒処分等の要否を検討すること。また、学校法人においても、法人としての責任を果たすべく、これらを含めた適切な対応を検討すること。

## 第10　地方公共団体の長等による再調査

（再調査を行う必要があると考えられる場合）

○　例えば、以下に掲げる場合は、学校の設置者又は学校による重大事態の調査が不十分である可能性があるため、地方公共団体の長等は、再調査の実施について検討すること。

①　調査等により、調査時には知り得なかった新しい重要な事実が判明した場合又は新しい重要な事実が判明したものの十分な調査が尽くされていない場合

②　事前に被害児童生徒・保護者と確認した調査事項について、十分な調査が尽くされていない場合

③　学校の設置者及び学校の対応について十分な調査が尽くされていない場合

④　調査委員の人選の公平性・中立性について疑義がある場合

※ただし、上記①～④の場合に、学校の設置者又は学校による重大事態の調査（当初の調査）の主体において、追加調査や構成員を変更した上での調査を行うことも考えられる。

（地方公共団体の長等に対する所見の提出）

【再掲】

○　調査結果を地方公共団体の長等に報告する際、被害児童生徒・保護者は、調査結果に係る所見をまとめた文書を、当該報告に添えることができる。学校の設置者及び学校は、このことを、予め被害児童生徒・保護者に対して伝えること。

（再調査の実施）

○　地方公共団体の長等は、再調査を行うこととした場合、上記第1から第8までの事項に沿って、調査を進めること。

○　公立学校について再調査を実施した場合、地方公共団体の長は、その結果を議会に報告しなければならない（法第30条第3項）。議会へ報告する内容については、個々の事案の内容に応じ、各地方公共団体において適切に設定されることとなるが、個人のプライバシーに対しては必要な配慮を確保することが求められる。

**いじめ（いじめの疑いを含む。）により、以下の状態になったとして、これまで各教育委員会等で重大事態と扱った事例**

◎下記は例示であり、これらを下回る程度の被害であっても、総合的に判断し重大事態と捉える場合があることに留意する。

**①児童生徒が自殺を企図した場合**

　○軽傷で済んだものの、自殺を企図した。

**②心身に重大な被害を負った場合**

　○リストカットなどの自傷行為を行った。

　○暴行を受け、骨折した。

　○投げ飛ばされ脳震盪となった。

　○殴られて歯が折れた。

　○カッターで刺されそうになったが、咄嗟にバッグを盾にしたため刺されなかった。※

　○心的外傷後ストレス障害と診断された。

　○嘔吐や腹痛などの心因性の身体反応が続く。

　○多くの生徒の前でズボンと下着を脱がされ裸にされた。※

　○わいせつな画像や顔写真を加工した画像をインターネット上で拡散された。※

**③金品等に重大な被害を被った場合**

　○複数の生徒から金銭を強要され、総額1万円を渡した。

　○スマートフォンを水に浸けられ壊された。

**④いじめにより転学等を余儀なくされた場合**

　○欠席が続き（重大事態の目安である30日には達していない）当該校へは復帰ができないと判断し、転学（退学等も含む）した。

※の事例については、通常このようないじめの行為があれば、児童生徒が心身又は財産に重大な被害が生じると考え、いじめの重大事態として捉えた。

# ◯◯小学校のいじめについての考え方

この学校では、どんないじめも許しません。いじめは、ほかの人の心を傷つける悪い行いであり、絶対に許されません。もし、この学校でいじめが起こったときには、いじめをやめさせるために最善の対策をとります。みんなで協力して、いじめを無くしていかなければなりません。この学校では、いじめのない環境をつくるため、教職員一同、全力を尽くします。

## 1. いじめとは

(1) どういうことをするといじめでしょうか？
たとえば・・・
・友だちがみんなで遊んでいるのに、あなただけ入れてもらえなかった
・あなたが話しかけているのに、友だちがわざと返事をしなかった
・あなたの物が、だれかにかくされたり、わざとこわされたりした
・友だちからぶたれたり、けられたり、つきとばされたりした
・あなたのいないところで、あなたの悪口や、いやなことをいわれた。または直接いわれた
・友だちからからかわれたり、変なあだ名でよばれた・・・・・・

こういうことをされて、あなたがいやな気持ちになったとき、それが、いじめです。

いじめは、こういったことを、くりかえしたり、何人かでやったり、長い間続けることで、いじめられている人をいっそう深くきずつけるものです。

(2) いじめはなぜいけないのでしょうか？
いじめられた人は、いたい、さびしい、つらい、自分はもうだめだ、と思うようになります。

自分はひとりぼっちだと思ったり、生きていてもしかたがないと思ったりするようになることもあります。

そんなつらい思いは、あなただって、いやでしょう。ほかの人もあなたと同じです。だから、いじめは絶対にしてはいけないのです。

(3) いじめられる人が悪いのでしょうか？
絶対にそのようなことはありません。

だれでも、ほかの人からいじめられることなく幸せに生きる権利があります。

たとえば、わがままな人、ひとの悪口を言う人、乱暴なことをしたり言ったりする人がいます。だからといって、その人たちを「いじめていい」ことにはなりません。

わたしたちにはみんな、いいところと、悪いところやうまくできないことがあります。悪いところがあるから、うまくできないことがあるから、いじめられてもしかたがない、ということになったら、わたしたちはみんな、いじめられてもしかたがないということになります。それは、おかしいですね。いじめられてもしかたがない人は一人もいません。

## 2. いじめがあったとき

(1) もしいじめられたらどうすればいいのでしょうか？
いじめを自分ひとりだけで解決するのはとてもむずかしいことです。いじめられたときには、勇気を出して、おうちの人や先生方に知らせましょう。おうちの人や先生方は必ず，あなたの味方になってくれます。いじめられたあなたに悪いところなんて何もないのですよ。いじめられることは，はずかしいことなん

かじゃありません。

(2) まわりで見ている人はどうすればいいのでしょうか?

●先生におしえてください

いじめに気がついたときに、だまって見ていることはありませんか。あなたがだまって見ていると、いじめている人は安心します。時には、「みんなもおもしろがっている」と思うかもしれません。そして、もっとひどいいじめをするようになります。

だから、学校から児童のみなさんにお願いがあります。

いじめを見かけたら、先生たちに教えてください。担任の先生でも、保健室の先生でも、校長先生でも、だれでもいいのです。この学校の先生たちに相談すれば、先生たちは全力でいじめを止める努力をします。

「先生たちに相談することは告げ口になるからよくない」とは考えないで下さい。先生たちに相談することはなにも悪いことではありませんよ。悪いのは、いじめを見ても、見ないふりをすることです。

●声をかけてあげてください

いじめられると、自分はひとりぼっちのような気がしてしまいます。そんなときに、まわりの人から優しく声をかけてもらうだけで、その人は大きな勇気をもらうことができるでしょう。だから、みなさんもいじめられている人を見つけたら、やさしく声をかけてあげてください。これは、だれにでもできることです。

## 3. 保護者の方へのお願い

(1) お子さんがいじめられたとき

子どもは、いじめられていることをなかなか大人に告白しないものです。お子さんは、いじめられていること自体を恥ずかしいと思ったり、お父さんやお母さんに心配をかけたくないと思いこんだりしてしまうからです。いじめを告白した子どもには、まずその勇気をほめ、じっくり耳を傾けてあげてください。い

じめの報告を聞くときは、以下の点に留意されてください。

1) ゆっくりと時間を取って話を聞いてください。

2) 落ち着いて話を聞いてください。保護者の方が興奮してしまうと、お子さんは話をしにくくなります。

3)「いじめられても仕方がない」「いじめられる方も悪い」などということは絶対にありません。自分のお子さんに落ち度はないことをゆっくりと分からせてあげてください。

4) できれば、内容を書面にまとめて、すみやかに担任に報告してください。

ご自分のお子さんがいじめられていることが分かったとき、保護者の方が感情的になってしまい、それが問題を解決から遠ざけることになることがあります。いじめの解決のためには、学校と保護者の方の協力が必要不可欠です。また、いじめた児童やその保護者の方に対する怒りをそのままぶつけるのではなく、いじめを解決し、これが繰り返されないようにするにはどうすればよいか、という視点から、前向きで冷静な対応をしてください。

(2) お子さんがいじめをしていることが分かったとき

いじめは許されない行為です。これをそのままにしてはいけません。いじめがあることが分かった場合、それがいけないことだと理解して行いをあらためることは、お子さんの大事な成長の一歩です。どのようないじめをしたのか、隠すことなく、学校に報告してください。学校に報告する際、事実を隠したり、報告を遅らせたりせず、また、感情的にならないように報告してください。

(3) 学校を通じた対応

当事者間での直接の交渉は、どうしても感情的になるおそれがあります。そのため、原則として、当事者間で直接やり取りをする

のではなく、学校を通じた対応が望ましいと考えております。ご理解とご協力をお願いします。

## 4. 学校からのお約束ごと

〈日常的な対応〉
(1) 毎月、児童からアンケートをとり、いじめの実態の把握に努めます。
(2) いじめを題材にした授業を取り入れ、児童が正しい理解をすることができるように努めます。
(3) その他、いじめに関する児童の自発的な取り組みを促し、学校全体でいじめを許さない雰囲気づくりに努めます。

〈いじめを知ったときの対応〉
(1) 学校は、いじめの事実を知った場合、直ちにいじめを止めるための努力をします。具体的には、担任または副担任が、すみやかにいじめられた児童から話を聞きます。
(2) 児童から話を聞く際には、いじめられた児童の立場に立って、児童の気持ちに寄り添いながら話を聞きます。
(3) すみやかにいじめた児童から話を聞き、事実確認を行います。いじめた児童については、なぜいじめをしたのか、それによっていじめられた児童がどう感じたのかを伝え、いじめを二度としないように指導します。
(4) 事実関係の確認に必要な場合、まわりにいる児童から話を聞いたり、クラス単位でアンケート調査を行うなどしたりします。学校は、指導に際して必要と考える範囲で、いじめを見ていた児童も含めてクラス全体に対して指導を行い、作文その他適切な課題を出すなど、いじめ防止のための必要な手段を講じます。
(5) いじめた児童について、その児童を罰することを目的とはしません。いじめをやめさせ、二度と繰り返させないために、その児童が自分の過ちに気づくように指導します。
(6) すべてのいじめに関して、校長、副校長、学年主任、その他関係する教職員間で情報を共有します。
(7) すべてのいじめ事案を記録し、報告書を作成します。

〈ご家庭との連携〉
(1) いじめの事実を知った場合、いじめられた児童及びいじめた児童の双方のご家庭に連絡します。
(2) いじめの事案に応じて、保護者の方を含めた会議を持ち、対応を協議します。

---

### みんなできめた、●年●組のきまりごと

●私たちは決していじめをしません！

●嫌がっている友だちをからかったりしません！

●もし、いじめられたら、親もしくは先生方に相談します！

●いじめを見つけたら、先生方に相談します！

●いじめられている子にはやさしく話しかけます！

# 弁護士会の子どもの人権相談窓口一覧

(2019年12月現在)

※電話相談は無料です。ただし、フリーダイヤルの場合を除き、通話料がかかります。
※「相談窓口なし」と記載がある弁護士会では、会が設置している法律相談センターで通常の法律相談として、子どもに関する相談を承っています。
「子どもに関する法律相談ができない」というわけではありませんので、ご利用になりやすい相談窓口を、ぜひご活用ください。

| 弁護士会 | 専用窓口の有無 | 窓口名称 | 相談方法 | 電話について（詳細） | 相談費用 | 相談実施日時 | 相談実施方法 |
|---|---|---|---|---|---|---|---|
| 東京 | ある | 子どもの人権110番 | 電話／面談 | 専用 | 電話相談：03-3503-0110 | 無料 | 【電話相談】平日13:30～16:30　17:00～20:00（受付時間19:45まで）土曜13:00～16:00（受付時間15:45まで）【面談相談】水曜13:30～16:30土曜13:00～16:00 | 面接相談は予約制です。電話相談後に面接相談の予約をしてください。なお、水曜の面談相談は霞が関法律相談センターにて、土曜の面接相談は池袋法律相談センターにて行います。 |
| 第一東京 | ある | 子どものための法律相談 | 電話／面談 | 専用 | 03-3597-7867 | 面談による相談は初回無料 | 【電話相談】毎週土曜（年末年始を除く）15:00～18:00【面接相談】電話相談の上随時 | 電話相談：当番弁護士が専用回線にて待機しており、上記時間内は随時相談を実施しています。面接相談：上記相談の中で、面談が必要と判断された場合、随時実施します。 |
| 第二東京 | ある | 子どもの悩みごと相談 | 電話／面談 | 専用 | 03-3581-1885 | 無料 | 毎週火・木・金曜（祝日を除く）15:00～19:00 | 面談による相談は前日17時までに予約が必要です（受付：03-3581-2257人権課）。 |

| | | | | | | | | | |
|---|---|---|---|---|---|---|---|---|---|
| 東京三会多摩支部 | ある | 弁護士子どもの悩みごと相談 | 電話/面談 | 専用 | 042-548-0120 | 無料 | 面談による相談は初回無料 | 【電話相談】毎週水曜14:00〜19:00【面接相談】電話相談の上随時 | 事前予約の上、面談を実施します（1回45分以内）。面談が空いている時間で電話での相談も行っています。インターネット予約もできます。 |
| 神奈川県 | ある | ①子どもの人権相談（面談） | 電話/面談 | 専用 | 045-211-7700 | 無料 | | 毎週木曜13:15〜16:15 | 事前予約で受付後、翌日（土・日・祝日を除く）までに担当弁護士から折り返し連絡します（20分以内）。 |
| | | ②子どもお悩みダイヤル（電話相談） | 電話 | 専用 | 045-211-7703 | 無料 | | 平日9:30〜12:00 13:00〜16:30 | |
| 埼玉 | ある | 子ども弁護士ホットライン | 電話 | 専用 | 048-837-8668 | 無料 | | 毎週火・木曜（祝祭日・年末年始を除く）15:00〜18:00 | 専用回線に架電いただき、担当者の事務所に転送します。 |
| 千葉県 | ある | 子どもの専門相談 | 面談 | 専用 | 043-306-3851 | 無料 | | 随時（受付は平日10:00〜11:30、13:00〜16:00） | 事務局で受付の上、担当弁護士と日程調整の上、弁護士の事務所にて相談を実施します。 |
| 茨城県 | ある | 子どもの権利110番 | 電話/面談 | 会長代表電話 | 029-221-3501 | 無料 | 面談による相談は有料の場合があります。 | 平日10:00〜12:00 13:00〜16:00 | 事務局で受付後、相談対応可能な弁護士に連絡し、弁護士から電話をかけ直して相談を実施します。 |
| 栃木県 | ある | 子どもの権利相談 | 電話 | 専用 | 028-689-9001 | 無料 | | 平日10:30〜12:00 13:00〜16:00 毎月第4土曜10:00〜12:00 | 平日：受付後、担当弁護士から相談者に折り返し連絡します。毎月第4土曜日は、待機している相談担当弁護士が対応します。 |
| 群馬 | ある | 子ども人権110番 | 電話/面談 | 専用 | 027-234-9321 | 無料 | | 平日10:00〜12:00 13:00〜17:00 | 法律相談センターが電話を受け付け、担当弁護士から相談者へ折り返し電話をします。 |

| 都道府県 | 設置 | 相談名 | 方法 | 電話種別 | 電話番号 | 料金 | 受付時間 | 備考 |
|---|---|---|---|---|---|---|---|---|
| 静岡県 | ある | 子どもの権利相談 | 電話／面談 | 静岡会代表電話 | 054-252-0008 | 面談は初回のみ無料 | 平日9:00～12:00 13:00～17:00 | 事務局で受付後、担当弁護士から相談者に折り返し連絡します。 |
| | | | | 浜松支部代表電話 | 053-455-3009 | | | |
| | | | | 沼津支部代表電話 | 055-931-1848 | | | |
| 山梨県 | ある | 子どもの人権常設相談 | 電話／面談 | 会代表電話 | 055-235-7202 | 面談は初回のみ無料 | 平日9:30～17:00 | 事務局で受付後、担当弁護士から折り返し連絡します。 |
| 長野県 | ある | 子どもの人権相談 | 電話／面談 | 会代表電話 | 026-232-2104 | 無料 | 平日19:00～17:00 | 事務局で受付後、担当弁護士から折り返し連絡します。 |
| 新潟県 | ある | 子どものなやみごと相談 | 電話／面談 | 電話：専用／面談申込：会代表電話 | 電話相談：0120-66-6310（フリーダイヤル）面談申込：025-222-5533 | 面談は初回30分間無料 | 【電話相談】毎週月・木曜（祝日8/13～8/15、年末年始除く）16:00～19:00【面談受付】平日9:00～17:00 | ・電話は当番の弁護士が転送用携帯電話を所持して待機する。・面談は弁護士紹介、お互いにて日程調整、弁護士事務所で実施。 |
| 大阪 | ある | 子ども何でも相談 | 電話 | 専用 | 06-6364-6251 | 無料 | 毎週水曜15:00～17:00 第2木曜18:00～20:00 | 担当弁護士が待機（子どもの権利委員会委員3名）。 |
| 京都 | ある | 子どもの権利110番 | 電話／面談 | 法律相談センターと共通 | 075-231-2378 | 無料 | 毎週金曜15:00～17:00（受付は16:30まで）※面談は前日までに要予約 | 弁護士会に相談担当弁護士が待機。 |
| 兵庫県 | ある | 子どもの悩みごと相談 | 面談 | 相談課代表電話 | 078-341-8227 | 無料 | 平日9:00～17:00 | 電話、FAX（078-341-1779）または郵便で予約のこと。郵送先：〒650-0016兵庫県神戸市中央区橘通1-4-3兵庫県弁護士会子どもの権利委員会宛て |
| 奈良 | ある | 子どもの悩みごと相談 | 電話 | 専用 | 0742-81-3784 | 無料 | 平日9:30～17:00 | 事務局にて受付後、弁護士より相談者に電話して相談を実施。相談は受付より2日以内に実施（土日祝、年末年始を除く）。 |

| 県 | | 相談名 | 電話/面談 | 専用/代表 | 電話番号 | 料金 | 時間 | 備考 |
|---|---|---|---|---|---|---|---|---|
| 滋賀 | ある | こどもの悩みごと110番 | 電話 | 専用 | 0120-783-998（なやみグッバイ） | 無料 | 毎週水曜15:0C〜17:00 | |
| 和歌山 | ある | こども電話相談（電話） | 電話 | 専用 | 073-488-3366 | 無料 | 毎週水曜16:0C〜19:00（弁護士が電話を受けます）平日10:00〜12:00 13:00〜16:00（事務局で受付後、担当弁護士から折り返し連絡します）※いずれも祝日・年末年始を除く。 | |
| 愛知県 | ある | 子どもの人権相談 | 電話/面談 | 専用 | 電話相談：052-586-7831 面談申込：052-565-6110 | 無料 | 毎週土曜9:25〜16:25（祝日・年末年始除く） | 電話：法律相談センターに設置した専用電話に当番の弁護士が待機。面談：法律相談センターにて当番の弁護士が対応（事前電話予約制）。 |
| 三重 | ある | こども弁護士ダイヤル | 電話 | 専用 | 059-224-7950（泣くゼロ） | 無料 | 平日9:00〜12:00 13:00〜15:00 | 当番の弁護士にかけ直していただき、相談。 |
| 岐阜県 | ある | 子どもの悩みごと相談 | 電話 | 専用 | 058-265-2850 | 無料 | 平日9:00〜17:00 | 当番の弁護士にかけ直していただき、相談。 |
| 福井 | ない | | | | | | | |
| 金沢 | ある | 子どものなやみごと相談 | 電話/面談 | 専用 | 076-221-0831 | 無料 | 毎週木曜12:30〜16:30 | 専用電話に当番の弁護士が待機（弁護士会に設置）。 |
| 富山県 | ある | 子どものなやみごと相談 | 電話/面談 | 会代表電話 | 076-421-4811 | 無料 初回30分程度 | 平日9:00〜17:30 | 弁護士会事務局で受付後、担当弁護士から折り返す。 |
| 広島 | ある | 子ども電話相談 | 電話 | 専用 | 090-5262-0874 | 無料 | 平日16:00〜19:00（土日祝日、年末年始、ゴールデンウィーク、お盆を除く） | 専用電話に相談担当弁護士が待機。 |

| 都道府県 | 窓口の有無 | 窓口名称 | 相談方法 | 電話種別 | 電話番号／LINE | 相談料 | 弁護士の指定等 | 受付時間 | 備考 |
|---|---|---|---|---|---|---|---|---|---|
| 山口県 | ある | 子どもの味方弁護士相談 | 面談 | 会代表電話 | 083-922-0087 | 有料 | | 平日9:00〜17:00 | ・弁護士会事務局が受けた上で、子どもの事件を取り扱う会員の名簿登録者に配点。・配点を受けた会員が相談者に連絡を取り、日程調整の上、相談を実施。 |
| 岡山 | ある | | 電話／面談 | 会代表電話 | 086-223-4401 | 無料 | ・弁護士会では指定していない・法テラス利用可 | 平日9:00〜17:00 | 弁護士会事務局で受付後、担当弁護士から折り返す。 |
| 鳥取県 | ない | | | | | | | | |
| 島根県 | ある | 子どもの権利相談 | 面談 | 法律相談センターと共通 | 0852-21-3450 | 無料 | 初回のみ | 申込みがある都度 | 弁護士会事務局で受付をし、子どもの権利委員会へつなぐ。 |
| 福岡県 | ある | 子どもの人権110番 | 電話 | 専用 | 092-752-1331 | 無料 | | 毎週土曜12:30〜15:30 | 専用の電話番号に、相談担当弁護士が待機。 |
| 佐賀県 | ない | | | | | | | | |
| 長崎県 | ある | 子どもの担当弁護士制度 | 面談 | 会代表電話 | 095-824-3903 | 無料 | | 随時（平日9:00〜17:00）弁護士会事務局では法律相談申込を受付。 | 担当弁護士が相談申込者に直接電話して、相談日を調整後、法律事務所で面談を実施。 |
| 大分県 | ある | 子どもの権利110番 | 電話 | 専用 | 097-536-2227 | 無料 | | 毎週水曜16:30〜19:30 | 当番の弁護士が電話に出て相談に応じる。 |
| | | ふくろう先生のなやみ相談 | LINE | 専用 | LINEID @fci0219t | 無料※通信料はかかります | | 毎月第2・第4水曜16:30〜19:30（祝日、正月、お盆時期を除く） | 当番の弁護士がLINEで相談に応じる。 |
| 熊本県 | ある | 子どもの人権相談 | 電話／面談 | 会代表電話 | 096-325-0913 | 無料 | | 毎月第3土曜14:00〜16:00 | 相談担当弁護士が待機。時間内であれば、面接相談も予約不要。 |
| 鹿児島県 | ない | | | | | | | | |
| 宮崎県 | ある | 子どもの権利ホットライン | 電話 | 専用 | 0985-23-6112 | 無料 | | 毎月第1、第3月曜16:00〜17:30（祝日、正月、お盆時期を除く） | 弁護士が待機し、電話での相談に応じる。 |

| 地域 | 窓口 | 名称 | 方法 | 専用/共通 | 電話番号 | 費用 | 備考 | 受付時間 | 相談の流れ |
|---|---|---|---|---|---|---|---|---|---|
| 沖縄 | ある | 子どもの悩み事110番 | 電話 | 専用 | 098-866-6725 | 無料 |  | 毎週月曜16:00〜19:00（祝日を除く） | 相談担当弁護士が待機し、電話での相談に応じる。 |
| 仙台 | ある | 子ども悩みごと電話相談 | 電話／面談 | 専用 | 022-263-7585 | 無料 | 初回のみ | 月〜金9:30〜16:30 | 専用電話で弁護士会事務局が受付。その後当直の弁護士から電話をかけ直して相談を受ける。面接相談が必要な場合は、日時を調整して実施。 |
| 福島県 | ある | 子ども相談窓口 | 電話 | 専用 | 024-533-8080 | 無料 |  | 月〜金10:00〜17:00 | 事務局が受付後に、担当弁護士に相談があったことを伝えて、担当弁護士が折り返す。 |
| 山形 | ある | 子ども相談窓口 | 電話／面談 | 法律相談センターと共通 | 023-635-3648 | 無料 | 初回電話相談のみ無料。2回目以降は面談で有料の場合あり。 | 月〜金9:30〜16:30 | 事務局が受付後に、担当弁護士に相談があったことを伝えて、担当弁護士が折り返す。 |
| 岩手 | ある | 子どもの無料法律相談 | 面談 | 法律相談センターと共通 | 019-623-5005 | 無料 |  | 相談希望の申出があった場合に担当者と申込者との間で打ち合わせる。 | 受付後、相談担当弁護士名簿に従い相談者を決定し、担当者から申込者へ電話をして面談日時を調整する。 |
| 秋田 | ある | 子どもの人権無料法律相談 | 面談 | 法律相談センターと共通 | 018-896-5599 | 無料 |  | 相談希望の申出があった場合に、担当者との間で打ち合わせる。 | 事務局で受付後、担当弁護士と相談者の日程調整の上、相談弁護士の事務所にて相談実施。 |
| 青森県 | ない |  |  |  |  |  |  |  |  |
| 札幌 | ある | 子どもの権利110番 | 電話 | 専用 | 011-281-5110 | 無料 |  | 平日9:00〜12:00 13:00〜17:00（木曜日は〜18:00） | 受付時に担当弁護士の事務所電話番号をお伝えします。相談者から担当弁護士に電話をかけてもらいます。ただし、平日木曜日16時から18時まで事前受付不要で直接弁護士に繋がります。 |

| 地域 | | 相談名 | 方法 | 電話 | 電話番号 | 料金 | 子ども対象 | 【受付時間】 | |
|---|---|---|---|---|---|---|---|---|---|
| 函館 | ある | 子ども無料電話相談 | 電話 | 会代表電話 | 0138-41-0232 | 無料 | 原則1回 | 月〜金9:00〜17:00（祝日・年末年始を除く） | 事務局で受付後、担当弁護士から電話をかけます。 |
| 旭川 | ある | 子どもの無料電話法律相談 | 電話 | 会代表電話 | 0166-51-9527 | 無料 | | 月〜金9:00〜17:00 | 電話で「子どものための無料電話法律相談」を希望する旨お伝えいただき、追って担当弁護士から折り返す。 |
| 釧路 | ある | 子どもの悩みごと相談 | 電話 | 法律相談センターと共通 | 0154-41-3444 | 無料 | | 月〜金9:00〜17:00 | 事務局が受付、担当弁護士から折り返す。相談し弁護士から相談者と担当者で打ち合わせの上、決定する。 |
| 香川県 | ある | 子どもの権利110番 | 電話 | 会代表電話 | 087-822-3693 | 無料 | | 月〜金9:00〜12:00 13:00〜17:00（祝日・年末年始を除く） | 事務局で受付後、相談対応可能な弁護士に連絡し、弁護士から電話をかけ直して相談。 |
| 徳島 | ある | 子どもの人権法律相談 | 電話／面談 | 会代表電話 | 088-652-5768 | 無料 | 面談相談は3回までを無料とする。 | 平日のみ（月〜金）9:30〜17:00 | 事務局で受付後、相談者名簿に従って担当弁護士をあたり、弁護士から電話をかけ直して相談。電話相談の結果、必要と認められた場合は面談相談を行う。 |
| 高知 | ある | 子どもの権利110番 | 電話／面談 | 会代表電話 | 088-872-0324 | 無料 | 子どもからの相談は無料。大人からの相談は有料の場合あり。 | 平日19:00〜12:00 13:00〜17:00 | 事務局で受付後、相談担当弁護士を教示。 |
| 愛媛 | ない | | | | | | | | |

［第1版執筆者］

伊藤 彩（いとう・あや）　　　上沼 紫野（うえぬま・しの）　　　木島 彩（きじま・あや）

木村 文幸（きむら・ふみゆき）　佐藤 省吾（さとう・しょうご）　　多田 猛（ただ・たけし）

田辺 晶夫（たなべ・あきお）　　寺谷 洋樹（てらたに・ひろき）　　額田 みさ子（ぬかだ・みさこ）

橋本 愛（はしもと・あい）　　　平尾 潔（ひらお・きよし）　　　　前田 将貴（まえだ・まさき）

松岡 正高（まつおか・まさたか）　松繁 三知代（まつしげ・みちよ）　森本 周子（もりもと・ちかこ）

山崎 真紀（やまざき・まき）　　吉村 功志（よしむら・こおし）

［第2版執筆者］

青山 知史（あおやま・ともふみ）　中島 一精（なかしま・いっせい）　福島 敏晃（ふくしま・としあき）

［第3版執筆者］

鬼澤 秀昌（おにざわ・ひでまさ）　礒野 史大（いその・ふみひろ）　笹森 真紀子（ささもり・まきこ）

奈倉 順（なぐら・じゅん）　　　中尾 拓弥（なかお・たくや）　　　今泉 徹（いまいずみ・とおる）

平栗 敬子（ひらくり・けいこ）　須賀 裕哉（すが・ゆうや）

（五十音順、いずれも執筆当時、第二東京弁護士会子どもの権利に関する委員会所属弁護士）

どう使うどう活かす
いじめ防止対策推進法〈第3版〉

2015年11月30日　　第1版第1刷発行
2018年12月30日　　第2版第1刷発行
2022年 7 月30日　　第3版第1刷発行

編　者　第二東京弁護士会子どもの権利に関する委員会
発行人　成澤壽信
編集人　西村吉世江
発行所　株式会社 現代人文社
　　　　東京都新宿区四谷2-10 八ッ橋ビル7階（〒160-0004）
　　　　Tel.03-5379-0307（代）　Fax.03-5379-5388
　　　　henshu@genjin.jp（編集部）　hanbai@genjin.jp（販売部）
　　　　http://www.genjin.jp/
発売所　株式会社 大学図書
印刷所　株式会社 平河工業社
装　幀　Nakaguro Graph（黒瀬章夫）

ISBN978-4-87798-824-1 C2032